中华人民共和国法律释义丛书

中华人民共和国
海南自由贸易港法释义

主　编　王瑞贺

法律出版社
·北　京·

图书在版编目(CIP)数据

中华人民共和国海南自由贸易港法释义 / 王瑞贺主编. -- 北京 : 法律出版社, 2021
(中华人民共和国法律释义丛书)
ISBN 978-7-5197-5851-6

Ⅰ. ①中… Ⅱ. ①王… Ⅲ. ①海南自由贸易港法-法律解释-中国 Ⅳ. ①D927.660.5

中国版本图书馆 CIP 数据核字(2021)第 169220 号

中华人民共和国海南自由贸易港法释义
ZHONGHUA RENMIN GONGHEGUO HAINAN ZIYOU MAOYIGANGFA SHIYI

王瑞贺 主编

责任编辑 李 群 翁潇潇
装帧设计 李 瞻

出版发行 法律出版社
编辑统筹 法规出版分社
责任校对 王晓萍 王语童
责任印制 张建伟
经　　销 新华书店

开本 A5
印张 11.75　**字数** 280 千
版本 2021 年 9 月第 1 版
印次 2021 年 9 月第 1 次印刷
印刷 固安华明印业有限公司

地址:北京市丰台区莲花池西里 7 号(100073)
网址:www.lawpress.com.cn
投稿邮箱:info@lawpress.com.cn
举报盗版邮箱:jbwq@lawpress.com.cn
销售电话:010-83938349
客服电话:010-83938350
咨询电话:010-63939796

书号:ISBN 978-7-5197-5851-6
定价:59.00 元
凡购买本社图书,如有印装错误,我社负责退换。电话:010-83938349

本书编委会

主　编：王瑞贺

撰稿人：王　翔　施春风　杨永明
尤小龙　林一英　陈扬跃
喻晓川　李克锋　戴　蕾
宋生辉

前　　言

2021 年 6 月 10 日，十三届全国人大常委会第二十九次会议以全票赞成的表决结果，通过了《中华人民共和国海南自由贸易港法》（以下简称《海南自由贸易港法》），并由中华人民共和国主席令第八十五号公布，于公布之日起施行。《海南自由贸易港法》是海南自由贸易港建设的基础性法律。这部法律的颁布施行，对于贯彻落实以习近平同志为核心的党中央的决策部署，以高质量立法引领推动高质量发展，为海南自由贸易港的建设和平稳有序运行提供法律保障，具有重要意义。

为了配合《海南自由贸易港法》的学习、宣传和贯彻实施，全国人大常委会法制工作委员会经济法室直接参与本法起草制定工作的同志编写了本书，对《海南自由贸易港法》的立法背景、重大意义、主要特点及条款内容进行解读，供学习参考。

由于水平和时间有限，不妥之处，敬请读者批评指正。

编　者

2021 年 8 月

目　　录

《海南自由贸易港法》导读 …………………………………… 001

第一部分　释　　义

第一章　总　则 ………………………………………………… 019
第一条　【立法目的】 ………………………………………… 019
第二条　【适用范围】 ………………………………………… 021
第三条　【基本原则】 ………………………………………… 024
第四条　【制度目标】 ………………………………………… 027
第五条　【生态环保总体要求】 ……………………………… 029
第六条　【行政管理体制】 …………………………………… 032
第七条　【授权和委托】 ……………………………………… 034
第八条　【社会治理】 ………………………………………… 036
第九条　【国际交流合作】 …………………………………… 040
第十条　【海南自由贸易港法规制定权】 …………………… 042

第二章　贸易自由便利 ………………………………………… 047
第十一条　【海关监管特殊区域制度】 ……………………… 047
第十二条　【口岸建设和安全】 ……………………………… 050

第十三条 【“一线”放开】 …… 052
第十四条 【“二线”管住】 …… 055
第十五条 【岛内自由】 …… 058
第十六条 【通关便利】 …… 061
第十七条 【跨境服务贸易】 …… 067

第三章 投资自由便利 …… 073
第十八条 【放开投资准入】 …… 073
第十九条 【外商投资准入】 …… 076
第二十条 【市场准入和承诺即入制】 …… 079
第二十一条 【优化政务服务】 …… 084
第二十二条 【投资保护】 …… 087
第二十三条 【知识产权保护】 …… 089
第二十四条 【公平竞争】 …… 092

第四章 财政税收制度 …… 097
第二十五条 【中央财政支持、发行债券和设立基金】 …… 097
第二十六条 【自主减征、免征、缓征除生态补偿性质外的政府性基金】 …… 100
第二十七条 【简化税制】 …… 102
第二十八条 【免征关税】 …… 106
第二十九条 【货物、物品在海南自由贸易港和内地之间来往的税收安排】 …… 108
第 三 十 条 【所得税优惠】 …… 112
第三十一条 【优化税收征管服务】 …… 115

第五章　生态环境保护 …………………………………… 119
第三十二条　【防止污染和资源节约高效利用】……… 119
第三十三条　【国土空间规划和海洋生态保护】……… 123
第三十四条　【生态风险防控】……………………… 128
第三十五条　【生态产品价值实现机制】…………… 131
第三十六条　【环境保护目标责任制和考核评价制度】……………………………… 133
第三十七条　【生态环境损害责任终身追究制】……… 137

第六章　产业发展与人才支撑 ……………………………… 140
第三十八条　【建设开放性生态型服务型产业体系】…… 140
第三十九条　【旅游业】……………………………… 143
第 四 十 条　【现代服务业】………………………… 146
第四十一条　【高新技术产业】……………………… 149
第四十二条　【数据流动】…………………………… 151
第四十三条　【运输便利】…………………………… 155
第四十四条　【人才发展】…………………………… 159
第四十五条　【出入境管理】………………………… 161
第四十六条　【停居留和工作许可】………………… 163
第四十七条　【职业资格考试和专业资格认定】……… 166

第七章　综合措施 ………………………………………… 169
第四十八条　【用地用海保障】……………………… 169
第四十九条　【集约节约用地】……………………… 176
第 五 十 条　【金融业开放】………………………… 179
第五十一条　【资金自由便利流动】………………… 183
第五十二条　【离岸金融】…………………………… 186

第五十三条 【信用体系建设和应用】 …………………… 189
第五十四条 【司法体制改革和纠纷解决机制】 ……… 195
第五十五条 【风险防控】 ………………………………… 201

第八章 附 则 ………………………………………… 209
第五十六条 【过渡性办法的制定】 …………………… 209
第五十七条 【施行时间】 ……………………………… 211

第二部分 附 录

附录一
中华人民共和国海南自由贸易港法 …………………… 215

附录二 相关参阅文件
在庆祝海南建省办经济特区30周年大会上的讲话 ……… 227
中共中央、国务院关于支持海南全面深化改革开放的指导意见 …………………………………………………… 240
海南自由贸易港建设总体方案 ……………………………… 259

附录三 相关立法资料
关于《中华人民共和国海南自由贸易港法(草案)》的说明 ……………………………………………………… 282
全国人民代表大会宪法和法律委员会关于《中华人民共和国海南自由贸易港法(草案)》修改情况的汇报 …… 288
全国人民代表大会宪法和法律委员会关于《中华人民共和国海南自由贸易港法(草案)》审议结果的报告 …… 291

全国人民代表大会宪法和法律委员会关于《中华人民共和国海南自由贸易港法(草案三次审议稿)》修改意见的报告 …………………………………… 294

附录四　相关参阅资料

十三届全国人大常委会第二十四次会议审议《中华人民共和国海南自由贸易港法(草案)》的意见 …………… 296
十三届全国人大常委会第二十八次会议审议《中华人民共和国海南自由贸易港法(草案二次审议稿)》的意见 ………………………………………………… 304
地方和中央有关部门对《中华人民共和国海南自由贸易港法(草案)》的意见 ………………………………… 311
宪法法律委、法工委座谈会对《中华人民共和国海南自由贸易港法(草案)》的意见 ……………………… 323
《中华人民共和国海南自由贸易港法(草案)》向社会公众征求意见的情况 ………………………………… 335
《中华人民共和国海南自由贸易港法(草案二次审议稿)》向社会公众征求意见的情况 ………………… 340
《中华人民共和国海南自由贸易港法(草案)》通过前评估情况 …………………………………………… 346
海南自由贸易港建设制度政策概述 ………………… 351
国际典型自由贸易港主要制度介绍 ………………… 356

《海南自由贸易港法》导读

在中国特色社会主义进入新时代的大背景下，支持海南逐步探索、稳步推进中国特色自由贸易港建设，分步骤、分阶段建立自由贸易港政策和制度体系，是习近平总书记亲自谋划、亲自部署、亲自推动的改革开放重大举措，是党中央着眼国内国际两个大局，深入研究、统筹考虑、科学谋划作出的战略决策。为将习近平总书记的重要指示精神和党中央关于海南自由贸易港的决策部署法律化、制度化，推动海南自由贸易港建设，服务国家发展大局，全国人大常委会起草并制定了《海南自由贸易港法》。

一、制定《海南自由贸易港法》的重大意义

制定《海南自由贸易港法》，贯彻落实以习近平同志为核心的党中央的决策部署，以高质量立法引领推动高质量发展，为海南自由贸易港的建设和平稳有序运行提供法律保障，具有重要意义。

第一，制定《海南自由贸易港法》，是贯彻党中央决策部署、落实国家重大战略、以立法引领和保障改革的重要举措。党的十九大以来，党中央和习近平总书记对建设海南自由贸易港作出了一系列重要部署。2018 年 4 月 11 日，中共中央、国务院《关于支持海南全面深化改革开放的指导意见》提出，逐步探索、稳步推进海南自由贸易港建设，分步骤、分阶段建立自由贸易港政

策体系。4 月 13 日，习近平总书记在庆祝海南建省办经济特区 30 周年大会上的讲话中对海南建设自由贸易港作出重要部署。2020 年 6 月，中共中央、国务院印发《海南自由贸易港建设总体方案》，专门对海南自由贸易港建设进行规划设计。制定《海南自由贸易港法》，将党中央关于建设海南自由贸易港的决策部署转化为法律规范，为海南自由贸易港建设提供立法引领和法治保障，对于全面深化改革，全面依法治国，有效发挥法治固根本、稳预期、利长远的保障作用，十分重要。

第二，制定《海南自由贸易港法》，是进一步彰显我国对外开放、推动经济全球化决心的客观要求。当今国际环境复杂多变，经济全球化遭遇更大的逆风和回头浪。在新的历史条件下，我国扩大对外开放和推动经济全球化的步伐从未放缓。制定《海南自由贸易港法》，保障海南自由贸易港在法治轨道上有序运行，打造法治化、国际化、便利化的营商环境，推动海南成为新时代全面深化改革开放的新标杆，有利于充分展示我国建立对外开放新格局、坚定不移全面扩大开放、推动建设开放型世界经济的意志和决心。

第三，制定《海南自由贸易港法》，是从国家立法层面为海南自由贸易港实现制度创新、系统协调推进改革提供法律基础的实际需要。海南自由贸易港政策制度体系的核心是制度创新，需要积极探索建立适应自由贸易港建设的更加灵活高效的法律法规、监管模式和管理体制，逐步形成在国家法制统一前提下的海南自由贸易港法律法规体系。制定《海南自由贸易港法》，对自由贸易港的功能定位、运行方式、管理模式进行顶层设计，有利于加强制度设计的系统性与协调性，保障政策措施的稳定性与权威性，避免各级各类法律规范在适用中可能出现的冲突，使各项制度措施相互配合、相得益彰，提高制度的整体效益。

二、制定《海南自由贸易港法》的过程

党的十九大报告提出,“赋予自由贸易试验区更大改革自主权,探索建设自由贸易港”。自2018年4月起,以习近平同志为核心的党中央对在海南建设中国特色的自由贸易港作出一系列重要部署。2019年3月,十三届全国人大二次会议期间,海南代表团提出制定海南自由贸易港法的议案。全国人大常委会2019年年度立法工作计划将制定《海南自由贸易港法》列为初次审议项目。在栗战书委员长的指示下,全国人大常委会成立了海南自由贸易港相关立法调研小组,由王晨副委员长担任组长。立法调研小组日常工作由法工委负责。调研小组多次听取汇报、召开座谈会并两次赴海南调研,听取对立法工作的意见建议。

为了做好《海南自由贸易港法》的起草工作,法工委成立了海南自由贸易港法起草工作专班。具体工作由法工委经济法室、国家法室负责。工作专班进行了大量的研究梳理工作,并到海南实地调研,到商务部、海关总署、国家移民局等部门拜访交流,多次与国务院有关部门和海南省共同研究,起草了海南自由贸易港法草案工作稿,经反复研究修改,并征求中央和国家机关有关部门、海南省意见,形成了《中华人民共和国海南自由贸易港法(草案)》。2020年12月,《中华人民共和国海南自由贸易港法(草案)》提请十三届全国人大常委会第二十四次会议初次审议。为了加快推动海南自由贸易港法治建设,全国人大常委会抓紧工作,于2021年4月、6月,对草案进行了二次审议、三次审议并及时通过。

三、立法坚持的基本原则

一是,及时将习近平总书记关于海南自由贸易港建设的指

示精神和党中央关于海南自由贸易港建设的决策部署法律化、制度化。习近平总书记关于海南自由贸易港建设的重要讲话和指示精神具有重大指导意义,党中央关于海南自由贸易港建设的决策部署是经统筹协调、科学谋划后确定的,《海南自由贸易港法》应当以此为基本遵循,并依据中共中央、国务院《关于支持海南全面深化改革开放的指导意见》和《海南自由贸易港建设总体方案》设计各项法律制度和具体条文。

二是,坚持海南自由贸易港的原则性、基础性定位。重点围绕贸易投资自由化便利化这一中心任务,着眼于基本框架和关键制度,制定一部在海南自由贸易港法律法规体系中起龙头作用、具有统领性质的法律。考虑到海南自由贸易港建设各方面还处于起步和探索阶段,法律条文可以概括一些、原则一些,构建起海南自由贸易港建设法治保障的"四梁八柱",为海南自由贸易港建设提供必要的制度供给,同时为其改革发展预留空间。

三是,体现中国特色和借鉴国际经验相结合。在具体的制度设计上,参考国际上先进成熟的自由贸易港的建设经验,注重与国际通行的高水平经贸规则相衔接,同时立足我国国情和海南实际,围绕国家赋予海南的战略定位,充分发挥海南优势,聚焦"推进中国特色自由贸易港建设"的目标,确保海南自由贸易港建设的正确方向。

四是,在保证国家法制统一的前提下赋予海南更大改革自主权。按照党中央要求"赋予海南更大改革自主权""给予充分法律授权"的精神,授予海南更大的立法权限,由海南省人大及其常委会制定海南自由贸易港法规。既确保党中央集中统一领导和国家法制统一,又有利于海南进行全面深化改革开放的探索。

四、《海南自由贸易港法》的主要内容

《海南自由贸易港法》共8章57条,第1章“总则”对海南自由贸易港的定位、目标原则、管理体制和改革自主权等进行了规定;第2章、第3章、第4章分别从贸易、投资、财政税收等自由贸易港的核心要素方面规定了具体措施;第5章围绕海南自由贸易港的定位,对生态环境保护提出了严格要求;第6章明确了海南自由贸易港的产业政策和人才政策;第7章规定了用地用海保障、金融服务、纠纷解决、风险防范等综合性保障措施;第8章“附则”规定了过渡性办法的制定和施行日期。主要内容如下:

1. 对自由贸易港建设提出全面要求,赋予海南更大改革自主权

创新体制机制,完善法治保障,率先实现贸易、投资、跨境资金流动、人员进出、运输来往五大自由便利和数据安全有序流动,打造我国开放型经济新高地。

(1)明确立法目的。在海南建设自由贸易港具有全局性、历史性、战略性意义,是推进高水平开放、建设开放型经济新体制的实际需要。本法的立法目的是“建设高水平的中国特色海南自由贸易港,推动形成更高层次改革开放新格局,建立开放型经济新体制,促进社会主义市场经济平稳健康可持续发展”。其出发点和落脚点在于建设海南自由贸易港这一改革开放新高地,打造新时代对外开放的鲜明旗帜和重要门户。

(2)明确海南自由贸易港建设的步骤、方向和目标。国家在海南岛全岛设立海南自由贸易港,分步骤、分阶段建立自由贸易港政策和制度体系,实现贸易、投资、跨境资金流动、人员进出、运输来往自由便利和数据安全有序流动。海南自由贸易港建设,应当体现中国特色,借鉴国际经验,围绕海南战略定位,发挥

海南优势，推进改革创新，加强风险防范，贯彻创新、协调、绿色、开放、共享的新发展理念，坚持高质量发展，坚持总体国家安全观，坚持以人民为中心，实现经济繁荣、社会文明、生态宜居、人民幸福。海南自由贸易港建设，以贸易投资自由化便利化为重点，以各类生产要素跨境自由有序安全便捷流动和现代产业体系为支撑，以特殊的税收制度安排、高效的社会治理体系和完备的法治体系为保障，持续优化法治化、国际化、便利化的营商环境和公平统一高效的市场环境。

（3）发挥集中力量办大事的制度优势，强化“中央统筹、部门支持、省抓落实”的工作机制。海南自由贸易港建设涉及面广、任务量大，是国家的重大战略，是一项长期复杂的系统工程，需要上下合力推动，既离不开中央的统筹协调，也离不开各部门的支持推动，更离不开海南省的具体落实。本法规定国家建立海南自由贸易港建设领导机制，统筹协调海南自由贸易港建设重大政策和重大事项；要求国务院发展改革、财政、商务、金融管理、海关、税务等部门按照职责分工，指导推动海南自由贸易港建设相关工作。在规定领导机制和管理机制的同时，明确要求海南省应当切实履行责任，加强组织领导，全力推进海南自由贸易港建设各项工作。

（4）赋予海南更大的改革自主权和立法权。建设海南自由贸易港，要以制度创新为核心，赋予海南更大改革自主权，支持海南大胆试、大胆闯、自主改，为此，本法规定了两项重要授权：一是，规定国家支持海南自由贸易港建设发展，支持海南省依照中央要求和法律规定行使改革自主权。国务院及其有关部门根据海南自由贸易港建设实际需要，依法授权或者委托海南省人民政府及其有关部门行使相关管理职权。二是，赋予海南省人大及其常委会制定海南自由贸易港法规的权限，海南自由贸易港法规可以涉及依法应当由全国人大及其常委会制定法律或者由国务院制定行政法规的事项，但是应当分别报全国人大常委会或者国务院批准后生效。

2. 建立自由进出、安全便利的贸易管理制度

贸易自由化便利化是海南自由贸易港制度体系的核心内容。海南自由贸易港封关运作后，全岛为海关监管特殊区域，在依法有效监管基础上，建立自由进出、安全便利的货物贸易管理制度，优化服务贸易管理措施，实现贸易自由化便利化。

（1）在海南自由贸易港与境外其他国家和地区之间设立“一线”，货物、物品可以自由进出，实行负面清单管理。依据《出口管制法》[①]《对外贸易法》《货物进出口管理条例》《进出口关税条例》等法律、行政法规和我国加入世界贸易组织的承诺，我国采取自由的货物进出口贸易管理措施，但是为了维护国家安全、社会公共利益或者遵守国际条约、协定的要求，同时对货物进出口采取必要且符合国际规则的禁止、限制等管理措施，由国务院有关部门制定、调整并公布禁止或者限制进出口货物目录，或者经国务院批准，临时决定禁止、限制部分货物的进出口。为体现海南自由贸易港的进一步开放，同时兼顾安全，本法规定，在境外与海南自由贸易港之间，货物和物品可以自由进出。但是，列入海南自由贸易港禁止、限制进出口货物、物品清单的除外。以自由进出为原则，以禁止、限制为例外；对禁止、限制进出口的货物、物品实行清单管理，列明禁止的范围和限制的措施，除此之外，货物、物品均可以自由进出海南自由贸易港。

（2）在海南自由贸易港与中华人民共和国境内的其他地区（以下简称内地）之间设立“二线”，明确货物、物品、运输工具进

---

① 为便于读者阅读，书中的法律名称使用简称。

出的管理措施。由于海南自由贸易港与境外之间的“一线”实行自由进出的货物贸易管理制度，海南自由贸易港与内地之间的“二线”必须采取不同于“一线”的管理措施，以防止海南自由贸易港成为规避我国贸易管理措施的通道。货物由海南自由贸易港进入内地，原则上按进口规定办理相关手续；物品由海南自由贸易港进入内地，海关按规定进行监管；对海南自由贸易港前往内地的运输工具，简化进口管理。货物、物品以及运输工具由内地进入海南自由贸易港，按国内流通规定管理。

（3）岛内实施低干预、高效能监管。按照《海南自由贸易港建设总体方案》的部署安排，2025 年前，适时全面开展全岛封关运作准备工作情况评估，待条件成熟后再实施全岛封关运作，不再保留洋浦保税港区、海口综合保税区等海关特殊监管区域。海南自由贸易港将成为全岛封关运作的海关监管特殊区域。各类市场主体在海南自由贸易港内依法自由开展货物贸易以及相关活动，海关实施低干预、高效能的监管。进出口货物不设存储期限，存放地点可以自由选择；但是，应当符合环境保护、安全生产等要求。此外，对由境外启运，经海南自由贸易港换装、分拣集拼，再运往其他国家或地区的中转货物，简化办理海关手续；实施“零关税”的货物，海关免于实施常规监管。

（4）对跨境服务贸易实行负面清单管理制度，推动服务贸易自由化便利化。近年来，全球服务贸易加速发展，在全球贸易总额中的占比不断提升，服务贸易市场竞争也日趋激烈，各国普遍对服务贸易采取更为开放的促进和管理措施。服务业也是我国产业发展的重点，推进服务贸易自由化便利化契合我国经济结构调整和经济全球化的客观要求，本法规定了以下措施：一是，实施跨境服务贸易负面清单制度，对负面清单以外的服务贸易领域，给予境外服务提供者及其提供的服务与境内服务提供者及其提供的服务一致的待遇。二是,实施相配套的资金支付和转移制度。海南自由贸易港应当建立健全跨境支付业务相关制度,营造良好的支付服务市场环境,提升跨境支付服务效率,依法合规推动跨境服务贸易自由化便利化。

3. 推进投资自由化便利化,营造公开、透明、可预期的投资环境

放开投资准入,对外商投资实行国民待遇,对大多数行业的外资持股比例、业务范围、商业形式等无限制性要求,提高政务服务、权利保护、公平竞争水平,最大限度地实现投资自由化便利化。

(1)适用特别的外商投资准入负面清单。外商投资准入,是指国家规定在特定领域对外商投资实施的准入特别管理措施,明确禁止或者限制外国投资者投资的领域。在外商投资准入负面清单以外的领域,对外国投资者不设门槛,不实行特殊管理,外国投资者可以同境内投资者一样进行投资,依照同样的法律设立企业、从事生产经营活动、平等接受监管。海南自由贸易港实行投资自由化便利化政策,全面放开投资准入,严格落实“非禁即入”,除涉及国家安全、社会稳定、生态保护红线、重大公共利益等国家实行准入管理的领域外,大幅度减少禁止和限制条款。实行准入前国民待遇加负面清单管理制度,明确禁止投资和限制投资的领域,对外商投资准入负面清单以外的领域,按照内外资一致的原则管理。由国务院有关部门会同海南省制定特别适用于海南自由贸易港的外商投资准入负面清单,报国务院批准后发布。2020 年 12 月,国家发展改革委、商务部发布《海南自由贸易港外商投资准入特别管理措施(负面清单)(2020 年版)》,共 27 条内容,涉及 11 个行业,比全国版、自由贸易试验区版外商投资准入负面清单均实现了进一步开放。

(2)放宽海南自由贸易港市场准入。市场准入负面清单制度,是以清单方式明确境内禁止和限制投资经营的行业、领域、业务等,各级政府依法采取相应管理措施的一系列制度安排,在清单之外,各类市场主体可以依法平等进入。市场准入清单是针对所有市场主体的,没有内外资的区别。国家放宽海南自由贸易港市场准入,在海南自由贸易港实行特殊的准入政策,采取一批具有含金量的准入措施,支持海南在市场准入环节大胆先行先试,探索更加灵活高效的市场准入政策体系、监管模式和管理体制。海南自由贸易港放宽市场准入特别清单(特别措施)由国务院有关部门会同海南省制定。2021 年 4 月,国家发展改革委、商务部发布《关于支持海南自由贸易港建设放宽市场准入若干特别措施的意见》,为支持海南自由贸易港建设提出 5 大领域 22 条具体措施,在国内其他地区有条件准入的,在海南可以无条件准入;在国内其他地区禁止准入的,在海南可以有条件甚至无条件准入。

(3)实施投资便利化措施,优化营商环境。海南自由贸易港要按照便利、高效、透明的原则,简化办事程序,提高办事效率,优化政务服务,建立市场主体设立便利、经营便利、注销便利等制度,优化破产程序;建立统一开放、竞争有序的市场体系,强化竞争政策的基础性地位,落实公平竞争审查制度,加强和改进反垄断和反不正当竞争执法,保护市场公平竞争。国家依法保护自然人、法人和非法人组织在海南自由贸易港内的投资、收益和其他合法权益,加强对中小投资者的保护;依法保护海南自由贸易港内自然人、法人和非法人组织的知识产权,促进知识产权创造、运用和管理服务能力提高,建立健全知识产权领域信用分类监管、失信惩戒等机制,对知识产权侵权行为,严格依法追究法律责任。海南自由贸易港的各类市场主体,在准入许可、经营运营、要素获取、标准制定、优惠政策等方面依法享受平等待遇。

4. 构建具有国际竞争力的税制体系

聚焦贸易投资自由化便利化,围绕“简税制、零关税、低税率”,逐步建立与高水平自由贸易港相适应的税收制度。

(1)分步骤实行简化税制。目前,我国共18个税种,分别是关税、企业所得税、个人所得税、增值税、消费税、城市维护建设税、车辆购置税、资源税、环境保护税、契税、印花税、房产税、城镇土地使用税、土地增值税、耕地占用税、船舶吨税、车船税、烟叶税。海南自由贸易港封关运作后,将按照税种结构简单科学、税制要素充分优化、税负水平明显降低、收入归属清晰、财政收支基本均衡的原则,结合国家税制改革方向,建立符合需要的海南自由贸易港税制体系。全岛封关运作时,将增值税、消费税、车辆购置税、城市维护建设税及教育费附加等税费进行简并,在货物和服务零售环节征收销售税;全岛封关运作后,进一步简化税制。国务院财政部门会同国务院有关部门和海南省应当及时提出简化税制的具体方案。

(2)对进口征税目录以外的商品实施“零关税”。经济全球化、贸易自由化是当今世界经贸发展的大趋势,关税减让是促进贸易的重要手段。我国已经加入的国际条约和签署的自由贸易协定已经对部分国家的部分商品作出减让关税乃至“零关税”的承诺。海南自由贸易港将对关税作出进一步的减让处理,对进口征税商品实行目录管理,目录之外的货物进入海南自由贸易港,免征进口关税。同时,考虑到海南与内地存在大量的贸易和人员往来,全岛封关运作还有一个过程,即为做好风险防范和压力测试,在全岛封关运作、简并税制前,对部分进口商品,免征进口关税、进口环节增值税和消费税①。

(3)对企业所得税和个人所得税实行“低税率”。目前,对注册在海南自由贸易港并实质性运营的鼓励类产业企业,减按15%征收企业所得税;2025 年前,对在海南自由贸易港设立的旅游业、现代服务业、高新技术产业企业新增境外直接投资所得,免征企业所得税;对企业符合条件的资本性支出,允许在支出发生当期一次性税前扣除或加速折旧和摊销。对在海南自由贸易港工作的高端人才和紧缺人才,其个人所得税实际税负超过15%的部分,予以免征。全岛封关运作后,对注册在海南自由贸易港符合条件的企业,实行企业所得税优惠,即对注册在海南自由贸易港并实质性运营的企业(负面清单行业除外),减按 15%征收企业所得税。对海南自由贸易港内符合条件的个人,实行个人所得税优惠,即对一个纳税年度内在海南自由贸易港累计居住满 183 天的个人,其取得源于海南自由贸易港范围内的综合所得和经营所得,按照 3%、10%、15%三档超额累进税率征收个人所得税。

(4)对海南自由贸易港与内地货物、物品往来的税收政策作出安排。无论是从海南自由贸易港的自身发展考虑,还是从其在国家战略中的功能定位考虑,都不能割裂海南自由贸易港与内地之间的关系,同时还必须处理好内地与自由贸易港之间货

---

① 根据《海南自由贸易港建设总体方案》和国务院有关部门的规定,海南自由贸易港全岛封关运作、简并税制前,“零关税”的商品体现在“三正一负”清单中:(1)除法律法规和相关规定明确不予免税、国家规定禁止进口的商品外,对企业进口自用的生产设备,实行“零关税”负面清单管理;(2)对岛内进口用于交通运输、旅游业的船舶、航空器等营运用交通工具及游艇,实行“零关税”正面清单管理;(3)对岛内进口用于生产自用或以“两头在外”模式进行生产加工活动(或服务贸易过程中)所消耗的原辅料,实行“零关税”正面清单管理;(4)对岛内居民消费的进境商品,实行正面清单管理,允许岛内免税购买。目前,前三张清单已经出台。

物往来的税负平衡问题。为此，本法明确，货物由海南自由贸易港进入内地，原则上按照进口征税；但是，对鼓励类产业企业生产的不含进口料件或者含进口料件在海南自由贸易港加工增值达到一定比例的货物，免征关税。同时还规定，货物由内地进入海南自由贸易港，按照国务院有关规定退还已征收的增值税、消费税。

5. 实行最严格的生态环境保护制度，建设国家生态文明试验区

为保护海南的生态环境，支持海南建设国家生态文明试验区，本法在第 1 章提出“海南自由贸易港实行最严格的生态环境保护制度”的总体要求，第 5 章专章对生态环境保护工作提出具体要求。

（1）海南自由贸易港健全生态环境评价和监测制度，制定生态环境准入清单，防止污染，保护生态环境；健全自然资源资产产权制度和有偿使用制度，促进资源节约高效利用；推进国土空间规划体系建设，实行差别化的自然生态空间用途管制，严守生态保护红线，构建以国家公园为主体的自然保护地体系，推进绿色城镇化、美丽乡村建设；严格保护海洋生态环境，建立健全陆海统筹的生态系统保护修复和污染防治区域联动机制。

（2）海南自由贸易港加强检验检疫能力建设，防范外来物种入侵，禁止境外固体废物输入；提高医疗废物等危险废物处理处置能力，提升突发生态环境事件应急准备与响应能力，加强生态风险防控；推进建立政府主导、企业和社会参与、市场化运作、可持续的生态保护补偿机制，建立生态产品价值实现机制，鼓励利用市场机制推进生态环境保护，实现可持续发展。

（3）实行环境保护目标责任制和考核评价制度。对本级人民政府负有环境监督管理职责的部门及其负责人和下级人民政

府及其负责人的年度考核,实行环境保护目标完成情况一票否决制。环境保护目标未完成的地区,1 年内暂停审批该地区新增重点污染物排放总量的建设项目环境影响评价文件;对主要责任人,要求 1 年内不得提拔使用或者转任重要职务,并依法给予处分。实行生态环境损害责任终身追究制,对违背科学发展要求、造成生态环境严重破坏的地方人民政府及有关部门主要负责人、直接负责的主管人员和其他直接责任人员,应当严格追究责任。

6. 支持自由贸易港建设的其他规定

海南自由贸易港建设是一项系统工程,除核心的贸易投资、税收、环保制度外,本法还明确了现代产业体系发展方向和更为开放的人才政策与人员进出管理措施,从土地、金融、信用体系建设、纠纷解决、风险防控等方面,分别规定了制度措施,全面促进和保障海南自由贸易港建设。

(1)支持海南自由贸易港建设开放型生态型服务型产业体系,积极发展旅游业、现代服务业、高新技术产业以及热带高效特色农业等重点产业,确定了以“3+1”为重点的现代产业体系。在数据管理方面,规定建立安全有序、自由便利的数据流动管理制度,有序扩大通信资源和业务开放,探索实施区域性国际数据跨境流动制度安排。在运输自由便利领域,规定建设“中国洋浦港”船籍港,放宽空域管制和航路限制,建立更加开放的航运制度和船舶管理制度。在教育领域,规定境外高水平大学、职业院校可以在海南自由贸易港设立理工农医类学校。在出入境、停居留管理方面,规定建立高效便利的出境入境管理制度,逐步实施更大范围适用免签入境政策,延长免签停留时间,优化出境入境检查管理,提供出境入境通关便利;实行更加开放的人才和停居留政策,实行更加宽松的人员临时出境入境政策、便利的工作签证政策,对外国人工作许可实行负面清单管理,进一步完善居留制度。

(2)在土地管理和利用方面赋予海南更大自主权。一是,国务院可以根据海南自由贸易港建设的需要,授权海南省人民政府审批由国务院审批的农用地转为建设用地和土地征收事项。授权海南省人民政府在不突破海南省国土空间规划明确的生态保护红线、永久基本农田面积、耕地和林地保有量、建设用地总规模等重要指标并确保质量不降低的前提下,按照国家规定的条件,对全省耕地、永久基本农田、林地、建设用地布局调整进行审批。二是,为盘活现有存量建设土地,提升土地利用效率,规定海南自由贸易港建设应当切实保护耕地,加强土地管理,建立集约节约用地制度、评价标准以及存量建设用地盘活处置制度;充分利用闲置土地,以出让方式取得土地使用权进行开发的土地,超过出让合同约定的竣工日期1年未竣工的,应当在竣工前每年征收出让土地现值一定比例的土地闲置费。

(3)坚持金融服务实体经济,支持金融改革创新。支持金融机构立足海南旅游业、现代服务业、高新技术产业、热带特色高效农业等重点产业发展需要,推进金融领域的改革创新,以增强金融服务实体经济能力为出发点和落脚点,实现金融业的扩大开放,为贸易投资自由化便利化提供良好的金融环境。建立适应高水平贸易投资自由化便利化需要的跨境资金流动管理制度,分阶段开放资本项目,逐步推进非金融企业外债项下完全可兑换,推动跨境贸易结算便利化,有序推进海南自由贸易港与境外资金自由便利流动。海南自由贸易港内经批准的金融机构可以通过指定账户或者在特定区域经营离岸金融业务。

五、实施中需要注意的问题

海南自由贸易港建设，需要分步骤分阶段进行。从《海南自由贸易港建设总体方案》的部署来看，2025 年前，主要是打基础、做准备，形成早期收获，适时启动全岛封关运作。2035 年前，进一步完善开放政策和相关制度安排，全面推进自由贸易港政策落地见效，基本形成完备的法律法规体系、现代产业体系和现代化社会治理体系，成为我国开放型经济新高地。到 21 世纪中叶，全面建成具有较强国际影响力的高水平自由贸易港。

本法对标 2035 年前的重点任务，着眼于封关运作后的主要制度安排，构建起制度政策的"四梁八柱"；对于封关运作前的过渡性办法，还有一定的细化空间。因此，在本法施行后，要抓紧研究全岛封关运作前的过渡性措施。同时，也要着手研究封关运作后的主要任务，把握好分步骤分阶段的制度性安排，尽快建立起完备的法律法规体系，全力将海南自由贸易港打造成为引领我国新时代对外开放的鲜明旗帜和重要门户。

建设海南自由贸易港，是融入整个国家发展战略的大事，有关方面要在党中央的集中统一领导下共同努力，上下联动、形成合力，将法律确定的重要原则和要求转化为可操作、能落地、出实效的具体制度措施，确保法律制度实用、管用、好用，推动党中央、国务院对海南自由贸易港的战略部署得到有效落实。

第一部分　释　　义

第一章　总　　则

第一条　为了建设高水平的中国特色海南自由贸易港，推动形成更高层次改革开放新格局，建立开放型经济新体制，促进社会主义市场经济平稳健康可持续发展，制定本法。

【释义】　本条是关于本法立法目的的规定。

按照本条的规定，《海南自由贸易港法》的立法目的，主要包括以下几个方面：

1. 建设高水平的中国特色海南自由贸易港

习近平总书记强调，海南自由贸易港是中国特色的自由贸易港。在海南建设高水平的中国特色自由贸易港是一项全新的探索，没有先例可循，不能简单照搬西方自由贸易港发展模式，不仅要具备自由贸易港的基本要素，更要充分体现中国特色，遵循社会主义制度。要把党的领导贯穿于海南自由贸易港建设的全过程，充分发挥党总揽全局、协调各方的作用；要坚定不移走中国特色社会主义道路，在基本制度层面和意识形态领域不能逾越“红线”；要贯彻创新、协调、绿色、开放、共享的新发展理念，坚持高质量发展；要坚持以人民为中心，让改革发展成果更多更公平地惠及全体人民。

2. 推动形成更高层次改革开放新格局，建立开放型经济新体制

回望改革开放 40 多年，我国对外开放领域从货物贸易向投资、金融、服务等多个方面展开；开放平台从海关特殊监管区域向自由贸易试验区逐渐扩大；开放范围由经济特区向沿海沿边开放，再到向以“一带一路”建设为重点的陆海内外联动、东西双向互济的开放格局深入推进。当今世界，贸易保护主义、单边主义、内顾倾向不断抬头，经济全球化遭遇更大的逆风和回头浪。习近平总书记多次强调，经济全球化是不可逆转的历史大势，中国政府将始终秉持人类命运共同体理念，坚持开放合作、惠普共赢，促进经济全球化健康有序发展。建设海南自由贸易港，就是要用实际行动向世界表明，中国开放的大门不会关闭，只会越开越大；就是要以新一轮高水平对外开放支持和推动经济全球化，推动形成更高层次改革开放新格局，建立开放型经济新体制，为维护全球自由贸易、完善全球治理体系、加快世界经济复苏注入新的动力。要以建设海南自由贸易港为切入点和突破口，对标国际高水平规则，创新体制机制，建设高效政府，推行精准监管，完善法治保障，加快建立法治化、国际化、便利化的营商环境，率先实现贸易、投资、跨境资金流动、人员进出、运输来往五大自由便利和数据安全有序流动，发挥对全国构建开放型经济体制的引领和促进作用。

3. 促进社会主义市场经济平稳健康可持续发展

随着我国经济体制改革进入攻坚期和深水区，体制性障碍、机制性梗阻和政策性创新不足等问题日益凸显，重大改革每推进一步，都是难啃的“硬骨头”，都有可能面临“险滩”。海南是我国最大的经济特区、重要的试验田，具有实施全面深化改革和试验最高水平开放政策的独特优势。在海南建设自由贸易港，

就是要在进一步放宽市场准入、推动产权保护和要素市场化配置、保障公平竞争等方面，为加快完善社会主义市场经济体制探索新路径、积累新经验，促进社会主义市场经济平稳健康可持续发展。

第二条　国家在海南岛全岛设立海南自由贸易港，分步骤、分阶段建立自由贸易港政策和制度体系，实现贸易、投资、跨境资金流动、人员进出、运输来往自由便利和数据安全有序流动。

海南自由贸易港建设和管理活动适用本法。本法没有规定的，适用其他有关法律法规的规定。

【释义】　本条关于对本法适用范围的规定。

（1）国家在海南岛全岛设立海南自由贸易港，分步骤、分阶段建立自由贸易港政策和制度体系，实现贸易、投资、跨境资金流动、人员进出、运输来往自由便利和数据安全有序流动。

国际上的自由贸易港（区），从功能定位看，大致有三类：一是，贸易、金融、投资、运输均高度自由的自由港，如我国的香港特别行政区、新加坡、迪拜杰贝阿里自由区等；二是，以经济开发为主要目的的特殊经济区域，实施一定的优惠政策，例如韩国仁川自由经济区、俄罗斯符拉迪沃斯托克自由港等；三是，以促进贸易为主要目的的特殊经济区域，主要发展出口加工和转口贸易，如欧盟各国的自由区、美国和加拿大的对外贸易区等。综观国际上的自由贸易港（区），其主要特点包括：自由便利的贸易政策、高度开放的投资政策、具有竞争力的税收制度、自由化的金融政策、分类施策的人员出入境政策等。自由贸易港是具有上述特点的特殊区域，这些特点与时任国务院副总理汪洋在《人民日报》的署名文章中的观点相契合,汪洋在文章中指出:自由港是设在一国(地区)境内关外、货物资金人员进出自由、绝大多数商品免征关税的特定区域,是目前全球开放水平最高的特殊经济功能区。多个国家和地区的自由贸易港(区),虽然形态各异,但是大多数是一块单独的经济功能区,如新加坡的樟宜机场自由贸易区、裕廊港口自由贸易区、三巴旺码头和迪拜国际金融中心、多种商品交易中心等,面积小、各自承担不同的产业功能,但是每一个区域本身的产业功能单一,有的是港口运输、货物中转,有的是加工贸易,有的是服务贸易,且没有人口居住生活,人员往来仅限于服务自由贸易港(区)运行。只有香港是全域范围的自由贸易港,没有“一线”“二线”的设置,人口稠密,经济功能与生活功能高度混同。但是香港的特殊之处在于它是独立的关税区,实行与内地完全不同的税收制度,与内地之间的人员、物资往来完全按照进出口对待。

海南自由贸易港与上述单独经济功能区和香港的全域自由贸易港均有所不同,范围及于海南岛全岛,有 3.54 万平方公里,有 900 多万人口,与内地有天然的紧密联系和制度上的高度一致,既不能按照新加坡、迪拜无人生活的单独经济区管理,也不能照搬照抄香港与内地完全不同的经济制度和社会制度。因此,建设海南自由贸易港不仅在我国是一个新课题,在全球范围来看,也没有先例可以遵循,很难在法律上对海南自由贸易港作出精确的定义。因此,本法采用明确海南自由贸易港发展目标的方式,阐明了海南自由贸易港的建设方向、目标和步骤,即“分步骤、分阶段建立自由贸易港政策和制度体系,实现贸易、投资、跨境资金流动、人员进出、运输来往自由便利和数据安全有序流动”。目前,海南经济体量较小,人流、物流、资金流、信息流不足,短期内难以一蹴而就,而且海南自由贸易港建设本身就是一个改革的过程，需要对贸易、投资、金融、税收、人才等多领域的法律法规和制度规则进行创新，必须分步骤、分阶段进行，实现贸易自由便利、投资自由便利、跨境资金流动自由便利、人员进出自由便利、运输来往自由便利和数据安全有序流动。根据本法和《海南自由贸易港建设总体方案》，在贸易自由便利方面，实行以“零关税”为基本特征的货物贸易自由便利化制度安排，确立“一线”放开、“二线”管住的货物贸易监管模式；实行以“既准入又准营”为基本特征的服务贸易自由便利化政策举措，对负面清单之外的跨境服务贸易，按照内外一致的原则管理。在投资自由化、便利化方面，全面推行极简审批投资制度，完善投资促进和投资保护制度，强化产权保护，适用专门的外商投资准入负面清单和放宽市场准入特别清单，推行市场准入承诺即入制。在跨境资金流动自由便利方面，强调金融服务实体经济，围绕贸易投资自由便利化，分阶段开放资本项目，有序推进海南自由贸易港与境外资金自由便利流动。在人员进出自由便利方面，针对高端产业人才，实行更加开放的人才和停居留政策，打造人才集聚高地。在运输来往自由便利方面，实施高度自由便利开放的运输政策，推动建设西部陆海新通道国际航运枢纽和航空枢纽。在数据安全流动方面，在确保数据流动安全可控的前提下，扩大数据领域开放，培育发展数字经济。

（2）海南自由贸易港建设和管理活动适用本法。本法没有规定的，适用其他有关法律法规的规定。

明确《海南自由贸易港法》与其他有关法律法规的适用规则，有利于增强制度设计的系统性与协调性，避免各级各类法律规范在适用中可能出现的冲突，使各项制度措施相互配合、相得益彰，提高制度的整体效益。具体有两个方面：一是，海南自由贸易港建设和管理活动适用本法。《海南自由贸易港法》对于海南自由贸易港建设而言是基础性、原则性的法律，同时，其对某个领域的具体规定相对于该领域的一般法律而言，又属于特别规定。根据《立法法》相关规定，同一机关制定的法律、行政法规、地方性法规、自治条例和单行条例、规章，特别规定与一般规定不一致的，适用特别规定。因此，凡是本法有明确规定的，在海南自由贸易港建设和管理活动中，本法作为特别法优于其他法律优先适用。二是，本法没有规定的，适用其他有关法律法规的规定。尽管《海南自由贸易港法》涉及经济制度、社会治理、环境保护等多个领域，但是主要聚焦贸易投资自由化便利化，而且单独一部法律体量有限，不可能面面俱到。因此，《海南自由贸易港法》没有涉及很多领域，对于本法没有规定的，应当适用全国统一的其他法律法规的规定。

第三条　海南自由贸易港建设，应当体现中国特色，借鉴国际经验，围绕海南战略定位，发挥海南优势，推进改革创新，加强风险防范，贯彻创新、协调、绿色、开放、共享的新发展理念，坚持高质量发展，坚持总体国家安全观，坚持以人民为中心，实现经济繁荣、社会文明、生态宜居、人民幸福。

【释义】　本条是关于海南自由贸易港建设的总体要求和基本原则的规定。

建设海南自由贸易港是以习近平同志为核心的党中央着眼国内国际两个大局，经过深入研究、统筹考虑、科学谋划作出的战略部署，是在国际保护主义、单边主义抬头的环境下，我国持续推进改革开放的又一重大举措。为贯彻落实好党中央的决策部署，建设好海南自由贸易港，要谋定而后动，确立好海南自由贸易港建设应当遵循的原则、路线,保证海南自由贸易港始终朝着党中央确定的目标和方向前进。

2018 年 4 月 13 日,习近平总书记在庆祝海南建省办经济特区 30 周年大会上的讲话中提出,海南建设自由贸易港要体现中国特色,符合中国国情,符合海南发展定位,学习借鉴国际自由贸易港的先进经营方式、管理方法。海南发展不能以转口贸易和加工制造为重点,而要以发展旅游业、现代服务业、高新技术产业为主导,更加注重通过人的全面发展充分激发发展活力和创造力。《海南自由贸易港建设总体方案》提出了海南自由贸易港建设应当坚持借鉴国际经验、体现中国特色、符合海南定位、突出改革创新、坚持底线思维等基本原则。习近平总书记的重要讲话和总体方案等重要文件为海南自由贸易港提出了基本的方向,指明了发展路径。

1. 体现中国特色,借鉴国际经验

海南自由贸易港是中国特色的自由贸易港,要始终坚持党的集中统一领导,增强“四个意识”,坚定“四个自信”,培育践行社会主义核心价值观,确保改革开放的社会主义方向;要坚持中国特色社会主义道路,充分发挥全国上下“一盘棋”和集中力量办大事的制度优势,调动各方面积极性和创造性,为实现国家战略目标提供坚实支撑;要坚持以人民为中心,一切从维护人民利益出发,通过奋斗建设经济繁荣、社会文明、生态宜居、人民幸福的海南自由贸易港。海南自由贸易港建设还应当充分学习借鉴国际自由贸易港的先进经营方式、管理方法和制度安排,坚持高起点谋划、高标准建设,主动适应国际经贸规则重构新趋势,形成具有国际竞争力的开放政策和制度,加快建立开放型经济新体制。

2. 围绕海南战略定位,发挥海南优势

中共中央、国务院《关于支持海南全面深化改革开放的指导意见》中提出,海南的战略定位是深化改革开放试验区、国家生态文明试验区、国际旅游消费中心和国家重大战略服务保障区。海南自由贸易港要紧紧围绕“三区一中心”的战略定位,充分发挥海南自然资源丰富、地理区位独特以及背靠超大规模国内市场和腹地经济等优势,聚焦发展旅游业、现代服务业、高新技术产业等,与粤港澳大湾区联动发展,与内地保持生产要素流动充分自由。海南自由贸易港还应当利用区位优势,加强与东南亚国家的交流合作,服务“一带一路”建设,推动与更多国家和地区开展广泛合作,打造我国深度融入全球经济体系的前沿地带。

3. 贯彻新发展理念,坚持高质量发展

我国经济已由高速增长阶段转向高质量发展阶段,这是党中央对新时代我国经济发展特征的重大判断。在海南打造我国最高水平的开放形态,必须贯彻创新、协调、绿色、开放、共享的新发展理念,建设现代化经济体系,在推动经济高质量发展方面走在全国前列。发展要瞄准国际标准,提高水平,下大气力调优结构,促进产业优化升级,提高产业发展的技术含量,形成以服务型经济为主的产业结构。

4. 坚持总体国家安全观,加强风险防范

海南自由贸易港的高度开放,必然会给国家安全带来一定的挑战。必须牢固树立以人民安全为宗旨,以政治安全为根本,以经济安全为基础,以军事、文化、社会安全为保障的总体国家安全观,坚持底线思维,增强忧患意识,提高防控能力。要牢牢把握“管得住”才能“放得开”,加强重大风险识别和系统性风险防范,建立健全风险防控配套措施;完善重大疫情防控体制机制,健全公共卫生应急管理体系;开展常态化评估工作,及时纠偏纠错,确保海南自由贸易港建设始终沿着正确的方向行进。

第四条　海南自由贸易港建设，以贸易投资自由化便利化为重点，以各类生产要素跨境自由有序安全便捷流动和现代产业体系为支撑，以特殊的税收制度安排、高效的社会治理体系和完备的法治体系为保障，持续优化法治化、国际化、便利化的营商环境和公平统一高效的市场环境。

【释义】　本条是关于海南自由贸易港制度设计的规定。

自由贸易港在诞生之初，是一国在领土内开辟出的紧邻港口的特殊区域，在这一区域内进行航运中转和货物流通，促进区域内生产要素流动的自由化便利化。随着时间的推移，自由贸易港的地理区位和功能定位都发生了较大的变化，由最初的紧邻港口转而向内地扩张，由最初的运输枢纽发展至集加工制造、货物贸易、服务提供、科技研发等于一体的综合性功能区，通过特殊的贸易、投资、税收和行政管理制度，促进产业发展和要素流动。因此，在当今的语境下，自由贸易港并不必然是港口，而是指代贸易自由化便利化的特殊区域。海南自由贸易港建设，对标国际主要自由贸易港，重点是贸易投资自由化便利化，以生产要素、产业体系、税收制度、社会治理体系、风险防范等为支撑和保障，构建自由贸易港制度体系和运作模式。

在海南自由贸易港，货物贸易实行“一线放开”、“二线管住”和岛内自由。在海南自由贸易港与中华人民共和国境外其他国家和地区之间设立“一线”，货物贸易以“零关税”和自由进出为基本特征，进口征税商品目录以外的货物由境外进入海南自由贸易港免征进口关税，禁止、限制进出口清单以外的货物、物品在境外和海南自由贸易港之间自由进出；在海南自由贸易港与内地之间设立“二线”，货物由海南自由贸易港进入内地，原则上按进口规定办理相关手续,货物、物品及运输工具由内地进入海南自由贸易港,按国内流通规定管理。在符合环境保护、安全生产等前提下,货物在海南自由贸易港内不设存储期限,可自由选择存放地点。实施“零关税”的货物,海关免于实施常规监管。服务贸易实行以“既准入又准营”为基本特征的自由化便利化政策举措,实行负面清单管理,清单以外的服务贸易,按照内外一致的原则管理,并实施相配套的资金支付和转移制度。

生产要素包括资金、人员、物品等,建设国际一流的自由贸易港,必须实现生产要素的自由有序安全便捷流动。在资金流动方面,通过构建多功能自由贸易账户、推进贸易结算便利化、扩大金融业对内对外开放、加快金融改革创新、发展离岸金融等方式促进实现。在人员流动方面,海南自由贸易港将实行更加开放的人才引进和停居留政策、建立健全人才移民服务管理、实施更加便利的出入境管理政策等。在物品方面,要通过建立更加自由开放的航运制度、提升运输便利化和服务保障水平来促进运输来往自由便利,从而保证物品自由流动。此外,数据在现代产业体系的构建中日益重要,海南自由贸易港要在确保数据流动安全可控的前提下,扩大数据领域开放,创新安全制度设计,实现数据充分汇聚,培育发展数字经济。根据海南自由贸易港的区位特点和战略定位,发展现代产业体系,应当聚焦发展旅游业、现代服务业、高新技术产业和热带高效农业,不断夯实实体经济基础,增强产业竞争力。特殊的税收制度安排包括简税制、“零关税”、低税率,海南自由贸易港封关运作后,将实行与内地不同的税收制度,在货物和服务零售环节,不再征收增值税、消费税等,启动征收销售税,现行税种将进行简并;对进口征税商品目录以外的货物免征进口关税;对符合条件的企业和个人实行所得税优惠。高效的社会治理体系和法治体系包括深化政府机构改革、推动政府职能转变、打造共建共治共享的社会治理格局以及建立海南自由贸易港法律法规体系、建立多元化商事纠纷解决机制等。在各项制度设计的协调运作下,形成并持续优化法治化、国际化、便利化的营商环境和公平统一高效的市场环境。

第五条　海南自由贸易港实行最严格的生态环境保护制度,坚持生态优先、绿色发展,创新生态文明体制机制,建设国家生态文明试验区。

【释义】　本条是关于海南自由贸易港生态环境保护总体要求的规定。

海南是我国唯一的热带岛屿省份,是南海上一颗璀璨的明珠,岛上有壮丽的山河、珍稀的热带动植物、丰富的资源。海南的生态环境是大自然赐予中华民族的宝贵财富,必须倍加珍惜、精心呵护。绿水青山就是金山银山,保护生态环境就是保护生产力,改善生态环境就是发展生产力。建设海南自由贸易港、发展海南经济,不仅不能以牺牲生态环境为代价,还要高于其他地区的生态环境保护水平,以生态为先,实行最严格的生态环境保护制度。在保护的同时,要立足海南的生态优势,发展绿色产业,在经济发展中积攒保护生态环境的资本,让生态环境保护与经济发展互进互促。

在海南自由贸易港实行最严格的生态环境保护制度是法律中首次对生态环境保护提出的最高要求,体现了国家对海南自由贸易港生态环境的珍视和国家保护海南生态环境的决心。最严格的生态环境保护制度是由一系列保护制度相互支撑、相互配合、协同发挥作用组成的。据此,本法在“总则”中对海南生态环境保护提出了总体要求,在第5章中设专章提出了具体的制度要求。

健全生态环境评价和监测制度,加强统计监测,建立生态文明综合评价指标体系,加强对能源资源的统计监测核算能力建设,加快能源消耗在线监测体系建设,建立循环经济统计指标体系、矿产资源合理开发利用评价指标体系,利用卫星遥感等技术手段,对自然资源和生态环境保护状况开展全天候监测,健全环境与健康调查、监测和风险评估制度。制定生态环境准入清单,确定生态保护红线、环境质量底线、资源利用上线,明确事项准入。健全自然资源资产产权制度,落实产权主体,做好调查监测和确权登记等基础性工作,促进自然资源集约开发利用;健全自然资源有偿使用制度,在完善产权规则的同时强化市场配置,发挥市场配置资源的决定性作用,促进资源节约高效利用。

推进国土空间规划体系建设,实行差别化的自然生态空间用途管制。建立热带雨林等国家公园,构建以国家公园为主体的自然保护地体系。严格保护海洋生态环境,控制海洋开发强度,调整经济结构和产业布局,陆海统筹,既要防治海洋污染也要防治陆上污染,提高资源集约节约利用和综合开发水平,最大限度减少对海域生态环境的影响。推进建立政府主导、企业和社会参与、市场化运作、可持续的生态保护补偿机制,建立生态产品价值实现机制,鼓励利用市场机制推进生态环境保护,实现可持续发展。

严格进出境环境安全准入管理,加强检验检疫能力,筑牢口岸检验检疫防线,防范有害的外来物种进入国境对生态环境造成破坏;提升进出口商品质量安全风险预警和快速反应监管能力，完善重点敏感进出口商品监管；加强对全球传染病疫情的监测，推进境外传染病疫情风险早期预警，严防重大传染病跨境传播；率先实现境外固体废物零输入，全面禁止包括工业固体废物、生活垃圾、建筑垃圾、农业固体废物在内的洋垃圾入境；推进医疗废物等危险废物处置设施建设，提升突发生态环境事件应急准备与响应能力。

建立健全生态文明建设长效机制，压紧压实生态环境保护责任。建立生态环境和资源保护现代监管体制，设立国有自然资源资产管理和自然生态监管机构。落实环境保护"党政同责、一岗双责"，构建以绿色发展为导向的评价考核体系，严格执行党政领导干部自然资源资产离任审计、环境保护目标完成情况一票否决制和生态环境损害责任追究制度。

按照党中央、国务院对海南"全面深化改革开放试验区、国家生态文明试验区、国际旅游消费中心、国家重大战略服务保障区"（三区一中心）的战略定位，海南还承载着建设国家生态文明试验区的特殊任务，要统筹发展与保护的关系，创新生态文明体制机制，充分发挥生态环境保护推动高质量发展的重要作用，为推进全面生态文明建设探索新的路径，成为国家生态文明建设的标杆，为全国其他区域推进生态文明建设提供经验。

保护好海南的生态，事关中华民族的永续发展和"两个一百年"奋斗目标的实现，要牢固树立社会主义生态文明观，像对待生命一样对待生态环境，实行最严格的生态环境保护制度，还自然以宁静、和谐、美丽，提供更多优质生态产品以满足人民日益增长的优美生态环境需要，谱写美丽中国海南篇章。

第六条　国家建立海南自由贸易港建设领导机制，统筹协调海南自由贸易港建设重大政策和重大事项。国务院发展改革、财政、商务、金融管理、海关、税务等部门按照职责分工，指导推动海南自由贸易港建设相关工作。

国家建立与海南自由贸易港建设相适应的行政管理体制，创新监管模式。

海南省应当切实履行责任，加强组织领导，全力推进海南自由贸易港建设各项工作。

【释义】 本条是关于海南自由贸易港建设领导机制和行政管理体制的规定。

海南自由贸易港建设涉及面广、任务量大，是一项长期复杂的系统工程，是国家的重大战略，需要上下合力推动。中央和国家有关部门要从全局高度出发，会同海南省做好顶层设计，坚持先谋后动，积极研究制定支持举措，共同推动各项政策落地见效。本法规定国家建立海南自由贸易港建设领导机制，统筹协调海南自由贸易港建设重大政策和重大事项；要求国务院发展改革、财政、商务、金融管理、海关、税务等部门按照职责分工，指导推动海南自由贸易港建设相关工作。

在实践中，为推进海南全面深化改革开放，国家成立推进海南全面深化改革开放领导小组，统筹协调国务院各部门和海南省，推进海南自由贸易港建设各项制度政策落地实施。《海南自由贸易港建设总体方案》明确提出，中央和国家机关有关单位要按照该方案要求，主动指导推动海南自由贸易港建设。推进海南全面深化改革开放领导小组办公室牵头成立指导海南推进自由贸易港建设工作小组，由国家发展改革委、财政部、商务部、中国人民银行、海关总署等部门分别派出干部驻海南实地指导协调自由贸易港建设工作,有关情况及时上报领导小组。《海南自由贸易港建设总体方案》发布以来,国家发展改革委、财政部、商务部、中国人民银行、海关总署、国家税务总局等派人组成工作专班,驻海南实地开展工作。

海南自由贸易港建设的核心是制度创新,需要全方位、大力度推进改革创新。要强化改革举措系统集成,科学配置各方面资源,在内外贸、投融资、财政税务、金融创新、出入境等方面探索更加灵活的政策体系、监管模式和管理体制,打造开放层次更高、营商环境更优、辐射作用更强的开放新高地。本法在贸易投资自由化便利化、财税金融等方面规定了一系列政策制度,海南自由贸易港在货物贸易、服务贸易、海关监管、投资准入准营、财政税收、金融监管、进出境管理等方面要探索更加灵活便利的监管模式和管理体制。如海南自由贸易港实施"一线"放开、"二线"管住的货物贸易监管模式,在"一线",除禁止、限制进出口货物、物品清单以外的货物、物品自由进出,在许可证、配额管理等方面要实施不同于内地其他港口的监管模式;在"二线",货物由海南自由贸易港进入内地原则上按进口管理,货物流动需要从口岸进出,但是不同于由境外进口至内地的监管措施,货物的通关手续要更加便捷,便利海南自由贸易港与内地之间的往来。又如,国务院在行政审批领域推行证照分离改革,包括四项内容:取消审批、审批改为备案、实行告知承诺制、提高审批的透明度和可预见性。海南省也在大力推进这项改革。同时,《海南自由贸易港建设总体方案》提出,实施市场准入承诺即入制。严格落实"非禁即入",在"管得住"的前提下,对具有强制性标准的领域,原则上取消许可和审批,建立健全备案制度,市场主体承诺符合相关要求并提交相关材料进行备案,即可开展投资经营活动。备案受理机构从收到备案时起，即开始承担审查责任。《海南自由贸易港建设总体方案》并对此作出了分步骤分阶段的安排，在2025年前，深化“证照分离”改革；在2035年前，在具有强制性标准的领域，建立“标准制+承诺制”的投资制度，市场主体对符合相关要求作出承诺，即可开展投资经营活动。不同于“证照分离”改革中的告知承诺制，承诺即入制的管理方式是“承诺+备案”，市场主体承诺符合相关要求并提交相关材料进行备案的，即可开展投资经营活动，不需要再取得相关行政许可或审批。这项改革属于不同于全国其他地方的制度创新，具体的落地实施仍要在实践中不断探索。此外，创新监管模式和行政管理体制还包括海关依照有关规定对进出口货物径予放行、人员通关便利化、外汇管理由事前审查转为偏重事中事后监管等。

推进海南自由贸易港建设，离不开党中央的统筹协调，离不开各部门的支持推动，更离不开海南省的具体落实。法律的生命力在于实施，制度的活力需要在执行中体现，海南省是建设自由贸易港的直接主体，各项制度政策需要海南省具体落地实施。本法在规定领导机制和行政管理体制的同时，明确要求海南省切实履行主体责任，加强组织领导，全力推进海南自由贸易港建设的各项工作。

第七条　国家支持海南自由贸易港建设发展，支持海南省依照中央要求和法律规定行使改革自主权。国务院及其有关部门根据海南自由贸易港建设的实际需要，及时依法授权或者委托海南省人民政府及其有关部门行使相关管理职权。

【释义】　本条是关于支持海南行使改革自主权的规定。

海南自由贸易港建设，涉及在现有体制下的改革创新，也涉及突破现有的体制机制，进行更大范围、更深层次的改革创新。在中央与地方的事权划分上，我国已有明确的体制机制。但是，为支持海南自由贸易港建设，及时有效地推进各项改革措施落地实施，有必要支持海南行使改革自主权。中共中央、国务院《关于支持海南全面深化改革开放的指导意见》中提出，中央有关部门根据海南省建设自由贸易试验区、探索实行符合海南发展定位的自由贸易港政策需要，及时向海南省下放相关管理权限，给予充分的改革自主权。为此，本条对国务院及其有关部门对海南省人民政府及其有关部门的授权和委托作了规定。

依法授权包括以下几种情况：一是，在本法中对海南自由贸易港的行政管理职权作出直接规定。如本法第 48 条第 1 款规定："国务院可以根据海南自由贸易港建设的需要，授权海南省人民政府审批由国务院审批的农用地转为建设用地和土地征收事项；授权海南省人民政府在不突破海南省国土空间规划明确的生态保护红线、永久基本农田面积、耕地和林地保有量、建设用地总规模等重要指标并确保质量不降低的前提下，按照国家规定的条件，对全省耕地、永久基本农田、林地、建设用地布局调整进行审批。"该规定为国务院及其有关部门将本应由其行使的相关职权，授权给海南省人民政府及其有关部门行使提供了法律依据。二是，现有法律中，已经对国务院将职权授予地方人民政府行使作出规定的，如《药品管理法》第 65 条第 1 款中规定："医疗机构因临床急需进口少量药品的，经国务院药品监督管理部门或者国务院授权的省、自治区、直辖市人民政府批准，可以进口。"2018 年 12 月 21 日，国务院出台了《关于在海南博鳌乐城国际医疗旅游先行区暂时调整实施〈中华人民共和国药品管理法实施条例〉有关规定的决定》，将博鳌乐城国际医疗旅游先行区内医疗机构因临床急需进口少量药品(不含疫苗)的审批权,交由海南省人民政府行使。三是,根据全国人大常委会的授权决定,暂时调整适用有关法律条文的实施,调整内容中规定了国务院及其有关部门对海南省的授权。例如,2020 年 4 月,全国人大常委会《关于授权国务院在中国(海南)自由贸易试验区暂时调整适用有关法律规定的决定》中提出,暂时调整适用《种子法》第 31 条第 1 款的有关规定,在中国(海南)自由贸易试验区从事种子进出口业务的,其种子生产经营许可证核发权限由国务院农业农村主管部门、林业主管部门下放至海南省农业农村主管部门、林业主管部门。上述三种形式是已有的授权方式,规定在全国人大常委会通过的法律或经全国人大常委会批准的决定中,体现了依法授权的要求。今后,这三种依法授权的方式还继续有效,还可以通过修改有关法律条文、作出新的授权决定等方式继续作出授权。

行政委托是在实践中更为灵活和常用的职权行使方式,《行政许可法》第 24 条规定,行政机关在其法定职权范围内,依照法律、法规、规章的规定,可以委托其他行政机关实施行政许可。国务院及其有关部门可以根据上述规定,将职权委托给海南省及其有关部门行使。需要注意的是,行政委托与行政授权的本质不同,行政委托不需要法律的明确规定,受委托者可以是有关行政机关、社会组织或者个人,受委托者以委托机关的名义实施管理行为和行使职权,并由委托机关承担法律责任。

第八条　海南自由贸易港构建系统完备、科学规范、运行有效的海南自由贸易港治理体系,推动政府机构改革和职能转变,

规范政府服务标准,加强预防和化解社会矛盾机制建设,提高社会治理智能化水平,完善共建共治共享的社会治理制度。

国家推进海南自由贸易港行政区划改革创新,优化行政区划设置和行政区划结构体系。

【释义】 本条是关于海南自由贸易港治理体系建设和行政区划改革的规定。

一、关于社会治理

党的十九届四中全会提出,坚持和完善共建共治共享的社会治理制度。海南作为我国改革开放的新标杆,提升社会治理体系和治理能力现代化水平是自由贸易港建设的应有之义,也是党中央、国务院对海南自由贸易港的制度设计中一直强调的。中共中央、国务院《关于支持海南全面深化改革开放的指导意见》中将加强社会治理与建设现代化经济体系、实现高水平对外开放、服务国家重大战略等放在同等重要的高度,并要求海南在社会治理创新方面先行先试。《海南自由贸易港建设总体方案》的制度设计中也将高效的社会治理体系作为海南自由贸易港建设的重要保障。

1. 推动政府机构改革和职能转变,规范政府服务标准

进一步推动海南大部门制改革,整合分散在各部门相近或相似的功能职责,推动职能相近部门合并。控制行政综合类公务员比例,行政人员编制向监管部门倾斜,推行市场化的专业人员聘任制。强化监管立法和执法,加强社会信用体系应用,深化“双随机、一公开”的市场监管体制,坚持对新兴业态实行包容审慎监管。充分发挥“互联网+”、大数据、区块链等现代信息技术

作用，通过政务服务等平台建设规范政府服务标准、实现政务流程再造和政务服务"一网通办"，加强数据有序共享，提升政府服务和治理水平。政府作出的承诺须认真履行，对于不能履行承诺或执行不到位而造成损失的，应及时予以赔偿或补偿。

2. 加强预防和化解社会矛盾机制建设

健全改善民生的长效机制，从建立稳定脱贫长效机制、深化户籍制度改革、提升基础教育质量、完善劳动用工制度、创新社会救助模式、调控房地产价格、深化医药卫生体制改革等方面完善公共服务体系，不断满足人民日益增长的美好生活需要，使人民群众的获得感、幸福感、安全感更加充实、更有保障、更可持续，从源头上减少社会矛盾。正确处理人民内部矛盾，加强人口动态数据收集分析，建立人口监测预警报告制度。推动建立以社会保障卡为载体的"一卡通"服务管理模式。支持社会组织在规范市场秩序、开展行业监管、加强行业自律、调解贸易纠纷等方面发挥更大作用。全面加强基层治理，统筹推进基层政权建设和基层群众自治，促进乡镇（街道）治理和城乡社区治理有效衔接，构建简约高效的基层管理体制。建立健全矛盾纠纷化解机制，充分发挥人民调解、信访第三方参与等机制的作用。

3. 运用好智能化手段提高社会治理能力水平

《智慧海南总体方案（2020—2025 年）》中提出，打造精细智能社会治理样板区。构建全局视野、精准映射、虚实交互、模拟仿真、智能干预的数字孪生治理体系，覆盖陆地和海域，实现全岛人流、物流、资金流、社会生产、市场经营、生态环境、交通运输、海事活动、海关监管等全要素数字化和虚拟化，运行状态实时可视可控，"规建管"一体化高效协同，全面提升社会管理和生态治理水平，打造虚实融合、数据驱动、科学决策、精细智能的社会治理样板区。推进基于大数据的人流、物流、资金流全方位监管,加强海洋、陆地一体化生态管控,打造“全域一张网、感知一张图、治理一平台”联动治理体系。目前,海南省已经建成社会管理信息化平台,初步进入实战化运行,逐步实现对人流、物流、资金流的实时监控,形成近海、岸线、岛内三道防控圈,运用技术手段提升社会治理能力。

4. 坚持和完善共建共治共享的社会治理制度

基层社会治理,不只是党委和政府的责任,也是社会各方的共同责任,应当尊重人民主体地位、坚持以人民为中心,要充分发挥社区、社会组织和个人的作用,打造共建共治共享的社会治理格局。

二、关于行政区划改革

海南省辖4个地级市,直辖5个县级市、4个县、6个自治县,近年来行政区划总体保持稳定。行政区划必须变更时,应当本着有利于社会主义现代化建设、有利于推进国家治理体系和治理能力现代化、有利于行政管理、有利于民族团结、有利于巩固国防的原则,坚持与国家发展战略和经济社会发展水平相适应、注重城乡统筹和区域协调、推进城乡发展一体化、促进人与自然和谐发展的方针,制定变更方案,逐级上报审批。行政区划的重大调整应当及时报告党中央。对于行政区划变更的审批权限,《宪法》有明确规定,《行政区划管理条例》中有具体的规定。具体而言,省、自治区、直辖市的设立、撤销、更名,报全国人民代表大会批准。省、自治区、直辖市的行政区域界线的变更,人民政府驻地的迁移,简称、排列顺序的变更,自治州、县、自治县、市、市辖区的设立、撤销、更名和隶属关系的变更以及自治州、自治县、设区的市人民政府驻地的迁移,自治州、自治县的行政区域界线的变更,县、市、市辖区的行政区域界线的重大变更,凡涉及海岸线、海岛、边疆要地、湖泊、重要资源地区及特殊情况地区的隶属关系或者行政区域界线的变更，由国务院审批。乡、民族乡、镇的设立、撤销、更名，行政区域界线的变更，人民政府驻地的迁移，由省、自治区、直辖市人民政府审批。海南省优化行政区划设置和行政区划结构体系，应当统筹全省国土空间布局和主体功能定位，改革创新行政区划，提高中心城市综合承载和资源优化配置能力，按法定程序进行。

第九条　国家支持海南自由贸易港主动适应国际经济贸易规则发展和全球经济治理体系改革新趋势，积极开展国际交流合作。

【释义】　本条是关于国家支持海南自由贸易港适应国际经济变化和开展国际交流与合作的规定。

根据《海南自由贸易港建设总体方案》的决策部署，海南自由贸易港的建设原则之一是借鉴国际经验，坚持高起点谋划、高标准建设，主动适应国际经贸规则重构新趋势，充分学习借鉴国际自由贸易港的先进经营方式、管理方法和制度安排，形成具有国际竞争力的开放政策和制度，加快建立开放型经济新体制，增强区域辐射带动作用，打造我国深度融入全球经济体系的前沿地带。从国家的战略全局部署和海南自由贸易港自身发展的需要上看，主动适应国际经济贸易规则发展和全球经济治理体系改革新趋势，既是海南自由贸易港必须肩负的责任，也是海南自由贸易港高水平建设的需要。

一、关于国际贸易规则

国际贸易规则是各国在进行贸易的过程中，根据惯例和互相签订的贸易协定逐渐发展起来的一系列规则的总称。随着经济全球化的发展，贸易投资自由化和便利化是高标准国际经贸规则重要的变革方向，包括大幅度削减关税壁垒、非关税壁垒和产业补贴，营造公平竞争的营商环境，规则措施由“边境”向“边境内”转移等。涉及市场准入、技术标准、环境保护、知识产权保护、安全卫生标准、争端解决机制、监管一致性以及服务贸易、跨境电商、跨境数据自由流动等方面的规则标准，都正在成为发达国家主导的自由贸易协定谈判的主要内容，也是 WTO 改革的焦点。与此同时，区域和双边自由贸易协定成为新一轮国际经贸规则制定的主导力量。海南自由贸易港应当遵守 WTO 以及我国签订的自由贸易协定规定的国际贸易规则。同时，海南自由贸易港应当总结经验并提出对策，以适应最新的国际贸易规则变化，并为我国进行自由贸易协定谈判和在 WTO 改革中提出“中国方案”提供实践基础。

二、关于全球经济治理体系

当今世界正在经历百年未有之大变局，保护主义、单边主义抬头，经济全球化遭遇更大的逆风和回头浪。全球经济治理体系面临多重挑战，亟待朝着更加公正合理、普惠共赢的方向改革完善。《国民经济和社会发展第十四个五年规划和 2035 年远景目标纲要》对“积极参与全球治理体系改革和建设”作出重要部署，提出“推动全球治理体系朝着更加公正合理的方向发展”。这是我国作为一个负责任的大国推动全球经济向着健康方向发展、推动构建人类命运共同体的必然要求，也是新发展阶段我国高水平开放和经济高质量发展的重要任务。海南自由贸易港作为我国高水平开放的前沿地带，应当深入推进贸易投资自由化便利化,坚持高质量发展,为我国推动全球经济治理体系改革探索新路径新模式。

三、关于开展国际交流合作

按照党中央、国务院的决策部署,海南肩负着“三区一中心”的战略使命,即全面深化改革开放试验区、国家生态文明试验区、国际旅游消费中心、国家重大战略服务保障区。在服务和融入国家重大战略方面,深入对外交往与合作既是立足新发展阶段推动经济高质量发展的必然要求,也是海南作为我国重要对外开放门户的题中应有之义。海南应当充分利用博鳌亚洲论坛等国际交流平台,推动海南与“一带一路”沿线国家和地区开展更加务实高效的合作;加强与东南亚国家的沟通交流,重点开展旅游、环境保护、海洋渔业、人文交流、创新创业、防灾减灾等领域合作;鼓励境外机构落户海南,推动跨国企业、国内大型企业集团在海南设立国际总部和区域总部;加强国际人文交流,促进民心相通、文化相融。

第十条　海南省人民代表大会及其常务委员会可以根据本法,结合海南自由贸易港建设的具体情况和实际需要,遵循宪法规定和法律、行政法规的基本原则,就贸易、投资及相关管理活动制定法规(以下称海南自由贸易港法规),在海南自由贸易港范围内实施。

海南自由贸易港法规应当报送全国人民代表大会常务委员会和国务院备案;对法律或者行政法规的规定作变通规定的,应当说明变通的情况和理由。

海南自由贸易港法规涉及依法应当由全国人民代表大会及其常务委员会制定法律或者由国务院制定行政法规事项的，应当分别报全国人民代表大会常务委员会或者国务院批准后生效。

【释义】 本条是关于海南省人大及其常委会制定海南自由贸易港法规的规定。

我国是统一的、单一制国家，但各地经济社会发展很不平衡，为了使国家的法律既能通行全国，又能适应各地千差万别不同情况的需要，《立法法》根据《宪法》确定的“在中央的统一领导下，充分发挥地方的主动性、积极性”的原则，确立了统一而又分层次的立法体制：全国人大及其常委会行使国家立法权；国务院根据《宪法》和法律，制定行政法规；地方人大及其常委会行使地方立法权，制定地方性法规。在地方立法权中，除了省级和设区的市级人大及其常委会的立法权之外，还有自治地方的自治条例、单行条例以及经济特区法规的制定权。

建设海南自由贸易港是实施全面深化改革和试验最高水平开放形态的重要实践，需要全方位、大力度地推进改革。在推进各项改革事项落地实施过程中，肯定会遇到一些现有体制机制的不适应和约束。按照党中央“重大改革于法有据”的要求，革除这些不适应和约束，需要相应的法律规范予以支撑，为海南自由贸易港建设提供法治保障。全国人大及其常委会高度重视海南自由贸易港建设过程中的立法需求问题，积极通过多种方式提供法律保障。如制定专门法律《海南自由贸易港法》；及时通过授权决定：2020 年 4 月，全国人大常委会作出《关于授权国务院在中国（海南）自由贸易试验区暂时调整适用有关法律规定的决定》，暂时调整适用《土地管理法》《种子法》《海商法》的相关规定。同时，海南作为经济特区，除了地方性法规制定权外，还可以根据 1988 年全国人大《关于建立海南经济特区的决议》制定经济特区法规，对法律、行政法规作出变通规定。海南省人大及其常委会可以根据自由贸易港建设实际需要，在地方性法规和经济特区法规的立法权限范围内，积极通过地方立法，保障自由贸易港建设在法治轨道上进行。

在《海南自由贸易港法》制定过程中，全国人大常委会创造性地规定了"海南自由贸易港法规"这一全新的立法形式，为解决海南自由贸易港建设过程中的立法需求提供了新的路径。

根据本条规定，海南自由贸易港法规具有以下特点：

第一，海南自由贸易港法规的权限范围是：结合海南自由贸易港建设的具体情况和实际需要，遵循宪法规定和法律、行政法规的基本原则，就贸易、投资及相关管理活动制定法规，在海南自由贸易港（海南岛全岛）范围内实施。

第二，海南自由贸易港法规可以对法律、行政法规的规定作变通规定，并可以涉及依法应当由全国人大及其常委会制定法律或者由国务院制定行政法规的事项。《立法法》第 8 条对法定立法事项即只能由全国人大及其常委会制定法律的事项进行了列举；这些事项尚未制定法律的，全国人大及其常委会可以作出决定，授权国务院根据实际需要制定行政法规。地方立法，无论是地方性法规还是经济特区法规，都不能涉及法定立法事项。本条对海南自由贸易港法规可以涉及法定立法事项的授权，实际上赋予了海南更大的地方立法权限，在坚持法制统一的前提下，赋予海南更大的改革开放自主权。

第三，海南自由贸易港法规应当报送全国人大常委会和国务院备案；对法律或者行政法规的规定作变通规定的，应当说明变通的情况和理由；涉及依法应当由全国人大及其常委会制定法律或者由国务院制定行政法规事项的，应当分别报全国人大常委会或者国务院批准后生效。这是关于海南自由贸易港法规制定程序的规定。

运用海南自由贸易港法规制定权，应当注意以下几点：第一，要坚持党中央集中统一领导和维护国家法制统一。党中央关于海南自由贸易港建设的决策部署是经统筹考虑、科学谋划后确定的。制定海南自由贸易法规一定要以中共中央、国务院《关于支持海南全面深化改革开放的指导意见》和《海南自由贸易港建设总体方案》等文件为遵循，在《海南自由贸易港法》的框架范围内设计具体可操作的规定，坚持"管得住"才能"放得开"。第二，在立法事项上应当经过科学研究论证。建设海南自由贸易港有很多领域需要改革创新，应当进行系统性的思考，协调推进，不是所有领域都要创制新法，不是所有改革都要通过新的立法实现，在事项选取上应当有所取舍，要在自由贸易港建设急需的制度措施上下功夫，如促进构建现代产业体系的具体措施。特别是涉及法律保留事项的，必须是实践中有强烈需求、切实可行，只是由于法律、行政法规不适应自由贸易港全方位、大力度开放而不能落地的事项。应当重点围绕海南的战略定位和产业特色，聚焦围绕贸易投资自由化便利化，专注优化营商环境，而不仅是制造"政策洼地"。第三，在立法方式的选择上，应当多措并举，分层次循序渐进。海南自由贸易港建设的立法需求，有些可以通过全国人大常委会或者国务院作出专门授权予以解决，有些可以通过调整法律、行政法规在海南自由贸易港的适用解决，有些需要国务院及其有关部门制定新的法规、规章予以解决，还有一些由海南进行地方立法来解决。三个层次的立法权在法律上有不同的程序要求，针对解决的问题也不同。为改革措施的落地实施需要进行立法时，涉及中央事权的，尽量在法律、行政法规的框架下进行；法律、行政法规框架下解决不了的，可以在遵循宪法规定和法律、行政法规的基本原则的前提下，制定海南自由贸易港法规，报经全国人大常委会或者国务院批准后生效。同时，也要注意运用好地方性法规和经济特区法规制定权。第四，在立法形式上，可以丰富一些。本着“急用先行”的原则，可以多进行“小快灵”的尝试，以提升立法的质量和效率。第五，用好海南自由贸易港法规这项立法权，还需要海南方面在具体工作中多与中央有关部门沟通，争取最大程度的共识，以便在报请全国人大常委会或者国务院批准的程序中顺利通过。

第二章　贸易自由便利

第十一条　国家建立健全全岛封关运作的海南自由贸易港海关监管特殊区域制度。在依法有效监管基础上，建立自由进出、安全便利的货物贸易管理制度，优化服务贸易管理措施，实现贸易自由化便利化。

【释义】　本条是关于海关监管特殊区域与贸易自由化便利化基本政策的规定。

贸易自由化便利化是经济全球化的关键点，也是海南自由贸易港制度体系的重点内容。根据《海南自由贸易港建设总体方案》的制度安排，全岛封关运作后，要进一步创新海关监管制度，建立自由进出、安全便利的货物贸易管理制度，实现境外货物在海南自由贸易港进出自由便利，同时，优化服务贸易管理措施。

一、全岛封关运作的海关监管特殊区域

《海南自由贸易港建设总体方案》在"制度设计"部分提出：在实现有效监管的前提下，建设全岛封关运作的海关监管特殊区域。对货物贸易，实行以"零关税"为基本特征的自由化便利化制度安排。对服务贸易，实行以"既准入又准营"为基本特征

的自由化便利化政策举措。根据该方案的分步骤分阶段安排，在 2025 年前，实施全面开展全岛封关运作准备工作情况评估，待条件成熟后实施全岛封关运作，不再保留洋浦保税港区、海口综合保税区等海关特殊监管区域，海南岛全岛为海关监管特殊区域。本条提出的建立健全全岛封关运作的海南自由贸易港海关监管特殊区域制度，与《海关法》中的海关特殊监管区域是不同概念。

《海关法》第 34 条规定："经国务院批准在中华人民共和国境内设立的保税区等海关特殊监管区域，由海关按照国家有关规定实施监管。"一般所称的海关特殊监管区域，是我国开放型经济发展的先行区和加工贸易转型升级的集聚区，主要有六种模式：保税区、出口加工区、保税物流园区、跨境工业园区、保税港区、综合保税区。上述区域内一般没有大规模的生活消费、人员往来，主要是服务于生产作业。《保税区海关监管办法》《海关对出口加工区监管的暂行办法》等对相关的海关特殊监管区域作了具体规定。这些海关特殊监管区域一般采取封闭围网管理，都具备保税功能，即对区内的货物实施保税政策，从境外进入区内不征税，出区进入境内，要按照进口征税；国内货物入区视同出口，实行退税；区内企业之间的货物交易不征增值税和消费税。与海关特殊监管区域相比，海南自由贸易港建设全岛封关运作的海关监管特殊区域，不仅可以开展一般意义上海关特殊监管区域的经济活动，还存在更广泛的商业消费、人员进出、社会管理等活动，因此在具体管理方面与海关特殊监管区存在不同。

二、自由进出、安全便利的货物贸易管理制度

习近平总书记在庆祝海南建省办经济特区 30 周年大会上的讲话中强调："经济特区要继续发挥好改革开放的重要窗口作

用，坚持打开国门搞建设，坚持引进来和走出去并重，同各国扩大双向贸易和投资往来，共建开放型世界经济。”随着改革开放的不断深化，我国自由开放的货物贸易取得丰硕成果。依据《出口管制法》《对外贸易法》《货物进出口管理条例》《进出口关税条例》等法律、行政法规和我国加入世界贸易组织的承诺，我国实行自由的货物进出口贸易管理措施。但是，为了维护国家安全、社会公共利益或者遵守国际条约、协定的要求，同时对货物进出口采取必要且符合国际规则的禁止、限制等管理措施。将自由进出与安全便利同时提出，这也是国际上的通行做法。支持海南大胆试、大胆闯、自主改，建设中国特色自由贸易港，要实行更高水平的贸易和投资自由化便利化政策。但同时，全岛封关运作后，海南岛全岛为海关监管特殊区域，不同于现有的海关特殊监管区域，难以实现全岛的物理围网管理，这对海关、税务等部门的监管提出更高要求。所以，在遵循自由进出原则的基础上，在海南自由贸易港要进行依法有效的海关监管，为安全有序的贸易秩序保驾护航，切实维护各类主体的合法权益。2021年4月，商务部等20个部门发布《关于推进海南自由贸易港贸易自由化便利化若干措施的通知》，聚焦货物贸易自由便利和服务贸易自由便利两大方面，明确了28项政策措施，扎实推进贸易自由化便利化。

三、优化服务贸易管理措施

在海南自由贸易港制度设计中，对服务贸易，实行以“既准入又准营”为基本特征的自由化便利化政策举措。近年来，我国持续深化服务贸易领域改革和开放，取得了一系列成果。2019年11月，中共中央、国务院印发《关于推进贸易高质量发展的指导意见》。该意见提出“大力发展服务贸易。深化服务贸易领域改革和开放，持续推进服务贸易创新发展试点，完善促进服务贸易发展的管理体制和政策体系。加快数字贸易发展。推进文化、数字服务、中医药服务等领域特色服务出口基地建设。完善技术进出口管理制度，建立健全技术贸易促进体系。探索跨境服务贸易负面清单管理制度。加强服务贸易国际合作，打造'中国服务'国家品牌”。在海南自由贸易港，根据《海南自由贸易港建设总体方案》制度安排，推进服务贸易自由便利的主要举措有：实施跨境服务贸易负面清单制度，破除跨境交付、境外消费、自然人移动等服务贸易模式下存在的各种壁垒，给予境外服务提供者国民待遇。实施与跨境服务贸易配套的资金支付与转移制度。在告知、资格要求、技术标准、透明度、监管一致性等方面，进一步规范影响服务贸易自由便利的国内规制。在 2025 年前，重点任务是减少跨境服务贸易限制，在重点领域率先规范影响服务贸易自由便利的国内规制。制定出台海南自由贸易港跨境服务贸易负面清单，给予境外服务提供者国民待遇。建设海南国际知识产权交易所，在知识产权转让、运用和税收政策等方面开展制度创新，规范探索知识产权证券化。增强金融服务实体经济能力，在服务贸易领域开展保单融资、仓单质押贷款、应收账款质押贷款、知识产权质押融资等业务。在 2035 年前，建立健全跨境支付业务相关制度，营造良好的支付服务市场环境，提升跨境支付服务效率，依法合规推动跨境服务贸易自由化便利化。

第十二条　海南自由贸易港应当高标准建设口岸基础设施，加强口岸公共卫生安全、国门生物安全、食品安全、商品质量安全管控。

【释义】 本条是关于口岸安全准入的规定。

越是开放越要重视安全。在海南自由贸易港与中华人民共和国关境外其他国家和地区之间设立“一线”，实行“一线”放开的贸易自由化便利化政策，对海南的口岸基础设施建设提出更高要求，需要高标准建设开放口岸和“二线”口岸基础设施、监管设施，完善口岸监管设备设施的配置，为安全准入监测、预警、处置等做好基础准备。尤其是在“一线”进（出）境环节，强化安全准入（出）监管，加强口岸公共卫生安全、国门生物安全、食品安全、商品质量安全管控，是使海南自由贸易港内各类主体获得感、幸福感、安全感更加充实、更有保障、更可持续的有力保障。中共中央、国务院《关于支持海南全面深化改革开放的指导意见》提出“强化进出境安全准入管理，完善对国家禁止和限制入境货物、物品的监管，高效精准打击走私活动。建立检验检疫风险分类监管综合评定机制”，对安全准入提出了具体要求。2020年6月，海关总署发布的《海关对洋浦保税港区监管办法》试行“一线放开、二线管住”的货物进出境管理制度，同样规定了“海关对涉及国家进出境限制性管理、口岸公共卫生安全、生物安全、食品安全、商品质量安全、知识产权等的安全准入实施风险管理”。

本条强调加强口岸公共卫生安全、国门生物安全、食品安全、商品质量安全的管控，主要是考虑到这几个领域直接关系人民群众的生命安全和身体健康。2020年2月，习近平总书记在中央全面依法治国委员会第三次会议的讲话中强调，确保人民群众生命安全和身体健康，是我们党治国理政的一项重大任务。《海关法》《动物防疫法》《传染病防治法》《生物安全法》《进出境动植物检疫法》《进出口商品检验法》《食品安全法》等相关法律及行政法规中也对这几方面的安全风险防范作了规定。例如，《生物安全法》第23条第3款规定：“海关对发现的进出境和过境生物安全风险,应当依法处置。经评估为生物安全高风险的人员、运输工具、货物、物品等,应当从指定的国境口岸进境,并采取严格的风险防控措施。"《进出口商品检验法》第 4 条规定:"进出口商品检验应当根据保护人类健康和安全、保护动物或者植物的生命和健康、保护环境、防止欺诈行为、维护国家安全的原则,由国家商检部门制定、调整必须实施检验的进出口商品目录(以下简称目录)并公布实施。"《海关指定监管场地管理规范》规定要"建立国门生物安全、食品安全保障机制和重大动物疫病、重大植物疫情、重大食品安全事件等突发事件的应急处理工作机制",对于一般的海关监管场地特别列举了关于生物安全、食品安全及相关的公共安全卫生等领域的风险防范,要求建立应急处理工作机制。在海南自由贸易港建设中,要更加注意防范这些领域的风险,进一步建立各方面的安全准入和风险防范体系。

第十三条　在境外与海南自由贸易港之间,货物、物品可以自由进出,海关依法进行监管,列入海南自由贸易港禁止、限制进出口货物、物品清单的除外。

前款规定的清单,由国务院商务主管部门会同国务院有关部门和海南省制定。

【释义】　本条是关于"一线"的贸易管理措施的规定。

在海南自由贸易港的贸易自由化便利化制度设计中,"一线"放开是最重要的制度之一,这也是国际高水平自由贸易港的基本特征之一。在国际高水平自由贸易港的制度设计中,大多数境外货物可以自由进出,免于常规监管,最小限度实施进出口许可证和商品配额管理。例如，在我国香港，一般货物不受进口配额或其他进口证规定所限，任何公司或个人进口或出口任何禁运、受管制物品以外的货物无须预先向香港政府申请或登记。但是，货物自由进出不是绝对的。根据香港的进口规例及其他有关法例，属管制类的物品应课税并获相关部门批准后方可进口。禁运品清单包括危险药物、受管制化学品（29 种可用以制造危险药物或精神药物的前体或化学品）、药剂产品及药物、濒危物种、活生动物（进口）、植物及植物病虫害（进口）、除害剂、放射性物质及辐照仪器（进口）、战略物品、军火及弹药、爆炸品、武器、未经加工钻石、食米、冷藏或冷冻肉类及家禽、野味、肉类、家禽及蛋类、耗蚀臭氧层物质、无线电发送器具、光碟母板及光碟复制品的制作设备、食物、传染性物品、中药材及中成药、订明物品、废物、有毒化学品等。本条规定，境外与海南自由贸易港之间，货物、物品可以自由进出，海关依法进行监管，但是，列入海南自由贸易港禁止、限制进出口货物、物品清单的除外。

一、我国现行的货物、物品进出口管理措施

依据《出口管制法》《对外贸易法》等法律规定和我国加入世界贸易组织的承诺，我国采取自由的货物进出口贸易管理措施，但是为了维护国家安全、社会公共利益或者遵守国际条约、协定的要求，同时对货物进出口采取必要且符合国际规则的禁止、限制等管理措施，由国务院有关部门制定、调整并公布禁止或者限制进出口货物目录，或者经国务院批准，临时决定禁止、限制部分货物的进出口。目前，商务部联合海关总署和其他有关部门共发布禁止进口货物目录 7 批，禁止出口货物目录 6 批，涵盖动植物制品、鸦片、化学品、旧机电产品、废机电产品、固体废物、锯材、木炭、青石棉、天然砂、森林凋落物、泥炭等货物。除此之外，

国务院还可以根据实际需要,临时决定禁止特定货物的进出口。限制进出口的管理方式有进出口货物的许可证审批、进出口国营贸易经营资格认定、进出口货物配额审批、进口关税配额审批等。根据商务部、海关总署联合发布的公告,2021 年我国实行进口许可证管理的货物有两类:一类是消耗臭氧层物质,另一类是旧机电产品,共涉及 14 种货物,包括消化工设备、金属冶炼设备、工程机械、起重运输设备、农业机械、旧机电产品等。属于出口许可证管理的货物有 43 种(其中有一部分同时实行出口配额管理),包括活畜禽(对港澳)、小麦、玉米、大米、小麦粉、玉米粉、大米粉、药料用麻黄草(人工种植)、煤炭、原油、成品油、锯材、棉花、蔺草等。属于出口配额管理的货物有 17 种。其中,由发展改革委负责分配出口配额的货物包括小麦、玉米、大米、煤炭、原油、成品油(不含润滑油、润滑脂、润滑油基础油)、棉花等;由商务部负责分配出口配额的货物包括活牛(输往港澳)、活猪(输往港澳)、活鸡(输往香港)、小麦粉、玉米粉、大米粉、甘草及甘草制品、蔺草及蔺草制品、锯材等。目前属于进口关税配额管理的货物有 8 种,其中,小麦、玉米、大米、棉花由发展改革委负责受理申请和批准配额;羊毛、毛条、食糖、化肥由商务部负责受理申请和批准配额。进口关税配额税率由国务院税则委员会负责制定和调整。对部分商品实行国营贸易管理,涉及的货物有 13 种。其中,进口国营贸易管理货物为小麦、玉米、大米、食糖、烟草、原油、成品油、化肥、棉花;出口国营贸易管理货物为玉米、大米、钨及钨制品、锑及锑制品、煤炭、原油、成品油、棉花、白银。上述进出口管理措施的对象是一般货物。根据《出口管制法》的规定,为了维护国家安全和利益、履行防扩散等国际义务的需要,国家对军民两用物项、军品、核等管制物项可以采取任何必要的出口管制措施。对管制物项的出口管制措施包括禁止出口,或者禁止相关管制物项向特定目的国家和地区、特定组织和个人出口，发布出口管制清单，实施出口许可等方式。

二、海南自由贸易港的进出口管理措施

建设海南自由贸易港，“一线”进出境的货物、物品可以自由进出，对禁止或限制进出口的货物、物品实行负面清单管理，采取更为开放、更为自由、更为便利的贸易制度。

在确保履行我国缔结或参加的国际条约所规定义务的前提下，由国务院商务主管部门会同国务院有关部门和海南省制定海南自由贸易港禁止、限制进出口货物、物品清单，清单外的货物、物品自由进出。该禁止、限制进出口货物、物品清单不同于内地统一适用的禁止进出口货物目录，特别是进口货物、物品的负面清单，应当进一步体现货物贸易的自由化、便利化。清单的具体内容需要国务院有关部门会同海南省，结合维护具体国家安全，履行国际义务以及海南自由贸易港的发展需要，研究制定并适时调整。

第十四条　货物由海南自由贸易港进入境内其他地区（以下简称内地），原则上按进口规定办理相关手续。物品由海南自由贸易港进入内地，按规定进行监管。对海南自由贸易港前往内地的运输工具，简化进口管理。

货物、物品以及运输工具由内地进入海南自由贸易港，按国内流通规定管理。

货物、物品以及运输工具在海南自由贸易港和内地之间进出的具体办法由国务院有关部门会同海南省制定。

【释义】 本条是关于“二线”进出口的管理措施的规定。

在海南自由贸易港与内地之间设立“二线”，进出“二线”需要区分海南自由贸易港到内地和内地到海南自由贸易港两个不同方向的管理措施。

一、货物、物品、运输工具从海南自由贸易港进入内地的管理措施

（1）按照本法和《海南自由贸易港建设总体方案》的要求，货物从海南自由贸易港进入内地原则上按进口规定办理相关手续，要照章征收关税和进口环节税，原则上要在现行的申报、查验、审价、缴税、放行等手续上进行优化完善。《海关法》第 24 条第 1 款规定：“进口货物的收货人、出口货物的发货人应当向海关如实申报，交验进出口许可证件和有关单证。国家限制进出口的货物，没有进出口许可证件的，不予放行，具体处理办法由国务院规定。”《海关法》有关条款还对纸质报关单和电子数据报关单的形式、海关查验等作了规定。除海关特准的外，进出口货物在收发货人缴清税款或者提供担保后，由海关签印放行。

（2）物品从海南自由贸易港进入内地需要按规定进行监管，照章征税。从现行《海关法》的相关规定来看，个人携带进出境的行李物品、邮寄进出境的物品，应当以自用、合理数量为限，并接受海关监管。其中，《海关法》第 47 条规定：“进出境物品的所有人应当向海关如实申报，并接受海关查验。海关加施的封志，任何人不得擅自开启或者损毁。”第 49 条规定：“邮运进出境的物品，经海关查验放行后，有关经营单位方可投递或者交付。”物品从海南自由贸易港进入内地的具体管理办法，需要由国务院有关部门会同海南省制定。

（3）海南自由贸易港前往内地的运输工具简化进口管理措

施。现行制度安排下,《海关法》和相关配套制度对运输工具的进出境管理措施作了详细规定,主要的制度安排如下:进出境运输工具到达或者驶离设立海关的地点时,运输工具负责人应当向海关如实申报,交验单证,并接受海关监管和检查。停留在设立海关的地点的进出境运输工具,未经海关同意,不得擅自驶离。进出境运输工具从一个设立海关的地点驶往另一个设立海关的地点的,还应当符合海关监管要求,办理海关手续,未办结海关手续的,不得改驶境外。进境运输工具在进境以后向海关申报以前,出境运输工具在办结海关手续以后出境以前,应当按照交通主管机关规定的路线行进;交通主管机关没有规定的,由海关指定。在海南自由贸易港,前往内地的运输工具应当根据监管和便利化需要,简化相关措施,提高通关效率。

二、货物、物品、运输工具从内地进入海南自由贸易港的管理措施

本条规定,货物、物品以及运输工具从内地进入海南自由贸易港,按国内流通规定管理。按照本法的规定和《海南自由贸易港建设总体方案》的制度安排,在实现有效监管的前提下,建设全岛封关运作的海关监管特殊区域。货物、物品以及运输工具从内地进入海南自由贸易港,是进入了海关监管特殊区域,其管理措施不能与当前与省之间的流通方式的管理措施完全相同,需要采取专门的流通管理办法。例如,本法第 55 条规定,境外与海南自由贸易港之间、海南自由贸易港与内地之间,人员、货物、物品、运输工具等均需从口岸进出。此外,《海南自由贸易港建设总体方案》还明确了内地货物经海南自由贸易港中转再运往内地无须办理报关手续,应在自由贸易港内海关监管作业场所(场地)装卸,与其他海关监管货物分开存放,并设立明显标识。场所经营企业应根据海关监管需要,向海关传输货物进出场所等信息。

需要说明的是,考虑到海南自由贸易港将在2025年前适时启动封关运作,相关具体制度还在研究制定中,本法对货物、物品、运输工具在内地与海南自由贸易港之间往来的一般原则作了规定,具体的实施办法还需要由国务院有关部门会同海南省,结合实践予以明确。

第十五条　各类市场主体在海南自由贸易港内依法自由开展货物贸易以及相关活动,海关实施低干预、高效能的监管。

在符合环境保护、安全生产等要求的前提下,海南自由贸易港对进出口货物不设存储期限,货物存放地点可以自由选择。

【释义】 本条是关于岛内自由的管理措施的规定。

岛内自由是《海南自由贸易港建设总体方案》对贸易自由便利制度设计的重要内容之一。洋浦保税港区作为海南自由贸易港先行区,践行"岛内自由"的具体体现为"区内自由",即在洋浦海关监管特殊区域内,各类市场主体可以自由开展货物贸易以及相关活动。根据《海关对洋浦保税港区监管办法》的规定,一般情况下,企业在区内可依法开展中转集拼、加工制作、交易、研发、再制造、检测维修等业务,其经营活动无须办理海关手续。货物在保税港区不设存储期限,海关取消账册管理,免于海关核销等常规监管。监管办法突出区内自由,强化区内企业主体责任,实行企业自律管理。

关于"岛内自由",在海南自由贸易港主要实行两方面的政策:

一、货物贸易以及相关活动自由开展

在现行货物贸易管理体制下，根据《海关法》第 23 条的规定，进口货物自进境起到办结海关手续止，出口货物自向海关申报起到出境止，过境、转运和通运货物自进境起到出境止，应当接受海关监管。本条第 1 款规定，在海南自由贸易港，各类市场主体可以依法自由开展货物贸易以及相关活动，明确了"岛内自由"的基本精神，当然，该规定并没有取消海关监管，而是对海关提出实施"低干预、高效能"监管的更高要求，指引海关及时总结成熟做法、借鉴国际经验、探索运用数字赋码等管理模式，推动制度集成创新，保障海南自由贸易港内的市场主体可以自由生产经营。在具体制度探索中，要结合《海南自由贸易港建设总体方案》采取配套措施，为"岛内自由"创造良好条件。例如，根据《海关法》第 36 条规定，过境、转运和通运货物，运输工具负责人应当向进境地海关如实申报，并应当在规定期限内运输出境。海关认为必要时，可以查验过境、转运和通运货物。对此，《海南自由贸易港建设总体方案》要求：对由境外启运，经海南自由贸易港换装、分拣集拼，再运往其他国家或地区的中转货物，要简化办理海关手续；对实施"零关税"的货物，海关免于实施常规监管。通过上述规定，对各类市场主体在海南自由贸易港开展生产经营活动，提供了自由生产经营的法治保障和制度保障。

二、货物存放期限与地点选择自由

在现行管理体制下，货物存放期限和存放地点都有一定要求。按照《海关法》第 30 条的规定，进口货物的收货人自运输工具申报进境之日起超过 3 个月未向海关申报的，其进口货物由海关提取依法变卖处理，所得价款在扣除运输、装卸、储存等费用和税款后，尚有余款的，自货物依法变卖之日起 1 年内，经收货人申请，予以发还；其中属于国家对进口有限制性规定，应当提交许可证件而不能提供的，不予发还。逾期无人申请或者不予发还的，上缴国库。确属误卸或者溢卸的进境货物，经海关审定，由原运输工具负责人或者货物的收发货人自该运输工具卸货之日起 3 个月内，办理退运或者进口手续；必要时，经海关批准，可以延期 3 个月。逾期未办手续的，由海关按前款规定处理。前面所列货物不宜长期保存的，海关可以根据实际情况提前处理。收货人或者货物所有人声明放弃的进口货物，由海关提取依法变卖处理；所得价款在扣除运输、装卸、储存等费用后，上缴国库。第 31 条规定，按照法律、行政法规、国务院或者海关总署规定暂时进口或者暂时出口的货物，应当在 6 个月内复运出境或者复运进境；需要延长复运出境或者复运进境期限的，应当根据海关总署的规定办理延期手续。2007 年 9 月海关总署发布的《海关保税港区管理暂行办法》第 37 条对保税港区的货物存储期限提出“不设存储期限”，但是，存储期限超过 2 年的，区内企业要每年向海关备案；并规定“因货物性质和实际情况等原因，在保税港区继续存储会影响公共安全、环境卫生或者人体健康的，海关应当责令企业及时办结相关海关手续，将货物运出保税港区”。2017 年该办法修正时，修改为了“除国家另有规定外，保税港区货物不设存储期限”，并删去了“因货物性质和实际情况等原因，在保税港区继续存储会影响公共安全、环境卫生或者人体健康的，海关应当责令企业及时办结相关海关手续，将货物运出保税港区”的规定。2018 年该办法第四次修正时没有对上述内容再作修改。同时，对进出境货物的存放，应当按照有关规定存放在特定场所。例如，《海关监管区管理暂行办法》第 10 条规定，进出境货物应当在海关监管区的海关监管作业场所集中办理进出、装卸、储存、集拼、暂时存放等海关监管业务。《海关加工贸易货物监管办法》第 9 条中规定，加工贸易货物应当存放在经海关备案的场所，实行专料专放。企业变更加工贸易货物存放场所的，应当事先通知海关，并办理备案变更手续。

在海南自由贸易港，全岛封关运作后不再保留洋浦保税港区、海口综合保税区等海关特殊监管区域，货物可以自由选择存放地点，同时本条规定对进出口货物不设存储期限，从存储期限与存放地点选择上充分体现了"岛内自由"，但也提出了一定要求，即"在符合环境保护、安全生产等要求的前提下"。这是因为海南自由贸易港地域范围广，人员活动、商业活动丰富，对公共安全、环境卫生、人体健康等有更高的要求，也存在更高的风险，特别是，环境保护和安全生产是涉及民生的大事，直接影响经济繁荣、社会文明、生态宜居、人民幸福的目标实现，需要强化环境保护、安全生产等重点领域的风险防范，这也是建设海南自由贸易港应当遵循的基本原则和最严格的生态环境保护制度的应有之义。

第十六条　海南自由贸易港实行通关便利化政策，简化货物流转流程和手续。除依法需要检验检疫或者实行许可证件管理的货物外，货物进入海南自由贸易港，海关按照有关规定径予放行，为市场主体提供通关便利服务。

【释义】 本条是关于通关便利化措施的规定。

一、通关便利化改革

近年来，我国海关积极推进贸易便利化，不断改革政策举措，通关效能得到明显提升。2018年国务院机构改革前，实施全国一体化通关改革，实行“两个中心、建立三个制度”改革（全国海关风险防控中心、全国海关税收征管中心和“一次申报、分步处置”、海关税收征管方式改革以及全国隶属海关功能化建设），极大便利了企业通关。2018年国务院机构改革后，海关监管职能新增了把守进出口生物安全、食品安全、商品质量安全，人员及货物卫生检疫等国门安全重大职责。在通关方面，采取国际贸易“单一窗口”“两步申报”等便捷措施，推动了营商环境的进一步改善，跨境电商监管、集装箱查验智能审图模式等一些改革措施已处世界领先水平。

二、高标准建设国际贸易“单一窗口”

《海南自由贸易港建设总体方案》提出，在海南建设高标准国际贸易“单一窗口”。全面实施国际贸易“单一窗口”是党中央、国务院的重大部署。2014年，上海国际贸易“单一窗口”首个试点项目上线试运行。2016年10月，国家口岸管理办公室发布《关于国际贸易“单一窗口”建设的框架意见》，要求全面展开并加快推进国际贸易“单一窗口”建设，其建设目标是：实现申报人通过电子口岸平台一点接入、一次性提交满足口岸管理和国际贸易相关部门要求的标准化单证和电子信息，相关部门通过电子口岸平台共享数据信息、实施职能管理，处理状态（结果）统一通过“单一窗口”反馈给申报人。通过持续优化整合使“单一窗口”功能范围覆盖到国际贸易链条各主要环节，逐步成为企业面对口岸管理相关部门的主要接入服务平台。通过“单一窗口”提高国际贸易供应链各参与方系统间的互操作性，优化通关业务流程，提高申报效率，缩短通关时间，降低企业成本，促进贸易便利化。2017年3月，为进一步推动我国国际贸易“单一窗口”

建设，国家质量监督检验检疫总局发布了《关于进一步支持国际贸易单一窗口建设的公告》，开放检验检疫数据交换接口，实现单一窗口平台与检验检疫信息化系统的直接联通，企业可直接通过单一窗口办理检验检疫相关业务。2019 年 12 月，海关总署、交通运输部、国家移民管理局决定自 2019 年 12 月 16 日起，进出口货物申报、舱单申报和运输工具申报业务统一通过国际贸易“单一窗口”办理，其他申报通道仅作为应急保障使用。

在海南自由贸易港，以中国（海南）国际贸易“单一窗口”为载体，将进一步推出符合实际需求的特色应用，如洋浦专区、离岛免税、通关物流、智能舱单、物流协同、跨境电商、零关税区、邮轮游艇、金融服务、服务贸易等，进一步优化、完善加工增值、区内日用品免税管理、企业通关贸易服务、企业增值服务、保税物流管理、海关监管辅助管理等一系列公共服务功能，提高通关与监管效率。

三、按规定实施径予放行政策

在我国，“径予放行”的概念早在 1984 年已经出现在有关文件中，用于阐明对货物、物品的监管要求。1984 年 2 月 1 日，中国人民银行、海关总署发布《对金银进出国境的管理办法》，规定从国外或者港澳地区进口金银作产品原料的，海关不限数量，径予放行。1986 年 9 月 20 日，根据海关总署《对进出经济特区的货物、运输工具、行李物品和邮递物品的管理规定》（已失效）和国家有关经济特区的法规，经海关总署批准的《汕头海关对进出汕头经济特区的货物、运输工具和行李物品的监管和征免税实施细则》《拱北海关对进出珠海经济特区的货物、运输工具、行李物品和邮递物品的监管和征免税实施细则》《九龙海关对进出深圳经济特区的货物、运输工具、行李物品和邮递物品的监管和征免税实施细则》均规定有："内地产品（包括国家计划调拨物资）运入特区使用或销售的，货主应向海关口头申报，经海关查核认可，径予放行"。前两个实施细则已于2004年8月25日被废止。1993年3月29日，国家商检局、对外经济贸易部、海关总署《关于严禁假冒伪劣商品出境的通知》继续出现了"径予放行"的概念，规定为"海关依照'客货分流'的原则，对进出境旅客、边民携运的个人行李物品，在自用合理数量范围内的，径予放行；对其携运的商业性货物，按规定办理货物报关手续"。

近年来，在高标准推进中国（上海）自由贸易试验区临港新片区贸易自由化过程中，洋山特殊综保区创造性适用径予放行政策，在海关特殊监管区域推进通关便利化，摸索出了一整套的制度措施。2019年11月，海关总署发布《海关对洋山特殊综合保税区监管办法》，对洋山特殊综保区与境外之间进出货物的监管作出规定。其中，第11条规定，依法需要检疫的进出境货物原则上在口岸监管区内监管作业场所（场地）实施检疫，经海关批准，可在洋山特殊综保区内实施检疫。对属于法定检验的大宗资源性商品、可用作原料的固体废物等的进境检验，需在口岸监管区内作业场所（场地）实施。第12条规定，对法律、法规等有明确规定的，涉及我国缔结或者参加的国际条约、协定的，和涉及安全准入管理的进出境货物，除必须在进出境环节验核相关监管证件外，其他的在进出区环节验核。第13条规定，洋山特殊综保区与境外之间进出的货物，属于该办法第11、12条规定范围的，企业应向海关办理申报手续；不属于上述范围的，海关径予放行。在实践中，依托临港新片区一体化信息管理服务平台、中国（上海）国际贸易"单一窗口"等，为进境径予、出境径予、提货凭证进区、发货凭证出区、区内流转、分送集报—进、分送集报—出、径予放行自主申明作废、进出区提发货凭证变更、进出区提发货凭证作废、卡口验放凭证作废等作了详细说明，提供了信息化智能化的操作系统。在该模式下，“一线”进出境环节除涉证、涉检和涉安全准入管理的货物外，其他货物企业均可凭自主声明，直接将货物从口岸提离和出入区；区内不设海关账册，区内货物的存储与流转变得更自由便利。

2020 年 6 月，海关总署发布的《海关对洋浦保税港区监管办法》规定，除法律、法规、我国缔结或者参加的国际条约、协定有明确规定或者涉及安全准入管理的外，洋浦保税港区与境外之间进出的货物，不实行许可证管理。除需要口岸检疫、检验，或必须核验许可证件的货物外，海关径予放行。为推动实施贸易自由化便利化政策，海南自由贸易港在现行通关便利化措施下，进一步完善便利化措施，本条规定“除依法需要检验检疫或者实行许可证件管理的货物外，货物进入海南自由贸易港，海关依照有关规定径予放行”。需要说明的是，洋山特殊综保区和洋浦保税港区均实行物理围网管理，在与中华人民共和国内地之间，设置有符合海关监管要求的卡口、围网、视频监控系统以及海关监管所需的其他设施。并且，洋山特殊综保区内不得有人员居住，除保障洋山特殊综保区内人员正常工作、生活需要的配套设施外，洋山特殊综保区内不得建立营利性商业、生活消费设施。海南自由贸易港全岛封关运作后适用径予放行政策的要求更高、挑战更大、难度更大。所以，在海南自由贸易港如何执行径予放行政策，其实施的具体范围和方式等，需要由海关等有关部门依法予以明确。本条直接规定了两类货物不适用径予放行政策：

一是，依法需要检验检疫的货物。需要检验检疫的具体规定主要是依据《进出境动植物检疫法》和《进出口商品检验法》等法律、行政法规。关于需要检疫的货物，根据《进出境动植物检疫法》的规定，为防止动物传染病、寄生虫病和植物危险性病、虫、杂草以及其他有害生物传入，保护农、林、牧、渔业生产和人体健康，需要对进出境的动植物进行检疫。其中，第 2 条规定："进出境的动植物、动植物产品和其他检疫物，装载动植物、动植物产品和其他检疫物的装载容器、包装物，以及来自动植物疫区的运输工具，依照本法规定实施检疫。"关于需要检验的货物，根据《进出口商品检验法》的规定，国务院设立进出口商品检验部门，主管全国进出口商品检验工作。国家商检部门设在各地的进出口商品检验机构管理所辖地区的进出口商品检验工作。根据保护人类健康和安全、保护动物或者植物的生命和健康、保护环境、防止欺诈行为、维护国家安全的原则，由国家商检部门制定、调整必须实施检验的进出口商品目录并公布实施。其中，第 5 条第 1 款和第 2 款规定："列入目录的进出口商品，由商检机构实施检验。前款规定的进口商品未经检验的，不准销售、使用；前款规定的出口商品未经检验合格的，不准出口。"

二是，实行许可证管理的货物。2020 年 12 月，商务部、海关总署依据《对外贸易法》等法律、行政法规的规定，联合发布公告，2021 年我国实行进口许可证管理的货物有两类：一类是消耗臭氧层物质，另一类是旧机电产品，共涉及 14 种货物，包括化工设备、金属冶炼设备、工程机械、起重运输设备、农业机械等。属于出口许可证管理的货物有 43 种（其中有一部分同时实行出口配额管理），包括活牛（对港澳）、小麦、玉米、大米及小麦粉、玉米粉、大米、药料用麻黄草（人工种植）、煤炭、原油、成品油、锯材、棉花、蔺草等。上述货物的进出口经营者凭主管部门发放的进出口许可证向海关办理报关验放手续。依据《出口管制法》的规定，对国家实施出口管制的物项，实行许可证管理。此外，对于一些由各部门负责管理的进出口货物，如药品、黄金及黄金制品、音像制品（成品）等，经营者也应当凭各部门签发的有关证明文件向海关办理验放手续。海南自由贸易港全岛封关运作后，对禁止、限制的货物、物品采取清单式管理，具体有哪些货物需要办理许可证件，还要根据国务院商务主管部门和海南省制定的清单予以确定。

上述两类货物虽然不适用径予放行政策，但是，在海南自由贸易港，海关应当采取更加便捷高效的通关监管方式，对依法需要检验检疫或者实行许可证件管理的货物，不断优化查验程序，提高通关效率。

第十七条　海南自由贸易港对跨境服务贸易实行负面清单管理制度，并实施相配套的资金支付和转移制度。对清单之外的跨境服务贸易，按照内外一致的原则管理。

海南自由贸易港跨境服务贸易负面清单由国务院商务主管部门会同国务院有关部门和海南省制定。

【释义】　本条是关于跨境服务贸易管理措施的规定。

近年来，全球服务贸易加速发展，逐渐成为国际典型自由贸易港大力推行的贸易类型和国际贸易新的增长点，在世界经济中的重要性日益凸显。2018 年 4 月，习近平总书记在庆祝海南建省办经济特区 30 周年大会上的重要讲话中强调，海南要实行高水平的贸易和投资自由化便利化政策，深化现代服务业对外开放，推动服务贸易加快发展，为海南自由贸易港推进服务贸易自由化便利化指明了方向。当前，通过不断增加开放的服务部门，持续减少对服务提供模式的限制，推进服务贸易自由化便利化，成为高水平经贸规则的热点内容和新趋势，服务业也是我国产业发展的重点，推进服务贸易自由化便利化契合我国经济结构和贸易结构调整的客观要求。本条主要规定了两个方面的内容：

一、实行跨境服务贸易负面清单管理制度

世界贸易组织（WTO）《服务贸易总协定》（GATS），对服务贸易的四种模式分别作了界定：（1）跨境交付，是指自世界贸易组织一成员领土向其他成员领土提供服务，服务提供者和服务消费者身处不同关境，服务则通过现代通信技术跨越关境。（2）境外消费，是指一成员领土内向其他成员的消费者提供服务，服务消费者来到境外，接受当地服务提供者的服务。（3）商业存在，是指一成员的服务提供者通过在其他成员领土内的商业存在提供服务，服务提供者进入消费者所在关境，设立商业机构，提供相关服务。（4）自然人移动，是指一成员的服务提供者通过在其他成员领土内的自然人存在提供服务，服务提供者进入服务消费者所在关境，以机构雇员、合同人员或个人身份提供服务。其中，商业存在为服务领域的投资，属于外国直接投资，我国对此实行准入前国民待遇加负面清单管理制度；跨境交付、境外消费和自然人移动则构成跨境服务贸易。《对外贸易法》第26条规定："国家基于下列原因，可以限制或者禁止有关的国际服务贸易：（一）为维护国家安全、社会公共利益或者公共道德，需要限制或者禁止的；（二）为保护人的健康或者安全，保护动物、植物的生命或者健康，保护环境，需要限制或者禁止的；（三）为建立或者加快建立国内特定服务产业，需要限制的；（四）为保障国家外汇收支平衡，需要限制的；（五）依照法律、行政法规的规定，其他需要限制或者禁止的；（六）根据我国缔结或者参加的国际条约、协定的规定，其他需要限制或者禁止的。"此外，国家对与军事有关的国际服务贸易，以及与裂变、聚变物质或者衍生此类

物质的物质有关的国际服务贸易,可以采取任何必要的措施,以维护国家安全。在战时或者为维护国际和平与安全,国家在国际服务贸易方面可以采取任何必要的措施。同时,《对外贸易法》第28条规定,国务院对外贸易主管部门会同国务院其他有关部门制定、调整并公布国际服务贸易市场准入目录。

2018年,上海市在服务贸易领域率先开展制度创新,探索实行跨境服务贸易负面清单管理制度,编制印发《中国(上海)自由贸易试验区跨境服务贸易负面清单管理模式实施办法》和《中国(上海)自由贸易试验区跨境服务贸易特别管理措施(负面清单)(2018年)》(以下简称《跨境服务贸易负面清单》),《跨境服务贸易负面清单》根据《国民经济行业分类》(GB/T4754—2017)划分为13个门类,共159项特别管理措施,包括具体行业措施、有关职业资格的限制措施和适用于所有行业的水平措施。同年,《中国(海南)自由贸易试验区总体方案》提出"探索建立跨境服务贸易负面清单管理制度"。《海南自由贸易港建设总体方案》提出,实施跨境服务贸易负面清单制度,破除跨境交付、境外消费、自然人移动等服务贸易模式下存在的各种壁垒,给予境外服务提供者国民待遇。实施与跨境服务贸易配套的资金支付与转移制度。在告知、资格要求、技术标准、透明度、监管一致性等方面,进一步规范影响服务贸易自由便利的国内规制。

2021年7月,商务部发布了《海南自由贸易港跨境服务贸易特别管理措施(负面清单)(2021年版)》(以下简称《海南跨境服贸负面清单》),于8月26日开始实施。这是国家层面发布的首张跨境服务贸易负面清单。这张清单也是国务院有关部门落实《海南自由贸易港法》和《海南自由贸易港建设总体方案》的重要举措。和过去在某些具体行业、比较分散地作出一些服务业的开放安排不同的是,《海南跨境服贸负面清单》明确列出针对境外服务提供者的11个门类70项特别管理措施。凡是在清单之外的领域,在海南自由贸易港内,对境内外服务提供者在跨境服务贸易方面一视同仁、平等准入,开放度、透明度、可预见度都大大提高。这张清单是对服务贸易管理模式的重大突破,是一项制度型开放安排,有助于推动服务贸易自由化,提升海南自由贸易港乃至我国整体开放水平,体现出以下四个特点:(1)对接高标准国际经贸规则。负面清单模式是国际高标准自由贸易协定在跨境服务贸易领域作出开放安排的一种主要模式。在此之前,自由贸易协定对服务贸易的规定,包括WTO对服务贸易的规定都是正面清单,但是高标准的自由贸易协定采取的主要方式是负面清单。目前,我国加入世界贸易组织相关的减让表以及我国签署的自由贸易协定,在跨境服务贸易领域采取的都是以正面清单方式作出承诺,如2020年签署的《区域全面经济伙伴关系协定》(RCEP)也是采用正面清单,但是成员们承诺,要在RCEP生效之后6年之内把正面清单转为负面清单。海南率先实现了负面清单的安排。(2)作出主动开放安排。《海南跨境服贸负面清单》放宽了服务贸易领域内的准入限制,在交通服务、金融等领域作出了较高水平的开放安排。有些开放度不是双边协议的要求,而是主动而为,超过了我国入世的承诺,也高于目前已经生效的主要自贸协定相应领域的开放水平。(3)立足于海南产业定位。围绕旅游业、现代服务业、高新技术产业等,作出了放开外籍游艇进出海南自由贸易港申请引航限制等一系列开放措施,有助于加快培育具有海南特色的合作竞争新优势,促进海南自由贸易港高质量发展。(4)统筹发展和安全。贯彻落实总体国家安全观,坚持底线思维,强化风险意识,实施高水平开放的同时,《海南跨境服贸负面清单》保留了必要的特别管理措施。

二、实施配套的资金支付和转移制度

实施与跨境服务贸易配套的资金支付和转移制度，是推动服务贸易自由化便利化的重要措施之一。根据《海南自由贸易港建设总体方案》的部署要求，在2025年前，围绕贸易投资自由化便利化，在有效监管的基础上，有序推进开放进程，推动各类要素便捷高效流动，在重点领域率先规范影响服务贸易的国内规制。2035年前，建立健全跨境支付业务相关制度，营造良好的支付服务市场环境，提升跨境支付服务效率，依法合规推动跨境服务贸易自由化便利化。2021年3月，中国人民银行、中国银行保险监督管理委员会、中国证券监督管理委员会、国家外汇管理局联合印发《关于金融支持海南全面深化改革开放的意见》，规定"实施与跨境服务贸易配套的资金支付与转移制度。支持海南自由贸易港试点银行，在强化对客户分级管理的基础上，进一步便利真实合规新型国际贸易的跨境结算"，以推动跨境服务贸易自由化便利化。

为了提升外汇管理服务实体经济能力和水平，促进跨境贸易投资便利化，2019年10月，国家外汇管理局决定进一步优化外汇管理政策措施，便利市场主体合规办理外汇业务，发布了《关于进一步促进跨境贸易投资便利化的通知》。国家外汇管理局海南分局可以按照通知要求，在充分评估辖区内银行和企业条件的基础上，稳妥实施服务贸易外汇收支便利化试点。符合条件审慎合规的银行为信用良好的境内机构办理服务贸易外汇收支时，可根据"了解客户、了解业务、尽职审查"的展业原则办理。推进服务贸易付汇税务备案电子化工作，以信息共享方式实现银行电子化审核。此外，推动外汇管理由事前审批逐步转向事中事后监测，不断完善监管体系，例如，研究完善以风险评估为导向的分类监管体系，按照市场主体的信用等级、合规水平和风控能力，建立市场化信用约束和激励机制，提升管理精准度和科学性。

第三章　投资自由便利

第十八条　海南自由贸易港实行投资自由化便利化政策，全面推行极简审批投资制度，完善投资促进和投资保护制度，强化产权保护，保障公平竞争，营造公开、透明、可预期的投资环境。

海南自由贸易港全面放开投资准入，涉及国家安全、社会稳定、生态保护红线、重大公共利益等国家实行准入管理的领域除外。

【释义】　本条是关于海南自由贸易港投资领域总的原则的规定。

一、实行高水平投资自由化便利化政策

高水平的投资自由便利，是自由贸易港的重要特征。改革开放以来，我国坚持打开国门搞建设，鼓励外国投资者来华投资。《外商投资法》第3条规定，国家坚持对外开放的基本国策，鼓励外国投资者依法在中国境内投资。国家实行高水平投资自由化便利化政策，建立和完善外商投资促进机制，营造稳定、透明、可预期和公平竞争的市场环境。海南自由贸易港作为我国最高水平的开放形态，超越内地其他任何地区的投资自由便利是其显著特征之一，也是其发展的必然要求。《中国（海南）自由

贸易试验区总体方案》将海南的发展战略定位于“发挥海南岛全岛试点的整体优势，紧紧围绕建设全面深化改革开放试验区、国际生态文明试验区、国际旅游消费中心和国家重大战略服务保障区，实行更加积极主动的开放战略，加快构建开放型经济新体制，推动形成全面开放新格局，把海南打造成为我国面向太平洋和印度洋的重要开放对外门户。”《海南自由贸易港建设总体方案》还在发展目标部分提出，到2035年，自由贸易港制度体系和运作模式更加成熟，以自由、公平、法治、高水平过程监管为特征的贸易投资规则基本构建，实现贸易自由便利、投资自由便利、跨境资金流动自由便利、人员进出自由便利、运输来往自由便利和数据安全有序流动。这种发展目标的战略定位和目标，有赖于高度自由便利的投资政策。

二、实施极简审批投资制度

极简审批的概念是第一次在法律中被确定下来，这一方面鲜明展现了自由贸易港的开放水平是最高形态；另一方面也对海南自由贸易港的投资制度提出了要求。极简审批的优势和特点在于：一是，审批速度快，根据海南自由贸易港的实际情况和需要，取消部分审批事项，提高审批效率。例如，探索实施区域评估取代单个项目评估、审批改备案等，通过一次性告知审批条件和需要提交的材料以及容缺受理和限期承诺等方式，当场办理；对于通过事中事后监督可以防范风险的，可以不再审批，改为备案管理。二是，重点在于做好服务，转变政府工作职能，营造良好的投资环境。三是，更加强调事中事后监管。

2019年3月26日，海南省第六届人大常委会第十次会议通过了《中国（海南）自由贸易试验区重点园区极简审批条例》，内容涉及总则、审批事项和评估事项精简、审批程序和流程优化、监管和服务、法律责任、附则等6章42条。该条例第2条规定，省和市、县、自治县人民政府应当按照简政放权、放管结合、优化服务的要求，遵循宽进、严管、快办、便民、诚信、公开的原则，最大限度精简审批事项、评估事项和下放审批权限，探索实施单一部门集中审批管理模式；优化审批流程，提高审批效率；推进行政审批和政务服务标准化，主动为行政管理相对人提供高效优质服务。按照该条例第3条第1款的规定，海南自由贸易港在重点园区逐步推行规划代立项审批、区域评估代单个项目评估，实行准入清单和告知承诺管理，组织联合验收，强化事中事后监管以及实施其他极简审批做法。同时，博鳌乐城国际医疗旅游先行区、海口国家高新技术产业开发区、海南老城经济开发区三个产业园区范围内的建设项目，依照该条例有关规定实施特别极简审批。

三、全面放开投资准入

全面放开投资准入，是在投资领域进行最大化的开放，充分体现了"中国开放的大门不会关闭，只会越开越大"的要求。但这并不是毫无限制的，在涉及国家安全、社会稳定、生态保护红线、重大公共利益等国家实行准入管理的领域，如果不加以适当的限制，可能会对国家利益、社会稳定和公共利益造成危害。为减轻外资对本国经济和产业结构的冲击，维护本国的国家利益和发展利益，国际投资协定大多规定了一些例外条款，对外商投资进行适当限制也是世界各国自由贸易港的通行做法。例如，新加坡对国防相关行业和个别特殊行业禁止或者限制进入，外资进入金融、保险、证券等特殊领域需向主管部门备案。同时，新加坡禁止新增外资银行进入本地零售业务市场，限制外资银行对本地银行持股比例，外资在新闻业、广播业的出资比例不得超过30%和49%。因此，在结合维护国家安全的需要和符合国际通行做法的前提下，本条第2款专门规定，除涉及国家安全、社会稳定、生态保护红线、重大公共利益等国家实行准入管理的领域外，全面放开投资准入。在个别特殊的领域内，对是否允许外商投资、外商投资的比例进行规定，对大多数领域全面放开投资准入，既有利于扩大开放，又能够保障外商投资有序发展，维护国家安全。

四、海南自由贸易港在跨境直接投资方面的便利化政策

海南已经发布的《关于支持海南自由贸易港建设外汇创新业务政策的通知》，进一步简化了外商直接投资外汇登记及用汇手续。第一，外商直接投资外汇办理更加便利。外商投资企业到市场监督管理局完成注册后，凭借其工商注册信息到注册地银行，即可直接办理相关外汇登记、账户开立、资金划转及汇兑等业务。其资本项目外汇收入（含直接投资资本金收入）在境内支付使用时，不要求银行事前审核证明材料真实性，仅凭支付命令函即可办理。第二，境内企业境外投资外汇办理更加便利。境内企业投资凭商务、发展改革等主管部门批准证书或本案文件，即可直接到银行办理登记及投资资金汇出，投资收益可自由汇回。

第十九条　海南自由贸易港对外商投资实行准入前国民待遇加负面清单管理制度。特别适用于海南自由贸易港的外商投资准入负面清单由国务院有关部门会同海南省制定，报国务院批准后发布。

【释义】　本条是关于海南自由贸易港投资准入的规定。

一、准入前国民待遇加负面清单管理制度

根据《外商投资法》第 2 条的规定，外商投资，是指外国的自然人、企业或者其他组织直接或者间接在中国境内进行的投资活动。具体情形主要包括：(1)外国投资者单独在中国境内设立外商投资企业，或者与其他外国投资者或境内投资者共同在中国境内设立外商投资企业，即“绿地投资”，这是目前实践中最常见的外商投资方式。(2)外国投资者取得中国境内企业的股份、股权、财产份额或者其他类似权益，即“并购投资”，如取得境内股份有限公司或者有限责任公司的股权，取得境内合伙企业的财产份额，以并购的形式控制境内企业等。(3)外国投资者单独或者与其他投资者共同在中国境内投资新建项目。这是从项目投资的角度对外商投资所作的界定，外国投资者在中国境内投资新建固定资产投资项目等，如建立生产线、合作开发自然资源，无论是否设立企业或并购境内企业，都属于外商投资。(4)法律、行政法规或者国务院规定的其他方式的投资。

《外商投资法》第 4 条中规定，国家对外商投资实行准入前国民待遇加负面清单管理制度。国家对负面清单之外的外商投资，给予国民待遇。负面清单由国务院发布或者批准发布。中华人民共和国缔结或者参加的国际条约、协定对外国投资者准入待遇有更优惠规定的，可以按照相关规定执行。准入前国民待遇，是指在投资准入阶段给予外国投资者及其投资不低于本国投资者及其投资的待遇。国际投资领域中的国民待遇，一般是指在外资运营阶段享有国民待遇，要求内外资在市场竞争中处于公平地位，但是不包括外资准入阶段的国民待遇。准入前国民待遇要求将国民待遇的适用范围从准入后扩大到准入前，涵盖投资的整个周期。

负面清单，是指国家规定在特定领域对外商投资实施的准入特别管理措施，明确禁止或者限制外国投资者投资的领域。外商投资准入负面清单规定禁止投资的领域，外国投资者不得投资；外商投资准入负面清单规定限制投资的领域，外国投资者进行投资应当符合负面清单规定的条件。在外商投资准入负面清单以外的领域，对外国投资者不设门槛，不实行特殊管理，外国投资者可以同境内投资者一样进行投资，依照同样的法律设立企业、从事生产经营活动、平等接受监管。外商投资适用与国内投资相同的准入标准、条件和程序：国内投资者禁止投资的领域，外国投资者也不得投资；国内投资者需要满足特定条件才能投资的，外国投资者也要满足相同的条件；国内投资需要履行审批、核准、备案手续的，外商投资也要履行同样的审批、核准、备案手续；国内投资自由进入的，外商投资也可以自由进入。

海南自由贸易港对外资实行准入前国民待遇加负面清单管理制度，将有力促进投资自由化，营造稳定、透明、可预期的营商环境，成为深化对外开放，构建开放型经济新体制的重要一环。未来海南自由贸易港可以在三个方面建立完善准入前国民待遇加负面清单管理制度：一是，进一步放开外商投资准入限制，不得设置单独针对外资的准入限制，全面清理、取消对外资准入负面清单之外的外资项目的限制；二是，出台项目核准和服务指南，明确规定负面清单内涉及固定资产投资的外资新建项目或并购项目的核准程序、服务事项等；三是，持续推进“放管服”改革，进一步树立创新服务理念，推进治理能力现代化。

二、海南自由贸易港外商投资准入负面清单

本条要求制定特别适用于海南自由贸易港的外商投资准入负面清单。相比适用于全国的外商投资准入负面清单，海南自

由贸易港的负面清单更为开放，将进一步减少禁止和限制条款，放宽外商投资准入限制。

本条还规定了特别适用于海南自由贸易港的外商投资准入负面清单的制定程序，即由国务院有关部门会同海南省制定，报国务院批准后发布。自 2018 年起，经国务院批准，国家发展改革委、商务部开始发布《外商投资准入特别管理措施（负面清单）》，取代原来的《外商投资产业指导目录》，对禁止和限制外商投资的领域进行列举，并统一列出股权要求、高管要求等外商投资准入方面的特别管理措施。其后，又相继发布了 2019 年和 2020 年全国版《外商投资准入特别管理措施（负面清单）》。其中，2020 年全国版共列明了 12 个行业 33 项内容，包括农、林、牧、渔业及采矿业等。《自由贸易试验区外商投资准入特别管理措施（负面清单）（2020 年版）》共列明 12 个行业 30 项内容。国家发展改革委、商务部于 2020 年 12 月发布《海南自由贸易港外商投资准入特别管理措施（负面清单）（2020 年版）》，共涉及 11 个行业 27 项内容，比全国版、自贸区版更进一步开放，主要体现在“推进增值电信、教育等重点领域开放”“扩大商务服务对外开放”“放宽制造业、采矿业准入”等。

第二十条　国家放宽海南自由贸易港市场准入。海南自由贸易港放宽市场准入特别清单（特别措施）由国务院有关部门会同海南省制定。

海南自由贸易港实行以过程监管为重点的投资便利措施，逐步实施市场准入承诺即入制。具体办法由海南省会同国务院有关部门制定。

【释义】 本条是关于海南自由贸易港放宽市场准入的规定。

一、放宽海南自由贸易港市场准入

市场准入负面清单制度，是指国务院以清单方式明确列出在中华人民共和国境内禁止和限制投资经营的行业、领域、业务等，各级人民政府依法采取相应管理措施的一系列制度安排。市场准入负面清单包括禁止准入类和限制准入类，适用于各类市场主体基于自愿的初始投资、扩大投资、并购投资等投资经营行为及其他市场进入行为。对禁止准入事项，市场主体不得进入，行政机关不予审批、核准，不得办理有关手续。对限制准入事项，或由市场主体提出申请，行政机关依法依规作出是否予以准入的决定；或由市场主体依照政府规定的准入条件和准入方式合规进入。对市场准入负面清单以外的行业、领域、业务等，各类市场主体皆可依法平等进入。

国务院发布的《关于实行市场准入负面清单制度的意见》规定，对各类市场主体涉及以下领域的投资经营行为及其他市场进入行为，依照法律、行政法规和国务院决定的有关规定，可以采取禁止进入或限制市场主体资质、股权比例、经营范围、经营业态、商业模式、空间布局、国土空间开发保护等管理措施：涉及人民生命财产安全、政治安全、国土安全、军事安全、经济安全、金融安全、文化安全、社会安全、科技安全、信息安全、生态安全、资源安全、核安全和新型领域安全等国家安全的有关行业、领域、业务等；涉及全国重大生产力布局、战略性资源开发和重大公共利益的有关行业、领域、业务等；依法可以设定行政许可且涉及市场主体投资经营行为的有关行业、领域、业务等；法律、行政法规和国务院决定规定的其他情形。市场准入负面清单是适用于境内外投资者的一致性管理措施，是对各类市场主体市场准入管理的统一要求;外商投资负面清单适用于境外投资者在内地投资经营行为,是针对外商投资准入的特别管理措施。例如,在特殊医学用途配方食品中,特定全营养配方食品不得进行网络交易,非公有资本不得介入互联网新闻信息采编业务;任何组织不得设立中外合资经营、中外合作经营和外资经营的互联网新闻信息服务单位。未获得许可或资质,不得从事特定植物种植或种子、种苗的生产、经营、检测和进出口;未获得许可,不得投资经营涉及公共卫生安全的业务,从事公共场所、饮用水供水单位、消毒产品生产,利用新材料、新工艺技术和新杀菌原理生产消毒剂和消毒器械,高致病性病原微生物菌(毒)种或样本运输应当经过相应的许可和审批,否则不准开展有关业务。

2015 年 10 月,国务院发布《关于实行市场准入负面清单制度的意见》,同时发布《关于开展市场准入负面清单制度改革试点的工作方案》,市场准入负面清单制度开始实施,在此之前是通过《产业结构调整指导目录》来列明淘汰类和限制类产业。2016 年,国家发展改革委、商务部印发试点版的市场准入负面清单,在天津、上海、福建、广东四个省、直辖市试行,后来推广至全国。2018 年、2019 年、2020 年分别出台了全国版的清单。2021 年 4 月,国家发展改革委、商务部发布《关于支持海南自由贸易港建设放宽市场准入若干特别措施的意见》,为支持海南自由贸易港建设提出 5 大领域 22 条具体措施,在国内其他地区有条件准入的,在海南省可以无条件准入;在国内其他地区禁止准入的,在海南省可以有条件甚至无条件准入。

二、关于市场准入承诺即入制

1. 告知承诺制和承诺即入制

(1)告知承诺制。为降低企业制度性交易成本,加快营造稳定公平透明可预期的营商环境，2015 年起，国务院从上海浦东新区起步试点，推行涉企行政审批事项“证照分离”改革，对属于信息采集、记载公示、管理备查类的事项，通过“多证合一”改革尽可能整合到营业执照上，减少审批发证，着力破解“准入不准营”难题；同时加强事中事后监管，推进信息归集共享，对市场机制能够有效调节、企业能够自主管理的事项以及通过事中事后监管可以达到原设定涉企证照事项目的的，逐步取消或改为备案管理。这项改革有四种实施方式，分别为：直接取消审批、审批改为备案、实行告知承诺、优化准入服务。其中，告知承诺制，是指对暂时不能取消审批、但通过事中事后监管能够纠正不符合审批条件的行为且不会产生严重后果的涉企经营行政许可事项，行政机关一次性告知申请人经营许可条件，需要提交的材料、监管规则和违反承诺的后果，申请人只要作出能够具备全部经营许可条件的承诺并按要求提交材料的，行政机关当场作出准予行政许可决定。申请人在告知承诺书约定的期限内未提交材料或者提交的材料不符合要求的，行政机关依法撤销涉企经营许可决定。这不是取消行政许可，而是加速审批许可的一种方式。

（2）承诺即入制。《海南自由贸易港建设总体方案》的制度设计中提出，实施市场准入承诺即入制，严格落实“非禁即入”，在“管得住”的前提下，对具有强制性标准的领域，原则上取消许可和审批，建立健全备案制度，市场主体承诺符合相关要求并提交相关材料进行备案，即可开展投资经营活动。承诺即入制的应用是在市场准入环节，实施范围是具有强制性标准的领域，但是大前提是“管得住”，因此实施范围是有限的，并不是所有领域都放开。承诺即入制的管理方式是“承诺+备案”，市场主体承诺符合相关要求并提交相关材料进行备案的，即可开展投资经营活动，不需要再取得相关行政许可或审批。“告知承诺制”的实施范围是涉企经营许可，是对行政许可的优化而非取消，仍然需要作出许可决定。二者在适用领域、管理方式上均有所不同。

2. 海南省推行承诺即入制和告知承诺制的有关情况

近年来，海南省按照国务院统一部署，积极贯彻落实涉企行政审批事项改革的有关要求，主动拓展改革成果，实施了一些改革举措。

（1）海南省层面。2020 年 10 月，中共海南省委办公厅、海南省人民政府办公厅印发《关于大力发展农村市场主体壮大农村集体经济的十八条措施》，提出放宽社会资本进入农村的限制，制定社会资本下乡市场准入负面清单，清单外领域全面取消许可和审批，实行“承诺即入制”。同年 11 月，海南省市场监管局印发的《关于更新“证照分离”改革全覆盖事项清单的通知》，对国务院于 2019 年 11 月发布的关于在自由贸易试验区开展“证照分离”改革全覆盖试点通知附件中 27 项中央层面设定的涉企经营许可事项由“优化准入服务”改为“实行告知承诺”，具体包括粮食收购许可、游艺娱乐场所设立审批、文艺表演团体设立审批、互联网上网服务营业场所经营单位（含港、澳投资）设立审批等。

（2）市县层面。2020 年 7 月，海口市市场监督管理局发布《食品生产许可事项试点实行承诺即入制等审批改革方案》，该方案中提出，除食盐、保健食品、婴幼儿相关食品等特殊食品外，由市局负责审批的食品生产许可（含食品添加剂）发证、延续、许可变更（含迁址，设备布局和工艺流程、主要生产设备设施、食品类别等事项变更，生产条件发生变化）等事项，试点实行承诺即入审批。对申请人承诺符合审批条件并提交有关材料的，经审查合格的，当场作出审批决定，颁发食品生产许可证。8 月，《海口市市场准入承诺即入管理办法（征求意见稿）》公开征求意见，根据该征求意见稿的规定,承诺即入,是指对具有强制性标准领域的市场准入,申请人承诺其符合法律法规、规章及强制性标准规定并提交相关材料申请备案的,行政审批服务部门应当予以备案,申请人取得备案后即可开展投资经营活动。海口市各行政机关梳理提出实行承诺即入的事项清单,经市人民政府审核后,按法定程序报经全国人大及其常委会或国务院统一授权,取消许可,实行备案制,并向社会公布实施。

根据上述公开信息,海南省"承诺即入制"改革仍处于研究探索、征求意见阶段,有些表述为"承诺即入制"的改革措施,在具体方案中体现出行政审批事项仍然存在,变化的仅是行政审批的实施方式,其实质上还属于"告知承诺制"的范畴。

第二十一条　海南自由贸易港按照便利、高效、透明的原则,简化办事程序,提高办事效率,优化政务服务,建立市场主体设立便利、经营便利、注销便利等制度,优化破产程序。具体办法由海南省人民代表大会及其常务委员会制定。

【释义】 本条是关于海南自由贸易港投资服务的规定。

一、为投资提供便利化服务

按照本法及相关法律法规的要求,遵循改革趋势,要实现营商环境的持续优化,离不开政府的积极作为、合理作为和依法作为,要按照便利、高效、透明的原则,不断简化办事程序,提高办事效率,优化政务服务,杜绝对市场主体的非必要干预。

投资服务涉及多个部门、多个产业,需要统筹规划,遵循便利、高效、透明的原则,简化办事程序,提高办事效率,优化政务服务,进一步提高投资服务水平。中共中央办公厅、国务院办公厅印发的《关于深入推进审批服务便民化的指导意见》要求全面推行审批服务“马上办、网上办、就近办、一次办”,各地积极推进“最多跑一次”改革,多地政务实现“一网通办”,大大提高了办事效率。海南作为改革开放的新标杆,应当落实法律法规和有关文件要求,进一步优化政府服务,为市场主体提供便利。

二、建立、优化各项制度,授权海南省人大及其常委会制定具体办法

根据本条规定,海南省人大及其常委会要围绕市场主体设立便利、经营便利、注销便利和破产程序优化,落实公平竞争审查制度等重点问题,研究制定自由贸易港注销条例、破产条例、公平竞争条例、征收征用条例。

1. 制定商事注销条例

实施简易、便捷的商事注销制度是市场经济法制体系下实现市场主体“畅通退出渠道”的一项重要举措。近年来,海南实施商事登记制度改革,进一步放开了市场准入限制,降低了市场准入门槛。但市场主体退出机制依然不够畅通,影响了市场主体的投资热情和资源使用效率。制定商事注销条例,将注重于完善和规范普通注销、简易注销、强制退出、信用约束机制、事后追责机制等事项,贯彻政府简政放权的理念,简化注销程序、减少申请材料、体现企业自治。商事注销条例的出台,有利于提高市场退出效率和社会资源利用效率,进一步改善营商环境,使市场主体在更为宽松的环境中进行市场交易。

2. 制定破产条例

办理破产是市场退出和市场主体再建的一种重要途径,建

设自由贸易港，推动投资自由化便利化，亟须建立与国际通行规则相接轨的市场主体退出和再建机制。目前，我国现有破产制度在实施过程中存在债权回收率低、时间长、成本高的问题，破产管理人制度施行效果不佳。制定破产条例，将从立法层面理顺行政权与司法权之间的关系，在破产清算、重整重组、信用恢复、债权清偿、破产管理机构等方面进行制度创新，降低破产成本并提高市场主体再建成功率，促进市场主体的良性发展。

3. 制定公平竞争条例

要想实现公平竞争，需要在市场准入、协调机制、公平竞争审查和评估、竞争文化、保障机制等方面进行制度创新。制定公平竞争条例，将深化政府职能转变，最大限度地避免或纠正不合理限制或扭曲竞争的制度安排，提高政府治理能力和效率；逐步与国际通行规则接轨，提升地区竞争力和国际影响力；优化营商环境，激发市场主体活力和提振投资信心。

4. 制定征收征用条例

完善财产征收征用制度是完善产权保护制度、依法保护产权的一项重要举措。现有财产征收征用制度，在实践中存在公共利益界定不明确、征收征用程序不完善、补偿不科学等问题。制定征收征用条例，将从合理界定征收征用适用的公共利益范围入手，细化规范征收征用法定权限和程序，遵循及时合理补偿和非歧视原则，完善国家补偿制度，进一步明确补偿的范围、形式和标准，给予被征收征用者公平合理的补偿。最终实现依法有效保护各种所有制经济组织和公民财产权，增强人民群众财产财富安全感，增强各类经济主体创业创新动力。

第二十二条 国家依法保护自然人、法人和非法人组织在海南自由贸易港内的投资、收益和其他合法权益，加强对中小投资者的保护。

【释义】 本条是关于海南自由贸易港产权保护的规定。

一、依法保护投资、收益和其他合法权益

产权制度是社会主义市场经济的基石，依法有效保护各种所有制经济组织和公民财产权，增强人民群众财产安全感，增强社会信心，形成良好预期，增强各类经济主体创业创新动力，完善产权保护制度，有利于海南自由贸易港的长远和稳定发展。

中共中央、国务院《关于完善产权保护制度依法保护产权的意见》提出，完善产权保护制度、依法保护产权，关键是要在事关产权保护的立法、执法、司法、守法等各方面体现法治理念，坚持平等保护、全面保护、依法保护。要在加强各种所有制经济产权保护，完善平等保护产权的法律制度，严格规范涉案财产处置的法律程序，完善政府守信践诺机制，完善财产征收征用制度，加大知识产权保护力度，健全增加城乡居民财产性收入的各项制度等方面，加大改革力度，不断取得工作实效。

健全以公平为原则的产权保护制度，依法平等保护各类产权。只有产权得到依法平等有效的保护，市场主体才能放心投资经营，市场交易才有前提条件。以公平为核心原则，把平等保护产权作为规范财产关系的基础，实施全面平等依法有效的产权保护，发挥产权的有效激励作用。一是，坚持产权保护的全面性。进一步优化产权保护制度，切实做到公有制经济财产权不可侵犯，非公有制经济财产权同样不可侵犯；依法全面保护各种所有制经济产权与合法利益,依法保护各种所有制经济组织和自然人财产权。同时,也包括各类产权客体全面性,既包括保护物权、债权、股权,又包括知识产权及其他各种无形财产权。二是,坚持产权保护的公平性。把平等保护产权作为规范财产关系的基本原则,完善平等保护产权的法律制度,清理有违公平的法律法规条款,促使各类产权同等受到法律保护,废除针对非公有制经济的各种形式的不合理规定,消除各种隐性壁垒,清理废除各种歧视性政策和做法,保证各种所有制经济依法平等使用生产要素,公开公平公正参与市场竞争。三是,坚持依法保护产权。完善公平或平等保护产权的法律制度,构建完备的产权制度体系,坚决消除各种侵权情形。

二、加强对中小投资者的保护

中小投资者是我国资本市场的主要参与群体,但处于信息弱势地位,抗风险能力和自我保护能力较弱,合法权益容易受到侵害。维护中小投资者合法权益是资本市场持续健康发展的基础,是激发市场活力、优化营商环境的法治之义,是接轨国际商事制度,营造法治化、市场化、国际化营商环境的重要举措。

近年来,保护中小投资者的各项制度不断完善。2013 年,国务院办公厅发布的《关于进一步加强资本市场中小投资者合法权益保护工作的意见》指出,维护中小投资者合法权益是证券期货监管工作的重中之重,关系广大人民群众切身利益,是资本市场持续健康发展的基础。该意见从健全投资者适当性制度、优化投资回报机制、保障中小投资者知情权、健全中小投资者投票机制、建立多元化纠纷解决机制、健全中小投资者赔偿机制、加大监管和打击力度、强化中小投资者教育、完善投资者保护组织体系等九个方面,对如何进一步加强资本市场中小投资者合法权益保护工作进行了详细规定。2014 年,国务院发布的《关于进一步促进资本市场健康发展的若干意见》基本原则部分提出,要处理好风险自担与强化投资者保护的关系。加强投资者教育,引导投资者培育理性投资理念,自担风险、自负盈亏,提高风险意识和自我保护能力。同时,健全投资者特别是中小投资者权益保护制度,保障投资者的知情权、参与权、求偿权和监督权,切实维护投资者合法权益。2019 年,国务院公布《优化营商环境条例》,第 16 条规定,国家加大中小投资者权益保护力度,完善中小投资者权益保护机制,保障中小投资者的知情权、参与权,提升中小投资者维护合法权益的便利度。

本条专门规定加强对中小投资者的保护,有利于坚持市场化和法治化方向,维护公开、公平、公正的市场秩序,维护海南自由贸易港的投资者特别是中小投资者的合法权益。

第二十三条　国家依法保护海南自由贸易港内自然人、法人和非法人组织的知识产权,促进知识产权创造、运用和管理服务能力提升,建立健全知识产权领域信用分类监管、失信惩戒等机制,对知识产权侵权行为,严格依法追究法律责任。

【释义】　本条是关于海南自由贸易港知识产权保护的规定。

一、全面保护知识产权

我国一贯重视知识产权保护工作,早在改革开放初期就制定了《专利法》《商标法》《著作权法》等相关法律,并根据实践发展的需要不断修改完善，不断加强对相关权利的法律保护。国务院也制定了《植物新品种保护条例》《集成电路布图设计保护条例》等行政法规。在投资领域的法律法规中，《外商投资法》第22条第1款规定，国家保护外国投资者和外商投资企业的知识产权，保护知识产权权利人和相关权利人的合法权益；对知识产权侵权行为，严格依法追究法律责任。

知识产权保护，一直是投资者非常关注问题，本条对知识产权保护专门作出规定，一方面体现了海南自由贸易港保护知识产权的决心，强调对侵权行为的追究；另一方面也对海南自由贸易港相关部门转变政府职能、提升服务能力作出了更高的要求。知识产权创造、运用和管理服务能力提升，事关知识产权产生和运用的全流程。2020年，国家知识产权局发布的首份中国知识产权公共服务报告显示，我国知识产权信息公共服务体系建设已经取得显著进展。全国已有42个副省级以上省市设立了知识产权信息公共服务机构，70个地级市设立了综合性知识产权公共服务机构，有40个副省级以上省市建设了知识产权公共服务平台。

海南自由贸易港作为开放形态最高的地区，知识产权保护的任务更重、责任更大，建立主干清晰、门类多样的知识产权信息公共服务体系是落实知识产权保护的必然要求。此外，海南自由贸易港要进一步加强知识产权公共服务基础设施建设，推动形成立体化、多层级、便捷高效的知识产权公共服务体系，优化知识产权公共服务资源供给，为海南自由贸易港建设和高质量发展提供基础支撑与服务保障。

二、知识产权领域信用分类监管和失信惩戒

讲诚信、重承诺是中华民族的优良传统。在现代社会，信用

既是市场经济健康有序发展的基石，也是经济良性运行的前提，还是社会稳定有序的基础。尤其是随着中国数字经济的发展，信用体系的作用更加凸显。

2019 年，国务院办公厅印发的《关于加快推进社会信用体系建设—构建以信用为基础的新型监管机制的指导意见》，对建立健全贯穿市场主体全生命周期，衔接事前、事中、事后全监管环节的新型监管机制提出了总体要求，明确要完善法人和非法人组织统一社会信用代码制度，以统一社会信用代码为标识，整合形成完整的市场主体信用记录。由国家发展改革委、中国人民银行牵头，探索建立全国统一的信用报告标准，推动信用报告结果实现异地互认。鼓励各类市场主体在生产经营活动中更广泛、主动地应用信用报告。在政府采购、招标投标、行政审批、市场准入、资质审核等事项中，充分发挥公共信用服务机构和第三方信用服务机构出具的信用报告作用。在全面建立市场主体信用记录方面，要完善法人和非法人组织统一社会信用代码制度，以统一社会信用代码为标识，整合形成完整的市场主体信用记录，并通过“信用中国”网站、国家企业信用信息公示系统或中国政府网及相关部门门户网站等渠道依法依规向社会公开。完成“12315”市场监管投诉举报热线和信息化平台整合工作，大力开展消费投诉公示，促进经营者落实消费维权主体责任。

国家知识产权局发布的《2020—2021 年贯彻落实〈关于强化知识产权保护的意见〉推进计划》规定，开展知识产权领域以信用为基础的分级分类监管试点，推动国家知识产权公共服务平台与国家企业信用信息公示系统联通。2020 年 6 月，国家知识产权局在 12 个地方开展试点，明确指出推动试点地区加强知识产权信用体系建设，设立科学合理的分级分类指标，做好知识产权领域信用信息记录，完善分级分类信用监管机制，形成知识产权领域信用信息采集目录和管理规范，完善信用信息记录，建立知识产权领域以信用为基础的分级分类指标和信用评价模型。

本条规定海南自由贸易港建立健全知识产权领域信用分类监管、失信惩戒等机制，严格追究知识产权侵权行为的法律责任，有利于维护知识产权领域守信主体的合法权益，鼓励创新，激发市场活力，营造诚实守信的良好营商环境，促进海南自由贸易港的长远稳定发展。

三、严格依法追究法律责任

我国《专利法》《商标法》《著作权法》等法律规定了知识产权侵权行为的民事责任和行政责任；《刑法》则专设一节对侵犯知识产权的刑事责任作出规定。本条专门规定，对知识产权侵权行为，严格依法追究法律责任。一方面表明了海南自由贸易港建设及后续发展过程中对侵犯知识产权的行为绝不姑息的态度；另一方面对市场主体也能够起到鼓励和震慑的双重作用，有利于激发市场活力，鼓励知识产权创新，一定程度上遏制知识产权侵权行为，营造良好营商环境。

第二十四条　海南自由贸易港建立统一开放、竞争有序的市场体系，强化竞争政策的基础性地位，落实公平竞争审查制度，加强和改进反垄断和反不正当竞争执法，保护市场公平竞争。

海南自由贸易港的各类市场主体，在准入许可、经营运营、要素获取、标准制定、优惠政策等方面依法享受平等待遇。具体办法由海南省人民代表大会及其常务委员会制定。

【释义】　本条是关于海南自由贸易港竞争制度的规定。

一、关于保护市场公平竞争

1. 强化竞争政策的基础性地位

公平竞争是市场经济的核心。公平竞争制度是一个包含竞争性政策、公平竞争审查、公平产权保护等一系列制度在内的制度集合,是以竞争政策为前提,以公平为原则的产权保护制度为基础,以公平竞争监管为保障的制度体系。市场经济的核心是公平竞争,只有竞争是公平的,才能实现资源的有效配置和企业的优胜劣汰。竞争性政策是实现公平竞争的基本制度,是以创造公平市场竞争环境为目标选择,规范市场竞争主体行为的制度安排。强化竞争政策的基础地位,是以竞争政策为基础来协调统领其他相关政策,并通过构建高标准的统一、开放、竞争、有序的现代市场体系来实现;推进要素市场制度建设,优化劳动、资本、土地、知识、技术、管理、数据等生产要素市场运行规则,尤其是加强资本市场基础制度建设,健全具有高度适应性、竞争力、普惠性的现代金融体系;实现要素价格市场决定、流动自主有序、配置高效公平的政策体系;全面实施市场准入负面清单制度,以"放管服"改革为切入点,简政放权、放管结合,优化服务,深化行政审批制度改革,推进政府的"权力"清单、"责任"清单制度与企业的"负面清单"建设,最大限度减少乃至取消政府的审批,最大限度减少对资源的直接配置行为,给市场主体放权,促使市场主体享有"法律下的自由",自主实施自己的经济行为。

2. 落实公平竞争审查制度

公平竞争审查制度,是指行政机关和法律、法规授权的具有管理公共事务职能的组织在制定有关市场领域的规范性文件的过程中,应当对文件所涉内容是否符合公平竞争的原则、是否对公平竞争施加了不当限制进行审查。这一制度旨在约束政府行为,以确保今后政府出台的各种产业、投资政策,都要以不破坏统一市场和公平竞争为前提。2016 年 6 月,国务院公布《关于在市场体系建设中建立公平竞争审查制度的意见》。2021 年 6 月,市场监管总局、国家发展改革委、财政部、商务部、司法部印发《公平竞争审查制度实施细则》的通知。依据上述规定,行政机关以及法律、法规授权的具有管理公共事务职能的组织,在制定市场准入和退出、产业发展、招商引资、招标投标、政府采购、经营行为规范、资质标准等涉及市场主体经济活动的规章、规范性文件、其他政策性文件以及“一事一议”形式的具体政策措施,应当进行公平竞争审查,评估对市场竞争的影响,防止排除、限制市场竞争。经公平竞争审查认为不具有排除、限制竞争效果或者符合例外规定的,可以实施;具有排除、限制竞争效果且不符合例外规定的,应当不予出台或者调整至符合相关要求后出台;未经公平竞争审查的,不得出台。政策制定机关开展公平竞争审查应当遵循审查基本流程;应当以适当方式征求利害关系人意见,或者通过政府部门网站、政务新媒体等便于社会公众知晓的方式公开征求意见;可以咨询专家学者、法律顾问、专业机构的意见;可以根据工作实际,委托具备相应评估能力的高等院校、科研院所、专业咨询公司等第三方机构,对有关政策措施进行公平竞争评估,或者对公平竞争审查有关工作进行评估。审查标准是:从维护全国统一市场和公平竞争的角度,依据市场准入和退出标准(如不得限定经营、购买、使用特定经营者提供的商品和服务)、商品和要素自由流动标准(如不得限制外地和进口商品、服务进入本地市场或者阻碍本地商品运出、服务输出)、影响生产经营成本标准(如不得在法律规定之外要求经营者提供或者扣留经营者各类保证金)、影响生产经营行为标准(如不得违法披露或者要求经营者披露生产经营敏感信息,为经营者从事垄断行为提供便利条件）等四个方面的标准进行审查。

3. 优化政府职责

政府是竞争政策的制定者、维护者，是产权保护制度的推动者，是推进公平竞争审查的实施与义务主体。政府以完善公平竞争制度为目标，以确保所有市场主体都能获得公平竞争的权利，推动竞争性政策的优化，关键是促进市场开放、保障市场主体的公平竞争。要充分认识完善公平竞争制度的重要性，公平竞争制度是现代市场经济的基本规则，是市场经济体系有效运行的保障，是加快完善社会主义市场经济体制的内在要求。建设与完善公平竞争制度是一项长期性、系统性、复杂性工程，这项工作不可能一蹴而就，制度建设也不会一劳永逸，需要在切实执行现有的制度规则的基础上，结合我国社会主义市场经济体制改革的创新实践，不断优化公平竞争制度，使其系统化、科学化，使其既与国际贸易投资规则相衔接，又要内嵌于我国社会主义市场经济体制中。要求政府做好公平竞争制度的顶层设计与系统集成，对各种竞争政策有效系统整合，健全部门协调配合机制，防止政出多门、政策效应相互抵消，破解公平竞争制度中的"碎片化""冲突化""非规范化"情形。

4. 加强和改进反垄断和反不正当竞争执法

《反不正当竞争法》和《反垄断法》同属于竞争法律，共同的目的都是确保市场经济的有效运行。同时，两法的侧重点有所区别：《反垄断法》重在保护竞争自由，反对排除、限制竞争，解决的是市场中没有竞争的问题，不直接保护特定的竞争者，其所维护的市场公平竞争，是要保护多个经营者的经济行为自由，不允许个别经营者利用其市场力量操纵价格或者强加其他市场调节；《反不正当竞争法》重在保护竞争公平，反对不正当竞争，解决的是市场中的竞争是否公平有序的问题，通过为经营者提供公平竞争的基本规则,维护公平竞争的市场制度,使经营者能够在公平的环境和条件下开展竞争,从而使竞争机制的功能得到有效、充分的发挥。

二、关于各类市场主体平等参与市场竞争

社会主义市场经济,从根本上说是一种以市场机制为基础的配置社会资源的经济运动形态,其实质是以市场运行为中心环节构架经济流程,通过价值规律的作用进行资源配置和生产力布局,用市场价格调节社会生产的种类和数量,按优胜劣汰的竞争机制进行国民收入分配,从而实现国民经济均衡稳定发展的经济体制。所谓平等竞争,即各类市场主体在市场竞争中处于平等地位。在社会主义市场经济条件下,这种平等地位主要包括:机会均等地占有归社会所有的生产经营条件,按照统一的市场价格取得生产要素,按照市场价格出售自己的商品,参加劳动者之间的竞争性活动等。事实证明,越是市场竞争充分的领域,就越具有国际竞争力;越是市场机制充分发挥作用的地区,经济发展就越有活力。

海南自由贸易港发展过程中,需要营造良好的市场环境,使各种所有制主体依法平等使用资源要素、公开公平公正参与市场竞争、同等受到法律保护。因此,本条第 2 款规定,海南自由贸易港的各类市场主体,在准入许可、经营运营、要素获取、标准制定、政府采购、优惠政策等方面依法享受平等待遇,平等参与市场竞争。其中,要素获取可能涉及土地、资金、劳动力、数据等各个方面。

此外,按照给海南更大改革自主权和充分授权的原则,具体办法由海南省人大及其常委会制定。

第四章　财政税收制度

第二十五条　在海南自由贸易港开发建设阶段，中央财政根据实际，结合税制变化情况，对海南自由贸易港给予适当财政支持。鼓励海南省在国务院批准的限额内发行地方政府债券支持海南自由贸易港项目建设。海南省设立政府引导、市场化方式运作的海南自由贸易港建设投资基金。

【释义】 本条是关于海南自由贸易港财政支持政策的规定。

一、给予海南自由贸易港适当财政支持

建设海南自由贸易港要充分发挥全国上下一盘棋和集中力量办大事的制度优势，调动各方面的积极性和创造性，在开发建设初期，离不开中央财政的支持，加上海南自由贸易港采取税收优惠政策，推行简化税制，需要在一定时期内保证中央财政支持力度。但是，国家支持海南逐步探索、稳步推进中国特色自由贸易港建设，打造引领我国新时代对外开放的鲜明旗帜和重要开放门户，在经济繁荣等方面也应当成为示范。本条明确给予适当财政支持的期间应当是“在海南自由贸易港开发建设阶段”，并要结合税制变化情况，确定适当的支持力度。

二、发行政府债券支持海南自由贸易港建设

在现行管理体制下，根据《预算法》第 35 条的规定，经国务院批准的省、自治区、直辖市的预算中必需的建设投资的部分资金，可以在国务院确定的限额内，通过发行地方政府债券举借债务的方式筹措。举借债务的规模，由国务院报全国人大或者全国人大常委会批准。省、自治区、直辖市依照国务院下达的限额举借的债务，列入本级预算调整方案，报本级人大常委会批准。举借的债务应当有偿还计划和稳定的偿还资金来源，只能用于公益性资本支出，不得用于经常性支出。除前款规定外，地方政府及其所属部门不得以任何方式举借债务。《预算法实施条例》第 44 条规定："预算法第三十五条第二款所称举借债务的规模，是指各地方政府债务余额限额的总和，包括一般债务限额和专项债务限额。一般债务是指列入一般公共预算用于公益性事业发展的一般债券、地方政府负有偿还责任的外国政府和国际经济组织贷款转贷债务；专项债务是指列入政府性基金预算用于有收益的公益性事业发展的专项债券。"第 58 条第 2 款规定："省、自治区、直辖市政府财政部门应当根据国务院批准的本地区政府债务限额，合理安排发行本地区政府债券的结构、期限和时点。"2014 年国务院发布的《关于加强地方政府性债务管理的意见》也强调要"对地方政府债务实行规模控制，严格限定政府举债程序和资金用途，把地方政府债务分门别类纳入全口径预算管理，实现'借、用、还'相统一"。总的来看，对地方政府债务规模实行限额管理，一般债务和专项债务规模都纳入限额管理是基本原则。

在海南自由贸易港，发行地方政府债券同样实行地方限额管理制度。本条明确鼓励海南省在国务院批准的限额内发行地

方政府债券支持海南自由贸易港项目建设，给予了积极的法治保障。同时，《海南自由贸易港建设总体方案》还提出：在有效防范风险的前提下，稳步增加海南地方政府专项债券发行额度，用于支持重大基础设施建设；鼓励在海南自由贸易港向全球符合条件的境外投资者发行地方政府债券。此外，中共中央办公厅、国务院办公厅 2019 年 6 月印发的《关于做好地方政府专项债券发行及项目配套融资工作的通知》提出，鼓励地方政府和金融机构依法合规使用专项债券和其他市场化融资方式，重点支持推进海南全面深化改革开放等重大战略；并提出要丰富地方政府债券投资群体，推出地方政府债券交易型开放式指数基金，通过"债券通"等机制吸引更多境外投资者投资。从法律和政策文件上，为海南省发行地方政府债券，支持海南自由贸易港建设提供了有力保障。

三、设立海南自由贸易港建设投资基金

设立海南自由贸易港建设投资基金是海南自由贸易港政策制度体系的重要内容。《海南自由贸易港建设总体方案》和 2018 年 4 月中共中央、国务院印发的《关于支持海南全面深化改革开放的指导意见》均提出了设立海南自由贸易港建设投资基金的相关要求，由海南统筹中央资金和自有财力，设立海南自由贸易港建设投资基金，按政府引导、市场化方式运作。一般而言，主要是采取私募的方式募集资金，采用认缴制，认缴资金结合项目实际需求情况分期认缴到位。基金设立过程中，其他社会资本如果愿意出资，后续可以加入，扩大基金规模。未来还会对基金参与投资建设和运营的部分不动产进行盘活培育。

第二十六条　海南自由贸易港可以根据发展需要，自主减征、免征、缓征除具有生态补偿性质外的政府性基金。

【释义】 本条是关于减征、免征、缓征政府性基金的规定。

为了加强对政府性基金的管理，规范审批、征收、使用、监管等行为，保护公民、法人和其他组织的合法权益，财政部于2010年9月印发了《政府性基金管理暂行办法》，对政府性基金作出界定，即"是指各级人民政府及其所属部门根据法律、行政法规和中共中央、国务院文件规定，为支持特定公共基础设施建设和公共事业发展，向公民、法人和其他组织无偿征收的具有专项用途的财政资金"。根据该办法的规定，政府性基金实行中央一级审批制度，遵循统一领导、分级管理的原则；国务院所属部门（含直属机构）、地方各级人民政府及其所属部门申请征收政府性基金，必须以法律、行政法规和中共中央、国务院文件为依据。2015年12月，中共中央、国务院印发的《法治政府建设实施纲要（2015—2020年）》提出："建立行政事业性收费和政府性基金清单制度，清理取消不合法、不合规、不合理的收费基金项目，公布全国性、中央部门和单位及省级收费目录清单，减轻企业和公民负担。"按照2015年财政部发布的《关于进一步加强行政事业性收费和政府性基金管理的通知》，对依据法律、行政法规和经国务院或财政部会同有关部门批准设立的收费基金项目，地方各级人民政府及其部门一律不得自行减免、缓征、停征或取消。为持续优化营商环境，不断解放和发展社会生产力，加快建设现代化经济体系，推动高质量发展，2019年10月8日国务院第66次常务会议通过《优化营商环境条例》。该条例第25条规定，设立政府性基金、涉企行政事业性收费、涉企保证金，应当有法律、行政法规依据或者经国务院批准。对政府性基金、涉企行政事业性收费、涉企保证金以及实行政府定价的经营服务性收费,实行目录清单管理并向社会公开,目录清单之外的前述收费和保证金一律不得执行。同时,《政府性基金管理暂行办法》第25条规定:“政府性基金收入应按规定及时、足额缴入相应级次国库,不得截留、坐支和挪作他用。各级财政部门应当按照有关规定,监督政府性基金的征收和解缴入库。”本法围绕海南自由贸易港的建设目标,在本条对海南自由贸易港的政府性基金进一步进行改革放权,规定海南自由贸易港可以根据发展需要,自主减征、免征、缓征政府性基金。这是深化市场化改革,打造法治化、国际化、便利化营商环境,建立开放型经济新体制的重要举措之一。

支持海南全方位大力度推进改革创新的同时,需要紧紧围绕海南建设全面深化改革开放试验区、国家生态文明试验区、国际旅游消费中心和国家重大战略服务保障区的战略定位。习近平总书记在庆祝海南建省办经济特区30周年大会上指出“海南是我国最大的经济特区,地理位置独特,拥有全国最好的生态环境”;并强调“要实行最严格的生态环境保护制度,构建高效统一的规划管理体系,率先建立现代生态环境和资源保护监管体制”。同时,党中央决定,支持海南建设国家生态文明试验区,对海南的生态环境保护工作提出更高要求。贯彻落实习近平总书记重要讲话精神和党中央决策部署,本法在总则部分即规定“海南自由贸易港实行最严格的生态环境保护制度,坚持生态优先、绿色发展,创新生态文明体制机制,建设国家生态文明试验区”,第5章专章对生态环境保护工作提出更高要求。实施生态保护补偿是调动各方积极性、保护好生态环境的重要手段,是生态文明制度建设的重要内容。2016年4月,国务院办公厅发布的《关于健全生态保护补偿机制的意见》提出,“探索建立多元化生态保护补偿机制,逐步扩大补偿范围,合理提高补偿标准,有效调动全社会参与生态环境保护的积极性”;在推进体制机制创新的具体举措中规定:“完善森林、草原、海洋、渔业、自然文化遗产等资源收费基金和各类资源有偿使用收入的征收管理办法,逐步扩大资源税征收范围,允许相关收入用于开展相关领域生态保护补偿。”贯彻落实党中央的决策部署和本法关于“最严格的生态环境保护制度”的要求,本条专门将具有生态补偿性质的政府性基金排除在自主减征、免征、缓征的范围之外。

第二十七条　按照税种结构简单科学、税制要素充分优化、税负水平明显降低、收入归属清晰、财政收支基本均衡的原则,结合国家税制改革方向,建立符合需要的海南自由贸易港税制体系。

全岛封关运作时,将增值税、消费税、车辆购置税、城市维护建设税及教育费附加等税费进行简并,在货物和服务零售环节征收销售税;全岛封关运作后,进一步简化税制。

国务院财政部门会同国务院有关部门和海南省及时提出简化税制的具体方案。

【释义】　本条是关于建立税制体系的规定。

一、建立海南自由贸易港税制体系的基本原则

按照《海南自由贸易港建设总体方案》的制度安排,要按照“零关税”、低税率、简税制、强法治、分阶段的原则,逐步建立与高水平自由贸易港相适应的税收制度。总体目标是聚焦贸易和

投资自由化便利化，围绕“零关税、低税率、简税制”，构建与海南自由贸易港发展相适应的税收政策体系，推动海南成为新时代全面深化改革开放的新标杆，形成更高层次改革开放新格局，探索实现更高质量、更有效率、更加公平、更可持续的发展。在制度设计中，要按照以下原则和重点予以推进：

一是“零关税”。全岛封关运作前，对部分进口商品，免征进口关税、进口环节增值税和消费税。全岛封关运作、简并税制后，对进口征税商品目录以外、允许海南自由贸易港进口的商品，免征进口关税。二是低税率。对在海南自由贸易港实质经营的企业，实行企业所得税优惠税率。对符合条件的个人，实行个人所得税优惠税率。三是简税制。结合我国税制改革方向，探索推进简化税制。改革税种制度，降低间接税比例，实现税种结构简单科学、税制要素充分优化、税负水平明显降低、收入归属清晰、财政收支大体均衡。四是强法治。税收管理部门按实质经济活动所在地和价值创造地原则对纳税行为进行评估和预警，制定简明易行的实质经营地、所在地居住判定标准，强化对偷、漏税风险的识别，防范税基侵蚀和利润转移，避免成为“避税天堂”。积极参与国际税收征管合作，加强涉税情报信息共享。加强税务领域信用分类服务和管理，依法依规对违法失信企业和个人采取相应措施。五是分阶段。按照海南自由贸易港建设的不同阶段，分步骤实施“零关税、低税率、简税制”的安排，最终形成具有国际竞争力的税收制度。

按照上述原则逐步构建与高水平自由贸易港相适应的税收制度，要坚持最高水平、最大程度开放，按照自由、公平、法治和过程监管的要求，通过优惠政策支持和特殊制度安排，推动实现货物贸易、服务贸易和投资自由化便利化；要服从和服务于国家对外开放大局，统筹海南与内地的关系，通过优化税制结构、强化支出保障等方式，推动海南自由贸易港建设；要坚持总体设计、着眼长远、分步实施、依法推进，循序渐进抓好落实，形成符合海南自由贸易港实际需要，具有国际竞争力的财税优惠政策。其中，简税制是重点和难点之一，基本原则和目标是：改革税种制度，降低间接税比例，实现税种结构简单科学、税制要素充分优化、税负水平明显降低、收入归属清晰、财政收支大体均衡。本条第1款明确将上述内容作为税制体系建设的原则，结合国家税制改革方向，建立符合需要的海南自由贸易港税制体系，确保税制改革方向正确。

二、分阶段逐步推进税制改革

海南自由贸易港税收政策制度体系不仅是制度创新，对海关、税务监管工作也提出了较大挑战。以“零关税、低税率、简税制”为主要特征的税收政策制度体系需要与全岛封关运作进展、海关和税务监管体系建立进度相匹配，按照海南自由贸易港建设的不同阶段，分步骤实施“零关税、低税率、简税制”的安排，最终形成具有国际竞争力的税收制度。

本条第2款规定全岛封关运作时，将增值税、消费税、车辆购置税、城市维护建设税及教育费附加等税费进行简并，在货物和服务零售环节征收销售税；全岛封关运作后，进一步简化税制。目前，我国共有18个税种，分别是关税、企业所得税、个人所得税、增值税、消费税、城市维护建设税、车辆购置税、资源税、环境保护税、契税、印花税、房产税、城镇土地使用税、土地增值税、耕地占用税、船舶吨税、车船税、烟叶税。“零关税”“低税率”的相关规定和政策要求已经对关税、企业所得税、个人所得税分别作了规定。依据我国现行有关法律法规的规定，在中华人民共和国境内销售货物或者加工、修理修配劳务，销售服务、无形资产、不动产以及进口货物的单位和个人，为增值税的纳税人；增值税的普通税率是17%，特殊物品和劳务税率分别是11%、6%。在中华人民共和国境内生产、委托加工和进口《消费税暂行条例》规定的消费品的单位和个人，以及国务院确定的销售该条例规定的消费品的其他单位和个人，为消费税的纳税人；消费税的征收对象为烟、酒、鞭炮、焰火、化妆品、成品油、贵重首饰及珠宝玉石、高尔夫球及球具、高档手表、游艇、木制一次性筷子、实木地板、摩托车、小汽车等，主要是针对高附加值的商品征收。在中华人民共和国境内购置汽车、有轨电车、汽车挂车、排气量超过150毫升的摩托车的单位和个人，为车辆购置税的纳税人；在中华人民共和国境内缴纳增值税、消费税的单位和个人，为城市维护建设税的纳税人；凡缴纳消费税、增值税、营业税（已废止）的单位和个人，除按照国务院《关于筹措农村学校办学经费的通知》的规定，缴纳农村教育事业费附加的单位外，都应当依照《征收教育费附加的暂行规定》缴纳教育费附加。销售税是取代增值税、消费税等，在最终消费环节征收的一个税种。本条要求将上述增值税、消费税、车辆购置税、城市维护建设税及教育费附加等税费进行简并，在货物和服务零售环节征收销售税。

根据《海南自由贸易港建设总体方案》的部署安排，将现行增值税、消费税、车辆购置税、城市维护建设税及教育费附加等税费进行简并，启动在货物和服务零售环节征收销售税相关工作属于简并税制的阶段性工作，在2025年前完成；2035年前，进一步推进财税制度改革，简明税制，扩大海南地方税收管理权限。

为推进海南自由贸易港构建起具有国际竞争力的税收制度体系，本条在规定税收制度分步骤安排的同时，要求国务院财政部门会同国务院有关部门和海南省及时提出简化税制的具体方案，保障海南自由贸易港税收制度体系改革依法推进，各项政策措施落地见效。

第二十八条　全岛封关运作、简并税制后，海南自由贸易港对进口征税商品实行目录管理，目录之外的货物进入海南自由贸易港，免征进口关税。进口征税商品目录由国务院财政部门会同国务院有关部门和海南省制定。

全岛封关运作、简并税制前，对部分进口商品，免征进口关税、进口环节增值税和消费税。

对由海南自由贸易港离境的出口应税商品，征收出口关税。

【释义】　本条是关于海南自由贸易港进出口关税的规定。

就贸易自由化便利化而言，货物贸易的零关税是自由贸易港普遍采取的措施。如新加坡，货物从海外进入自由贸易区，如果不在应税范围内，不需要报税；货物从自由贸易区到海外，如果不在应税范围内，海外货物不需要报税，国内货物以零税率的要求报税。香港的"零关税"政策更为典型，只对饮用酒类、烟草、碳氢油类和甲醇四类货物征收进口关税，其他货物进入香港均无须缴付关税。此外，WTO 和我国已签订或者加入的自由贸易协定也对成员国之间互免关税作出了安排。海南自由贸易港作为我国最高水平的开放形态，"零关税"政策是其必备的制度特征。按照《海南自由贸易港建设总体方案》的制度设计，"零关税"的制度要分步骤分阶段实施。

全岛封关运作、简并税制后，对进口征税商品实行清单管理，由国务院财政部门会同国务院有关部门和海南省制定进口征税商品目录,对商品种类和进口关税税率作出设计,目录内的商品进入海南自由贸易港按照规定征收进口关税,目录外的商品进入海南自由贸易港免征进口关税。目前,货物由境外进口至我国的一般海关监管区域,一般应当征收进口关税、进口环节增值税,属于征收消费税商品的,还应当缴纳消费税。海南自由贸易港全岛封关运作后,税制相应简化,按照本法第 27 条的规定,将增值税、消费税、车辆购置税、城市维护建设税及教育费附加等税费进行简并,在货物和服务零售环节征收销售税,不再征收增值税、消费税。因此,货物由境外进入海南自由贸易港,免征进口关税,不再有增值税、消费税。

全岛封关运作、简并税制前,对部分进口商品,免征进口关税、进口环节增值税和消费税。免征关税的政策分两步实施,全岛封关运作前对部分进口商品的“零关税”政策,既是海南自由贸易港建设的早期收获之一,也是为全岛封关运作后,大规模免征关税进行压力测试的需要。《海南自由贸易港建设总体方案》中规定,除法律法规和相关规定明确不予免税、国家规定禁止进口的商品外,对企业进口自用的生产设备,实行“零关税”负面清单管理;对岛内进口用于交通运输、旅游业的船舶、航空器等营运用交通工具及游艇,实行“零关税”正面清单管理;对岛内进口用于生产自用或以“两头在外”模式进行生产加工活动(或服务贸易过程中)所消耗的原辅料,实行“零关税”正面清单管理;对岛内居民消费的进境商品,实行正面清单管理,允许岛内免税购买。简化而言是“三正一负”清单。目前,财政部、海关总署、国家税务总局印发了《关于海南自由贸易港原辅料“零关税”政策的通知》《关于海南自由贸易港交通工具及游艇“零关税”政策的通知》《关于海南自由贸易港自用生产设备“零关税”政策的通知》,对其中的3张清单予以落实,对实行“零关税”清单管理的货物及物品,免征进口关税、进口环节增值税和消费税。全岛封关运作前,税制体系还未发生变化,共有18个税种,关税、增值税、消费税等并存。因此,对部分进口商品,免征的税种包括进口关税、进口环节的增值税和消费税。清单内容由有关部门根据海南实际需要和监管条件进行动态调整。“零关税”进口的商品应当按照规定用途使用,不得擅自倒卖或者移作他用等,如果进入内地使用应当按照规定办理相关海关手续。

对由海南自由贸易港离境的出口应税商品,征收出口关税。我国是贸易大国,总体上是鼓励出口的,但是出于对资源环境的保护,对一些高耗能、高污染和资源型的物资,为避免盲目出口,有必要通过征收关税的方式进行一定限制,如铅、铝、铜制品、锌矿砂、稀土等。相比于进口,这部分商品是非常少的。根据《进出口税则(2019)》,征收出口关税的商品有102种,而进口商品征税商品有8549种。海南自由贸易港与境外之间设立“一线”,从海南自由贸易港离境的货物、物品按出口管理,因此,对于出口应税商品,从海南自由贸易港离境的,应当征收出口关税。

第二十九条　货物由海南自由贸易港进入内地,原则上按照进口征税;但是,对鼓励类产业企业生产的不含进口料件或者含进口料件在海南自由贸易港加工增值达到一定比例的货物,免征关税。具体办法由国务院有关部门会同海南省制定。

货物由内地进入海南自由贸易港,按照国务院有关规定退还已征收的增值税、消费税。

全岛封关运作、简并税制前，对离岛旅客购买免税物品并提货离岛的，按照有关规定免征进口关税、进口环节增值税和消费税。全岛封关运作、简并税制后，物品在海南自由贸易港和内地之间进出的税收管理办法，由国务院有关部门会同海南省制定。

【释义】 本条是关于货物、物品在海南自由贸易港与内地之间进出的税收制度安排的规定。

海南自由贸易港实行"一线"放开、"二线"管住的贸易制度。在境外与海南自由贸易港之间，海南自由贸易港与内地之间，分线管理，实行不同的征税制度。

本法第14条规定，货物由海南自由贸易港进入内地，原则上按进口规定办理相关手续。相应地，货物由海南自由贸易港进入内地，也要按照进口征税。这样规定，是因为在"一线""零关税"的前提下，如果货物进入"二线"不按照进口征税的话，境外货物可以不征税经海南自由贸易港进入内地，其严重影响我国的货物贸易秩序和税收制度，也将破坏我国已经加入或者签订的国际条约所确立的贸易规则。因此，货物由海南自由贸易港进入内地，需要按照进口征税。按照进口征税，是指按照《进出口税则(2019)》征收进口关税①及其他有关税收的规范性文件征收进口环节税。但是，货物由海南自由贸易港进入内地按照进口征税是一般原则，有些例外情况不需要征收关税。对鼓励类产业企业生产的不含进口料件或者含进口料件在海南自由贸易港加工增值达到一定比例的货物，免征关税。2021年1月，国家发展改革委、财政部、国家税务总局发布了《海南自由贸易港鼓励类产业目录(2020年本)》，海南自由贸易港的鼓励类产

① 按照《进出口税则(2019)》，进口关税税率分为最惠国税率、协定税率、特惠税率、普通税率、配额税率、暂定税率。

业目录由两部分组成:一是国家现有产业目录中的鼓励类产业,包括《产业结构调整指导目录(2019 年本)》中的鼓励类产业和《鼓励外商投资产业目录(2019 年版)》中的产业;二是海南自由贸易港新增鼓励类产业目录,包括农、林、牧、渔业,制造业,建筑业,批发和零售业,交通运输、仓储和邮政业,住宿和餐饮业,信息传输、软件和信息技术服务业,金融业,租赁和商务服务业等 14 大类共 143 项业务。对从事这些业务的企业生产的不含进口料件或者含进口料件在海南自由贸易港加工增值超过 30%(含)的货物,经"二线"进入内地免征进口关税,但是要照章征收进口环节增值税、消费税。目前,加工增值免税的政策在洋浦保税港区实施。2021 年 7 月,海关总署印发了《海关对洋浦保税港区加工增值货物内销税收征管暂行办法》。按照该办法的规定,在洋浦保税港区登记注册,以海南自由贸易港鼓励类产业目录中规定的产业项目为主营业务,且主营业务收入占企业收入总额 60%以上的企业,对含有进口料件的货物进行制造、加工后的增值部分,超过进口料件和境内区外采购料件价值合计的 30%(含 30%)的,货物出区内销的,免征进口关税,照章征收进口环节增值税、消费税。加工增值超过 30%的计算公式为:[(货物出区内销价格-Σ 境外进口料件价格-Σ 境内区外采购料件价格)/(Σ 境外进口料件价格+Σ 境内区外采购料件价格)]×100%≥30%。

货物由内地进入海南自由贸易港,退还在内地已经征收的增值税、消费税。海南自由贸易港全岛封关运作、简并税制后,将与内地实行不同的税收制度,不再征收增值税、消费税,而是在货物和服务零售环节征收销售税。境外货物由"一线"进入海南自由贸易港,一般退还在其他国家和地区已经征收的流转税,不含流转税进入海南自由贸易港,内地货物进入海南自由贸易港,如果不退还在内地已经征收的增值税、消费税,会产生与境外货物在税负上不平衡的现象，在岛内再征收销售税，也会产生重复征税的问题；同时，内地货物出口到境外，按照我国的税收管理法律法规，实行出口退税，由境外再进入海南自由贸易港，不含国内增值税、消费税，如果内地直接入岛不退税，也可能产生海南经由境外购买内地货物的问题。关于内地部分货物进入海南岛和横琴、平潭退税，国务院有关部门已经出台了有关规定并有实践操作。根据财政部、交通运输部、国家税务总局《关于海南自由贸易港国际运输船舶有关增值税政策的通知》，境内建造船舶企业向企业销售船舶，该船舶在“中国洋浦港”登记并从事国际运输和港澳台运输业务的，实行增值税退税政策，由购进船舶的运输企业持有关证明材料向主管税务机关申请退税。根据财政部、海关总署、国家税务总局《关于横琴、平潭开发有关增值税和消费税政策的通知》，除内地销往横琴、平潭不予退税的货物外，内地销往横琴、平潭与生产有关的货物，视同出口，实行增值税和消费税退税政策，由购买企业向税务机关申报退税。因此，为平衡内地货物与境外货物的税负，保证内地货物与境外货物在海南自由贸易港的平等竞争，保持内地与海南自由贸易港的紧密联系，规定内地货物入岛按照国务院有关规定退还已征收的增值税、消费税。

物品在海南自由贸易港与内地之间流转，区分阶段作出制度安排。目前，海南自由贸易港实行离岛免税购物政策。根据财政部、海关总署、国家税务总局于2020年6月发布的《关于海南离岛旅客免税购物政策的公告》，离岛免税政策是指对乘飞机、火车、轮船离岛（不包括离境）旅客实行限值、限量、限品种免进口税购物，在实施离岛免税政策的免税商店内或经批准的网上销售窗口付款，在机场、火车站、港口码头指定区域提货离岛的税收优惠政策。离岛免税政策免税税种为关税、进口环节增值税和消费税。离岛旅客每年每人免税购物额度为10万元人民币,不限次数。离岛免税商店在省内机场、火车站和港口码头前往内地的隔离区设有提货点,旅客需进入隔离区后,在提货点办理所购免税品提取手续,并一次性随身携带离岛。在隔离区离岛免税商店购买可即买即提携带离岛。2021年2月,财政部、海关总署、国家税务总局发布了《关于增加海南离岛旅客免税购物提货方式的公告》,增加海南离岛旅客免税购物提货方式:离岛旅客购买免税品可选择邮寄送达方式提货;岛内居民离岛前购买免税品,可选择返岛提取。在海南自由贸易港全岛封关运作、简并税制前,离岛免税购物按照上述规范性文件实施。按照本法规定,海南自由贸易港全岛封关运作、简并税制后,对进口征税商品目录以外的货物免征关税,不再征收增值税、消费税,而在零售环节征收销售税,物品在海南自由贸易港与内地之间进出的具体税收政策还需要根据税制变化调整,具体办法由国务院有关部门会同海南省制定。

第三十条　对注册在海南自由贸易港符合条件的企业,实行企业所得税优惠;对海南自由贸易港内符合条件的个人,实行个人所得税优惠。

【释义】　本条是关于海南自由贸易港对企业和个人实行所得税优惠的规定。

国际主要自由贸易港普遍适用有竞争力的税收政策。新加坡的企业所得税税率为17%,对符合条件的从事对外贸易的企业仅征收10%的企业所得税,并且伴有一系列的减免税政策;个人所得税税率最高不超过20%。我国香港特别行政区的企业所得税税率为16.5%,对企业的首200万元应税所得减半征收,即企业的首200万元应税税率为8.25%;个人所得税实行从2%到17%的五档累进税率。迪拜国际金融中心内的企业和雇员享受50年的免税政策,50年的零税率同样及于与国际金融中心外任何实体进行的财产交易、利润、工资等收益;其他10个创意集群组成的多元化自由贸易区内的企业和个人享受50年免交所得税的优惠政策。

根据我国的《企业所得税法》,企业所得税的税率为25%;符合条件的小型微利企业,减按20%的税率征收企业所得税;国家需要重点扶持的高新技术企业,减按15%的税率征收企业所得税。根据《个人所得税法》,对个人的综合所得,适用3%至45%的超额累进税率;经营所得,适用5%至35%的超额累进税率;利息、股息、红利所得,财产租赁所得,财产转让所得和偶然所得,适用比例税率,税率为20%。海南自由贸易港的企业所得税和个人所得税均将在上述基础上予以优惠。

关于企业所得税优惠,按照《海南自由贸易港建设总体方案》的部署,2025年前,企业所得税有以下三项优惠措施:一是,对注册在海南自由贸易港并实质性运营的鼓励类产业企业,减按15%征收企业所得税。根据2020年6月财政部、国家税务总局发布的《关于海南自由贸易港企业所得税优惠政策的通知》,鼓励类产业企业,是指以《海南自由贸易港鼓励类产业目录》中规定的产业项目为主营业务,且其主营业务收入占企业收入总额60%以上的企业。所称实质性运营,是指企业的实际管理机构设在海南自由贸易港,并对企业生产经营、人员、账务、财产等实施实质性全面管理和控制。对不符合实质性运营的企业,不得享受优惠。对总机构设在海南自由贸易港的符合条件的企业,仅就其设在海南自由贸易港的总机构和分支机构的所得,适用15%税率；对总机构设在海南自由贸易港以外的企业，仅就其设在海南自由贸易港内的符合条件的分支机构的所得，适用15%税率。二是，对在海南自由贸易港设立的旅游业、现代服务业、高新技术产业企业新增境外直接投资所得，免征企业所得税。新增境外直接投资所得应当是从境外新设分支机构取得的营业利润，或从持股比例超过20%(含)的境外子公司分回的，与新增境外直接投资相对应的股息所得，且被投资国(地区)的企业所得税法定税率不低于5%。三是，对企业符合条件的资本性支出，允许在支出发生当期一次性税前扣除或加速折旧和摊销。具体是对在海南自由贸易港设立的企业，新购置(含自建、自行开发)的除房屋、建筑物之外的固定资产或无形资产，单位价值不超过500万元(含)的，允许一次性计入当期成本费用在计算应纳税所得额时扣除，不再分年度计算折旧和摊销；新购置(含自建、自行开发)固定资产或无形资产，单位价值超过500万元的，可以缩短折旧、摊销年限或采取加速折旧、摊销的方法。这样可以通过增加成本减少计税利润，减少企业当年的税收压力，从而减少资金的压力。2035年前，对注册在海南自由贸易港并实质性运营的企业(负面清单企业除外)，仍然减按15%征收企业所得税。也就是说，不再限于鼓励类产业企业，所有注册在海南自由贸易港并实质性运营的企业都按15%征收企业所得税。

关于个人所得税优惠，在2025年前，对在海南自由贸易港工作的高端人才和紧缺人才，其个人所得税实际税负超过15%的部分，予以免征。根据财政部、国家税务总局2020年6月发布的《关于海南自由贸易港高端紧缺人才个人所得税政策的通知》，享受上述优惠政策的所得包括源于海南自由贸易港的综合所得(包括工资薪金、劳务报酬、稿酬、特许权使用费四项所得)、经营所得以及经海南省认定的人才补贴性所得。根据海南省人民政府2020年8月发布的《海南自由贸易港享受个人所得税优惠政策高端紧缺人才清单管理暂行办法》，享受个人所得税优惠政策的高端人才和紧缺人才，须在海南自由贸易港工作并一个纳税年度内在海南自由贸易港连续缴纳基本养老保险等社会保险6个月以上（须包含本年度12月当月），且与在海南自由贸易港注册并实质性运营的企业或单位签订1年以上的劳动合同或聘用协议等劳动关系证明材料。无法缴纳社会保险的境外高端人才和境外紧缺人才，须提供与在海南自由贸易港注册并实质性运营的企业或单位签订的1年以上劳动合同或聘用协议等劳动关系证明材料。高端人才还应当属于海南省各级人才管理部门所认定的人才且一个纳税年度内在海南自由贸易港收入达到30万元人民币以上；紧缺人才还应当符合海南自由贸易港行业紧缺人才需求目录范围。符合上述条件，方能享受个人所得税优惠。2035年前，对一个纳税年度内在海南自由贸易港累计居住满183天的个人，其取得源于海南自由贸易港范围内的综合所得和经营所得，按照3%、10%、15%三档超额累进税率征收个人所得税。

需要说明的是，本条对注册在海南自由贸易港符合条件的企业和符合条件的个人实行所得税优惠作了原则规定，为政策的调整留有空间。随着经济形势的发展变化，海南自由贸易港还可以实行更有吸引力的所得税税收优惠。

第三十一条　海南自由贸易港建立优化高效统一的税收征管服务体系，提高税收征管服务科学化、信息化、国际化、便民化水平，积极参与国际税收征管合作，提高税收征管服务质量和效率，保护纳税人的合法权益。

【释义】 本条是关于海南自由贸易港税收征管服务的规定。

海南自由贸易港实行特殊的税收制度,“简税制、零关税、低税率”税收政策是制度设计的核心,其顺畅运行,需要优化高效统一的税收征管服务体系予以保驾护航。提高税收征管服务质量和效率,一方面是稳定海南自由贸易港税收来源,防范税基侵蚀和利润转移的实际需要;另一方面也是打造海南自由贸易港法治化、国际化、便利化的营商环境和公平统一高效的市场环境的重要举措。

近年来,我国税收制度改革不断深化,税收征管体制持续优化,纳税服务和税务执法的规范性、便捷性、精准性不断提升。为深入推进税务领域“放管服”改革,完善税务监管体系,更好服务市场主体发展,2021 年 3 月,中共中央办公厅、国务院办公厅印发《关于进一步深化税收征管改革的意见》,该意见中提出,着力建设高集成功能、高安全性能、高应用效能的智慧税务,深入推进精确执法、精细服务、精准监管、精诚共治,大幅提高税法遵从度和社会满意度,明显降低征纳成本,充分发挥税收在国家治理中的基础性、支柱性、保障性作用,为推动高质量发展提供有力支撑。

关于提高税收征管服务科学化、信息化、国际化、便民化水平,该意见提出了具体方向:坚持依法治税,善于运用法治思维和法治方式深化改革,不断优化税务执法方式,着力提升税收法治化水平;坚持为民便民,进一步完善利企便民服务措施,更好满足纳税人缴费人合理需求;坚持问题导向,着力补短板强弱项,切实解决税收征管中的突出问题;坚持改革创新,深化税务领域“放管服”改革,推动税务执法、服务、监管的理念和方式手段等全方位变革;坚持系统观念,统筹推进各项改革措施,整体性集成式提升税收治理效能。在实现路径上,意见提出,全面推进税收征管数字化升级和智能化改造,充分运用大数据、云计算、人工智能、移动互联网等现代信息技术,着力推进内外部涉税数据汇聚联通、线上线下有机贯通,驱动税务执法、服务、监管制度创新和业务变革,进一步优化组织体系和资源配置。稳步实施发票电子化改革。2021 年建成全国统一的电子发票服务平台,24 小时在线免费为纳税人提供电子发票申领、开具、交付、查验等服务。制定出台电子发票国家标准,有序推进铁路、民航等领域发票电子化,2025 年基本实现发票全领域、全环节、全要素电子化,着力降低制度性交易成本。深化税收大数据共享应用。探索区块链技术在社会保险费征收、房地产交易和不动产登记等方面的应用,并持续拓展在促进涉税涉费信息共享等领域的应用。不断完善税收大数据云平台,加强数据资源开发利用,持续推进与国家及有关部门信息系统互联互通。

海南自由贸易港要按照意见提出的方向和路径建立优化高效统一的税收征管服务体系,按实质经济活动所在地和价值创造地原则对纳税行为进行评估和预警,制定简明易行的实质经营地、所在地居住判定标准,强化对偷漏税风险的识别,防范税基侵蚀和利润转移,避免成为"避税天堂"。同时,要严格规范税务执法行为,不断提升税务执法精确度,加强税务执法区域协同,强化税务执法内部控制和监督;切实减轻办税缴费负担,全面改进办税缴费方式,持续压减纳税缴费次数和时间,积极推行智能型个性化服务,切实提高税收征管服务质量和效率,维护纳税人的合法权益。

关于开展国际税收合作,中共中央办公厅、国务院办公厅印发的《关于进一步深化税收征管改革的意见》提出,深度参与数字经济等领域的国际税收规则和标准制定,持续推动全球税收治理体系建设。落实防止税基侵蚀和利润转移行动计划,严厉打击国际逃避税,保护外资企业合法权益,维护我国税收利益。不断完善“一带一路”税收征管合作机制,支持发展中国家提高税收征管能力。进一步扩大和完善税收协定网络,加大跨境涉税争议案件协商力度,实施好对所得避免双重征税的双边协定,为高质量“引进来”和高水平“走出去”提供支撑。目前,我国已与多个国家签署了税收协定和议定书,在高端国际经济会议和领导人峰会上也多次发表关于税收合作的声明,在税收合作领域,国家和地区间的交流与合作日益频繁。国家支持海南自由贸易港服务国家对外开放大局和履行国际义务的需要,积极参与国际税收征管合作,加强涉税情报信息共享,为打造良好的国际税收环境贡献一份力量。

第五章　生态环境保护

第三十二条　海南自由贸易港健全生态环境评价和监测制度，制定生态环境准入清单，防止污染，保护生态环境；健全自然资源资产产权制度和有偿使用制度，促进资源节约高效利用。

【释义】　本条是关于海南自由贸易港生态保护和资源利用的规定。

一、健全生态环境评价和监测制度

生态环境评价和监测是了解、掌握、评估生态环境质量状况的基本手段，是生态环境信息的重要来源，也是生态环境保护决策的重要依据，在生态环境保护制度中具有基础性地位。我国从20世纪70年代就开展了生态环境监测评价工作，但由于长期以来生态环境监测事权主要在地方，各地区监测指标不一致，技术力量参差不齐，监测数据的科学性和权威性有待提高。党的十八大以来，党中央高度重视生态环境评价和监测工作，实施了一系列制度创新，推进生态环境监测网络建设，实行省以下环保机构监测监察垂直管理制度，提高环境监测数据质量等一批重要改革举措。2015年4月中共中央、国务院印发的《关于加快推进生态文明建设的意见》，对加强生态环境评价和监测作出部署:加强统计监测,建立生态文明综合评价指标体系;加快推进对能源、矿产资源、水、大气、森林、草原、湿地、海洋和水土流失、沙化土地、土壤环境、地质环境、温室气体等的统计监测核算能力建设;加快重点用能单位能源消耗在线监测体系建设;建立循环经济统计指标体系、矿产资源合理开发利用评价指标体系;利用卫星遥感等技术手段,对自然资源和生态环境保护状况开展全天候监测,健全覆盖所有资源环境要素的监测网络体系;提高环境风险防控和突发环境事件应急能力,健全环境与健康调查、监测和风险评估制度;定期开展全国生态状况调查和评估;加大各级政府预算内投资等财政性资金对统计监测等基础能力建设的支持力度。同年 7 月,国务院办公厅印发了《生态环境监测网络建设方案》,对完善生态环境监测网络、实现生态环境监测信息集成共享、建立生态环境监测与监管联动机制、健全生态环境监测制度与保障体系等提出了要求。海南自由贸易港应当根据党中央部署,不断完善生态环境评价和监测体系,强化评价和监测能力建设,加快构建陆海统筹、天地一体、上下协同、信息共享的生态环境监测网络,确保监测数据"真、准、全",为强化生态环境保护提供技术支撑和制度保障。

二、制定生态环境准入清单

生态环境准入清单,是指基于环境管控单元,统筹考虑生态保护红线、环境质量底线、资源利用上线的管控要求,提出的空间布局、污染物排放、环境风险、资源开发利用等方面禁止和限制的环境准入要求。党的十九大报告强调,要构建国土空间开发保护制度,坚决制止和惩处破坏生态环境的行为。2018 年 6 月,中共中央、国务院《关于全面加强生态环境保护坚决打好污染防治攻坚战的意见》提出,省级党委和政府加快确定生态保护红线、环境质量底线、资源利用上线，制定生态环境准入清单。生态环境准入清单就是通过清单，确定一个地方在生态环境资源约束下能干什么、不能干什么，通过清单式的硬约束，对某一区域的国土空间开发提出刚性要求，把生态环境的硬约束挺立在建设项目的前面，这既是对当地政府及相关部门提出的明确要求，也有助于相关投资单位和社会公众建立良好的心理预期。

2021 年 2 月，海南省制定了《关于海南省"三线一单"生态环境分区管控的实施意见》，提出要制定全省、五大片区、18 个市县和洋浦经济开发区及各环境管控单元四个层次的生态环境准入清单，并对落实生态环境准入清单提出要求。海南自由贸易港编制生态环境准入清单，要充分结合海南自由贸易港的战略定位和国土空间规划，明确哪些问题与生态环境保护相冲突，哪些地方需要管控、怎么管控等要求，把这些问题和相应的管控要求落实在具体的行业、领域以及具体的空间范围内，切实保护好生态环境。

三、健全自然资源资产产权制度和有偿使用制度

1. 健全自然资源资产产权制度

自然资源资产产权制度是加强生态保护、促进生态文明建设的重要基础性制度。改革开放以来，我国自然资源资产产权制度逐步建立，在促进自然资源节约集约利用和有效保护方面发挥了积极作用，但也存在自然资源资产底数不清、所有者不到位、权责不明晰、权益不落实、监管保护制度不健全等问题，导致产权纠纷多发、资源保护乏力、开发利用粗放、生态退化严重。为健全自然资源资产产权制度，2019 年 4 月，中共中央办公厅、国务院办公厅印发了《关于统筹推进自然资源资产产权制度改革的指导意见》，对自然资源资产的产权体系、产权主体、调查监

测、确权登记、整体保护、集约利用、系统修复、监管体系等作了规定，明确了改革方向，提出了改革举措，规定了保障措施。海南自由贸易港应当按照党中央部署，完善自然资源资产产权体系，落实产权主体，做好调查监测和确权登记等基础性工作，促进自然资源集约开发利用，加强监督管理，加快构建系统完备、科学规范、运行高效的自然资源资产产权制度体系。

2. 健全自然资源资产有偿使用制度

全民所有自然资源是《宪法》和法律规定属于国家所有的各类自然资源，主要包括国有土地资源、水资源、矿产资源、国有森林资源、国有草原资源、海域海岛资源等。自然资源资产有偿使用制度是生态文明制度体系的一项重要制度。随着社会主义市场经济体制的建立和逐步完善，我国全民所有自然资源资产有偿使用制度逐步建立，在促进自然资源保护和合理利用、维护所有者权益方面发挥了积极作用，但由于有偿使用制度不完善、监管力度不足，还存在市场配置资源的决定性作用发挥不充分、所有权人职责模糊、管理不规范等问题。为健全自然资源有偿使用制度，2016 年 12 月，国务院印发的《关于全民所有自然资源资产有偿使用制度改革的指导意见》提出，除国家法律和政策规定可划拨或无偿使用的情形外，全面实行有偿使用，充分发挥市场配置资源的决定性作用，并对国有土地资源、水资源、矿产资源、森林资源、国有草原资源、海域海岛等各类自然资源的有偿使用制度改革作出部署。海南自由贸易港应当充分发挥自然资源丰富的优势，发挥市场配置资源的决定性作用和更好发挥政府作用，以保护优先、合理利用、维护权益和解决问题为导向，坚持依法管理、用途管制，进一步明晰产权、丰富权能，强化市场配置、完善产权规则，加快健全自然资源资产有偿使用制度，提升自然资源保护和合理利用水平，切实维护国家所有者权益。

第三十三条　海南自由贸易港推进国土空间规划体系建设，实行差别化的自然生态空间用途管制，严守生态保护红线，构建以国家公园为主体的自然保护地体系，推进绿色城镇化、美丽乡村建设。

海南自由贸易港严格保护海洋生态环境，建立健全陆海统筹的生态系统保护修复和污染防治区域联动机制。

【释义】 本条是关于海南自由贸易港生态保护的规定。

一、推进国土空间规划体系建设

国土空间规划是国家空间发展的指南、可持续发展的空间蓝图，是各类开发保护建设活动的基本依据。建立国土空间规划体系并监督实施，将主体功能区规划、土地利用规划、城乡规划等空间规划融合为统一的国土空间规划，实现"多规合一"，强化国土空间规划对各专项规划的指导约束作用，是党中央、国务院作出的重大部署。按照党中央关于"多规合一"的决策部署，2017 年 1 月，中共中央办公厅、国务院办公厅印发了《省级空间规划试点方案》，在海南、浙江等 9 个省探索省级层面的"多规合一"试点。在试点中，海南通过融合主体功能区规划、生态保护红线规划、城镇体系规划、土地利用总体规划、林地保护利用规划、海洋功能区划与海岛保护规划六类空间规划，编制了《海南省总体规划（空间类 2015—2030）》和各市县总体规划。

在总结试点经验的基础上，2019 年 5 月中共中央、国务院印发的《关于建立国土空间规划体系并监督实施的若干意见》，对建立国土空间规划体系进行了全面部署，明确了建立国土空间规划体系的主要目标、总体框架、编制要求、实施与监管等。该意见提出，将主体功能区规划、土地利用规划、城乡规划等空间规划融合为统一的国土空间规划，国土空间规划体系包括总体规划、详细规划和相关专项规划，即国家、省、市县编制国土空间总体规划，各地结合实际编制乡镇国土空间规划；在市县及以下编制详细规划；强化国土空间规划对各专项规划的指导约束作用，以空间利用为主的某一领域专项规划，由国家、省和市县相关主管部门组织编制。海南自由贸易港应当在前期"多规合一"试点的基础上，进一步推动国土空间规划体系建设，强化规划权威，健全用途管制制度，推进"放管服"改革，加强规划实施，尽快形成以国土空间规划为基础，以统一用途管制为手段的国土空间开发保护制度，提升国土空间治理体系和治理能力现代化水平。

二、实行差别化的自然生态空间用途管制

自然生态空间一般是指具有自然属性、以提供生态服务或生态产品为主体功能的国土空间，包括森林、草原、湿地、河流、湖泊、海洋、荒地、荒漠、戈壁、冰川、高山冻原、无居民海岛等。健全国土空间用途管制制度，严格保护各类自然生态空间，是保护生态环境、推进生态文明建设的重要途径。2013 年 11 月，中共中央《关于全面深化改革若干重大问题的决定》提出，建立空间规划体系，划定生产、生活、生态空间开发管制界限，落实用途管制。2015 年 4 月中共中央、国务院印发的《关于加快推进生态文明建设的意见》提出，完善自然资源资产用途管制制度，明确各类国土空间开发、利用、保护边界，实现能源、水资源、矿产资源按质量分级、梯级利用；严格节能评估审查、水资源论证和取水许可制度；坚持并完善最严格的耕地保护和节约用地制度，强化土地利用总体规划和年度计划管控，加强土地用途转用许可管理；完善矿产资源规划制度，强化矿产开发准入管理。2015 年

9 月，中共中央、国务院印发的《生态文明体制改革总体方案》提出，健全国土空间用途管制制度，简化自上而下的用地指标控制体系，调整按行政区和用地基数分配指标的做法；将开发强度指标分解到各县级行政区，作为约束性指标，控制建设用地总量；将用途管制扩大到所有自然生态空间，划定并严守生态红线，严禁任意改变用途，防止不合理开发建设活动对生态红线的破坏；完善覆盖全部国土空间的监测系统，动态监测国土空间变化。对相关国土空间实行用途管制，现行有关法律已作了有关规定，比如，《土地管理法》规定，国家实行土地用途管制制度，严格限制农用地转为建设用地，控制建设用地总量，对耕地实行特殊保护。《森林法》也规定，不得非法改变林地用途，占用林地应当经县级以上人民政府林业主管部门审核同意，依法办理建设用地审批手续。

三、构建以国家公园为主体的自然保护地体系

国家公园，是指由国家批准设立并主导管理，以保护具有国家代表性的大面积自然生态系统为主要目的，实现自然资源科学保护和合理利用的特定陆地或海洋区域，是我国自然生态系统中最重要、自然景观最独特、自然遗产最精华、生物多样性最富集的部分。自然保护地是生态建设的核心载体、中华民族的宝贵财富、美丽中国的重要象征，在维护国家生态安全中居于首要地位。我国经过 70 多年的努力，已经建立数量众多、类型丰富、功能多样的各级各类自然保护地，在保护生物多样性、保存自然遗产、改善生态环境质量和维护国家生态安全方面发挥了重要作用，但仍然存在重叠设置、多头管理、边界不清、权责不明、保护与发展矛盾突出等问题。建立以国家公园为主体的自然保护地体系，是党的十九大提出的重大改革任务。2019 年 6

月，中共中央办公厅、国务院办公厅印发了《关于建立以国家公园为主体的自然保护地体系的指导意见》，对自然保护地体系、管理体制、监督考核、保障措施等作出全面部署。自然保护地按生态价值和保护强度高低依次分为三类：国家公园、自然保护区、自然公园，并根据不同类型采取不同的保护措施：国家公园和自然保护区实行分区管控，原则上核心保护区内禁止人为活动，一般控制区内限制人为活动；自然公园原则上按一般控制区管理，限制人为活动。建立以国家公园为主体的自然保护地体系，要对现有的自然保护区、风景名胜区、地质公园、森林公园、海洋公园、湿地公园、冰川公园、草原公园、沙漠公园、草原风景区、水产种质资源保护区、野生植物原生境保护区（点）、自然保护小区、野生动物重要栖息地等各类自然保护地进行梳理调整和归类，逐步形成以国家公园为主体、自然保护区为基础、各类自然公园为补充的自然保护地分类系统。要确立国家公园主体地位，国家公园建立后，在相同区域一律不再保留或设立其他自然保护地类型。

2019 年，海南开始试点建立海南热带雨林国家公园，建立了热带雨林国家公园管理局，并制定了公园管理条例，积累了国家公园建设的经验。海南自由贸易港应当进一步加强顶层设计，理顺管理体制，创新运行机制，强化监督管理，完善政策支撑，建立分类科学、布局合理、保护有力、管理有效的以国家公园为主体的自然保护地体系，确保重要自然生态系统、自然遗迹、自然景观和生物多样性得到系统性保护。

四、推进绿色城镇化、美丽乡村建设

1. 推进绿色城镇化建设

2015 年 4 月，中共中央、国务院印发的《关于加快推进生态文明建设的意见》提出,大力推进绿色城镇化。绿色城镇化建设主要包括以下几个方面的内容:(1)构建科学合理的城镇化宏观布局,严格控制特大城市规模,增强中小城市承载能力,促进大中小城市和小城镇协调发展。(2)合理布局城镇各类空间,尽量减少对自然的干扰和损害。(3)保护自然景观,传承历史文化,提倡城镇形态多样性,保持特色风貌,防止“千城一面”。(4)科学确定城镇开发强度,提高城镇土地利用效率、建成区人口密度,划定城镇开发边界,从严供给城市建设用地,推动城镇化发展由外延扩张式向内涵提升式转变。(5)强化节能理念,大力发展绿色建筑和低碳、便捷的交通体系,推进绿色生态城区建设,提高城镇供排水、防涝、雨水收集利用、供热、供气、环境等基础设施建设水平。(6)提高城镇污水、垃圾处理能力以及建设、运行、管理水平。(7)加强城乡规划管理,维护规划的权威性,杜绝大拆大建。

2. 推进美丽乡村建设

《乡村振兴促进法》第34条规定,国家健全重要生态系统保护制度和生态保护补偿机制,实施重要生态系统保护和修复工程,加强乡村生态保护和环境治理,绿化美化乡村环境,建设美丽乡村。近年来,党中央相关文件多次提出,要加快美丽乡村建设。2018年中共中央、国务院印发的《关于实施乡村振兴战略的意见》和《乡村振兴战略规划(2018—2022年)》,对建设美丽乡村作了部署,主要包括以下几个方面:(1)推进农业绿色发展,强化资源保护与节约利用,推进农业清洁生产,集中治理农业环境突出问题。(2)持续改善农村人居环境,加快补齐农村垃圾处理等突出短板,着力提升村容村貌,建立健全整治长效机制。(3)加强乡村生态保护与修复,实施退耕还林还草等重要生态系统保护和修复重大工程,健全天然林保护等重要生态系统保护制度,健全生态保护补偿机制，充分发挥自然资源多重效益。

五、建立生态系统保护修复和污染防治区域联动机制

2013 年 11 月，中共中央《关于全面深化改革若干重大问题的决定》提出，建立陆海统筹的生态系统保护修复和污染防治区域联动机制。2015 年 4 月，中共中央、国务院《关于加快推进生态文明建设的意见》提出，坚持“点上开发、面上保护”，控制海洋开发强度，加快调整经济结构和产业布局，提高资源集约节约利用和综合开发水平，最大程度减少对海域生态环境的影响；严格控制陆源污染物排海总量，建立并实施重点海域排污总量控制制度，加强海洋环境治理、海域海岛综合整治、生态保护修复，有效保护重要、敏感和脆弱海洋生态系统；加强船舶港口污染控制，积极治理船舶污染，增强港口码头污染防治能力；控制发展海水养殖，科学养护海洋渔业资源；开展海洋资源和生态环境综合评估；实施严格的围填海总量控制制度、自然岸线控制制度，建立陆海统筹、区域联动的海洋生态环境保护修复机制。生态环境保护是个整体，作为海岛，海南自由贸易港要做到陆海统筹，既要防治海洋污染，也要防治陆上污染，防治陆源污染物、海岸工程建设项目、海洋工程建设项目、倾倒废弃物、船舶及有关作业活动等对海洋环境的污染损害。

第三十四条　海南自由贸易港实行严格的进出境环境安全准入管理制度，加强检验检疫能力建设，防范外来物种入侵，禁止境外固体废物输入；提高医疗废物等危险废物处理处置能力，提升突发生态环境事件应急准备与响应能力，加强生态风险防控。

【释义】 本条是关于海南自由贸易港生态风险防控的规定。

一、进出境环境安全准入管理制度

进出境环境安全准入管理是防范和控制生物进出国境的重要管理制度,是生态环境安全的重要管理措施。2020 年 10 月通过的《生物安全法》对进出境环境安全准入管理作了规定:国家建立首次进境或者暂停后恢复进境的动植物、动植物产品、高风险生物因子国家准入制度;进出境的人员、运输工具、集装箱、货物、物品、包装物和国际航行船舶压舱水排放等应当符合我国生物安全管理要求。

1. 防范外来物种入侵

生态环境部发布的《2019 中国生态环境状况公报》显示,我国已发现 660 多种外来物种,每年造成的损失高达 2000 多亿元。近年来,随着我国经济的不断发展,人员交流和货物流通越来越频繁,外来物种入侵我国的速度正在加快。外来物种入侵一旦形成优势群体,将不断排挤本地物种,并最终导致本地物种灭绝,破坏生物多样性。外来物种入侵分为自然入侵和人为引进。自然入侵往往通过风、水流或者由鸟类、昆虫等携带而来。人为引进包括无意引进和有意引进。无意引进是指人们通过旅游、货物等方式无意识地将外来物种携带进来;有意引进通常是出于饲养、食用等目的引种,例如,曾经在多个水域泛滥的水葫芦最初是被作为马饲料引入我国的。《生物安全法》规定,国家加强对外来物种入侵的防范和应对,保护生物多样性;国务院农业农村主管部门会同国务院其他有关部门制定外来入侵物种名录和管理办法;国务院有关部门根据职责分工,加强对外来入侵物种的调查、监测、预警、控制、评估、清除以及生态修复等工作;

任何单位和个人未经批准,不得擅自引进、释放或者丢弃外来物种。此前,环境保护部已发布了 4 批外来入侵物种名单,共 70 个物种,一些省也发布了省级外来入侵物种名录。

2. 禁止境外固体废物输入

固体废物,通常称为“垃圾”,主要包括工业固体废物、生活垃圾、建筑垃圾、农业固体废物、危险废物等,具有量大面广、种类繁多、性质复杂和危害程度深等特点,是大气、水、土壤的重要污染来源。如果处理不当,轻则破坏生态环境,重则引发安全事故,威胁人民群众身体健康和生命安全。习近平总书记要求,要全面禁止洋垃圾入境,大幅减少进口固体废物种类和数量。2020 年 4 月修订后的《固体废物污染环境防治法》规定,禁止境外的固体废物进境倾倒、堆放、处置,国家逐步实现固体废物零进口。2020 年 11 月,生态环境部、商务部等部门发布公告,自 2021 年 1 月 1 日起,我国禁止以任何方式进口固体废物,禁止境外的固体废物进境倾倒、堆放、处置。目前,全国 18 个固体废物进口口岸已经全部取消。合法进口的通道堵住了,还要依法加强对走私行为的综合治理,切断洋垃圾“购、运、储、销”的非法利益链。海南自由贸易港要加强检验检疫能力建设,不断提高监管能力,严厉打击走私行为,防止境外固体废物输入。

二、提高危险废物处理处置能力

随着工业的发展,工业生产过程中产生的废物日益增多,危险废物如果管理不当,会造成严重污染。《固体废物污染环境防治法》对危险废物的管理作了专章规定。2020 年 11 月,生态环境部、国家发展改革委、公安部、交通运输部、国家卫健委共同发布了《国家危险废物名录(2021 年版)》,包括医药废物、农药废物、有色金属采选和冶炼废物等。危险废物的处理方法一般包括物理处理、化学处理、生物处理、热处理、固体处理等方法，需要根据不同的废物采取不同的处理方法。但无论采取什么方法，因危险废物本身自带的危险性，使危险废物的处理难度较大，需要具有一定的技术储备，还需要资金、人力等方面的巨大投入。海南自由贸易港既要为货物便利流通提供安全可靠的保障，也应当不断提高危险废物的处理处置能力，提升突发生态环境事件应急准备与响应能力，加强生态风险防控。

第三十五条　海南自由贸易港推进建立政府主导、企业和社会参与、市场化运作、可持续的生态保护补偿机制，建立生态产品价值实现机制，鼓励利用市场机制推进生态环境保护，实现可持续发展。

【释义】 本条是关于海南自由贸易港生态保护补偿机制的规定。

一、建立生态保护补偿机制

实施生态保护补偿是调动各方积极性、保护好生态环境的重要手段，是生态文明制度建设的重要内容。近年来，一些地区有序开展生态保护补偿机制建设，取得了阶段性进展。但总体来看，生态保护补偿的范围偏小、标准偏低，保护者和受益者良性互动的体制机制尚不完善，一定程度上影响了生态环境保护的成效。2015 年 4 月中共中央、国务院印发的《关于加快推进生态文明建设的意见》，对健全生态保护补偿机制提出总体要求。2016 年 4 月，国务院办公厅印发了《关于健全生态保护补偿机制的意见》，将“政府主导、社会参与”作为一项基本原则，并在森林、草原、湿地、荒漠、海洋、水流、耕地等领域建立生态保护补偿机制的重点任务作了部署。生态保护补偿机制主要包括以下几个方面：一是，完善纵向生态保护补偿制度。逐步增加对重点生态功能区转移支付，完善重点生态功能区转移支付资金分配机制；鼓励地方在依法依规前提下统筹生态领域转移支付资金，探索通过发行企业生态债券和社会捐助等方式，拓宽生态保护补偿资金渠道；通过设立符合实际需要的生态公益岗位等方式，对主要提供生态产品地区的居民实施生态补偿。二是，建立横向生态保护补偿机制。鼓励生态产品供给地和受益地按照自愿协商原则开展横向生态保护补偿，鼓励受益地区与保护生态地区通过资金补偿、对口协作、产业转移、人才培训、共建园区等方式建立横向补偿关系，健全利益分配和风险分担机制。三是，健全配套制度体系。加快建立生态保护补偿标准体系，以生态产品产出能力为基础完善测算方法，分别制定补偿标准；加强生态监测能力建设，制定和完善监测评估指标体系；建立统一的确权登记系统和权责明确的产权体系。四是建立完善相关制度。研究建立生态环境损害赔偿、生态产品市场交易等机制，健全水权、排污权、碳排放权等交易制度。

2020 年 12 月，海南省人大常委会通过了《海南省生态保护补偿条例》，海南省人民政府办公厅也印发了《海南省流域上下游横向生态保护补偿实施方案》，从制度方面对推动生态保护补偿作出安排，在生态保护补偿方面迈出了坚定步伐。下一步应当积极开展生态补偿实践，及时总结生态保护补偿机制的实践经验，不断完善生态保护补偿机制。

二、建立生态产品价值实现机制

建立健全生态产品价值实现机制，是从源头上推动生态环境领域国家治理体系和治理能力现代化的必然要求,对推动经济社会发展实现绿色转型具有重要意义。2021 年 4 月,中共中央办公厅、国务院办公厅印发了《关于建立健全生态产品价值实现机制的意见》,将"保护优先、合理利用,政府主导、市场运作"等作为基本原则,对生态产品价值实现机制作了部署。建立生态产品价值实现机制主要包括以下几个方面:一是,建立生态产品总值统计、价值核算方法、价格形成机制等生态产品价值评价体系,制定生态产品价值核算规范,推进生态产品价值核算结果在政府决策和绩效考核评价、生态保护补偿、生态环境损害赔偿、经营开发融资、生态资源权益交易等方面的应用。二是,健全生态产品经营开发机制,推进生态产品供需精准对接,拓展生态产品价值实现模式,促进生态产品价值增值,推动生态资源权益交易。三是,健全生态产品保护补偿机制,建立横向补偿,完善纵向补偿。四是,健全生态产品价值实现保障机制,建立生态产品价值考核机制,建立生态环境保护利益导向机制,加大绿色金融支持力度。

第三十六条　海南自由贸易港实行环境保护目标责任制和考核评价制度。县级以上地方人民政府对本级人民政府负有环境监督管理职责的部门及其负责人和下级人民政府及其负责人的年度考核,实行环境保护目标完成情况一票否决制。

环境保护目标未完成的地区,一年内暂停审批该地区新增重点污染物排放总量的建设项目环境影响评价文件;对负有责任的地方人民政府及负有环境监督管理职责的部门的主要责任人,一年内不得提拔使用或者转任重要职务,并依法予以处分。

【释义】 本条是关于海南自由贸易港环境保护目标责任制和考核评价制度的规定。

一、实行环境保护目标责任制和考核评价制度

环境保护目标责任制和考核评价制度是我国生态环境保护的一项重要举措，一般通过将环境保护目标、任务和措施等以签订责任书等形式分解落实到下一级政府，加强对下级政府环境保护责任落实情况的监督考核。这一举措早已有之。1989年召开的第三次全国环保会议提出，在全国推行环保目标责任制，同年颁布的《环境保护法》规定，地方各级人民政府应当对本辖区的环境质量负责。2014年修订后的《环境保护法》明确规定，国家实行环境保护目标责任制和考核评价制度。2016年12月，中共中央办公厅、国务院办公厅印发的《生态文明建设目标评价考核办法》对环境保护目标责任制和考核评价作出全面部署。生态文明建设目标评价考核实行党政同责，地方党委和政府领导成员生态文明建设一岗双责。生态文明建设目标评价考核在资源环境生态领域有关专项考核的基础上综合开展，采取评价和考核相结合的方式，实行年度评价、5年考核。

1. 关于评价

评价重点评估各地区上一年度生态文明建设进展总体情况，引导各地区落实生态文明建设相关工作，每年开展1次。年度评价按照绿色发展指标体系实施，主要评估各地区资源利用、环境治理、环境质量、生态保护、增长质量、绿色生活、公众满意程度等方面的变化趋势和动态进展，生成各地区绿色发展指数。

2. 关于考核

考核主要考察各地区生态文明建设重点目标任务完成情况，强化省级党委和政府生态文明建设的主体责任，督促各地区

自觉推进生态文明建设，每个五年规划期结束后开展1次。目标考核内容主要包括国民经济和社会发展规划纲要中确定的资源环境约束性指标，以及党中央、国务院部署的生态文明建设重大目标任务完成情况，突出公众的获得感。目标考核采用百分制评分和约束性指标完成情况等相结合的方法，考核结果划分为优秀、良好、合格、不合格四个等级，考核结果作为党政领导班子和领导干部综合考核评价、干部奖惩任免的重要依据。对考核等级为优秀的地区，给予通报表扬；对考核等级为不合格的地区，进行通报批评，并约谈其党政主要负责人，提出限期整改要求；对生态环境损害明显、责任事件多发地区的党政主要负责人和相关负责人（含已经调离、提拔、退休的），按照《党政领导干部生态环境损害责任追究办法（试行）》等规定，进行责任追究。

海南省政府早在1999年就制定了《海南省环境保护目标责任制实施办法》，对环境保护目标责任制作了系统规定。下一步应当根据《环境保护法》等相关法律规定，以及中央有关文件的要求，完善保护目标责任制和考核评价制度，并做好实施工作，推动环境保护各项工作得到有效落实。

二、实行环境保护目标完成情况一票否决制

一票否决制始于20世纪80年代，先后施行于计划生育、社会治安综合治理、农民减负、环境保护、食品安全等工作，是一项十分严格的考核手段，有利于督促各级干部切实履行职责。但实践中一些地方不断扩展一票否决制的适用范围，对基层一票否决制的考核越来越多，出现滥化现象，导致基层干部考核压力较大。针对这一情况，2019年3月，中共中央办公厅印发《关于解决形式主义突出问题为基层减负的通知》，要求严格控制一票否决事项，为基层干部松绑减压。因此，实行一票否决制要有所

为、有所不为,要充分考虑设立的必要性。

近年来,生态环境保护在我国经济社会可持续发展、人民幸福生活方面的重要性越来越大,我国不断加大对生态环境的保护力度,取得了一定成绩,但也要清醒地看到,我国生态文明建设和生态环境保护任务依然繁重艰巨,不能有丝毫放松。因此,党中央不断加大对生态保护的考核和监督检查,先后开展了多轮生态环境保护督察,持续加大对地方政府在生态环境保护方面的考核和监督,包括海南在内的一些省(区、市)也开展了生态环境保护督察。国务院有关文件也多次强调对生态环境保护实行一票否决制,2011 年印发的《关于加强环境保护重点工作的意见》、2014 年印发的《关于支持福建省深入实施生态省战略加快生态文明先行示范区建设的若干意见》都提出,实行生态环境保护一票否决制。本法对海南自由贸易港实行环境保护目标完成情况一票否决制作出规定,以最严格的考核,强化生态环境保护。

三、环境保护目标未完成的后果

(1)一年内暂停审批该地区新增重点污染物排放总量的建设项目环境影响评价文件。环境影响评价,是指对规划和建设项目实施后可能造成的环境影响进行分析、预测和评估,提出预防或者减轻不良环境影响的对策和措施,进行跟踪监测的方法与制度。环境影响评价文件,包括环境影响报告书、环境影响报告表和环境影响登记表。建设项目可能造成重大环境影响的,应当编制环境影响报告书;建设项目可能造成轻度环境影响的,应当编制环境影响报告表;建设项目对环境影响很小、不需要进行环境影响评价的,应当填报环境影响登记表。建设项目的环境影响评价文件未依法经审批部门审查或者审查后未予批准的,建设单位不得开工建设。

其他相关法律对此已经作了类似规定。《大气污染防治法》规定，对超过国家重点大气污染物排放总量控制指标或者未完成国家下达的大气环境质量改善目标的地区，省级以上人民政府生态环境主管部门应当会同有关部门约谈该地区人民政府的主要负责人，并暂停审批该地区新增重点大气污染物排放总量的建设项目环境影响评价文件。《海洋环境保护法》规定，对超过主要污染物排海总量控制指标的重点海域和未完成海洋环境保护目标、任务的海域，省级以上人民政府环境保护行政主管部门、海洋行政主管部门，根据职责分工暂停审批新增相应种类污染物排放总量的建设项目环境影响报告书(表)。

(2)对负有责任的地方人民政府及负有环境监督管理职责的部门的主要责任人，一年内不得提拔使用或者转任重要职务，并依法予以处分。2017 年 9 月，中共中央办公厅、国务院办公厅印发的《关于建立资源环境承载能力监测预警长效机制的若干意见》提出，对在生态环境和资源方面造成严重破坏负有责任的干部，不得提拔使用或者转任重要职务，视情况给予诫勉、责令公开道歉、组织处理或者党纪政纪处分。2018 年 6 月，中共中央、国务院《关于全面加强生态环境保护坚决打好污染防治攻坚战的意见》提出，对在生态环境方面造成严重破坏负有责任的干部，不得提拔使用或者转任重要职务。

第三十七条　海南自由贸易港实行生态环境损害责任终身追究制。对违背科学发展要求、造成生态环境严重破坏的地方人民政府及有关部门主要负责人、直接负责的主管人员和其他直接责任人员，应当严格追究责任。

【释义】 本条是关于海南自由贸易港生态环境损害责任终身追究制的规定。

2013年11月，中共中央《关于全面深化改革若干重大问题的决定》提出，建立生态环境损害责任终身追究制。2015年8月，中共中央办公厅、国务院办公厅印发了《党政领导干部生态环境损害责任追究办法（试行）》，对追究党政领导干部生态环境损害责任作了全面规定。根据该办法：

1. 追究地方政府主要领导成员责任的情形

（1）贯彻落实中央关于生态文明建设的决策部署不力，致使本地区生态环境和资源问题突出或者任期内生态环境状况明显恶化的；（2）作出的决策与生态环境和资源方面政策、法律法规相违背的；（3）违反主体功能区定位或者突破资源环境生态红线、城镇开发边界，不顾资源环境承载能力盲目决策造成严重后果的；（4）作出的决策严重违反城乡、土地利用、生态环境保护等规划的；（5）地区和部门之间在生态环境和资源保护协作方面推诿扯皮，主要领导成员不担当、不作为，造成严重后果的；（6）本地区发生主要领导成员职责范围内的严重环境污染和生态破坏事件，或者对严重环境污染和生态破坏（灾害）事件处置不力的；（7）对公益诉讼裁决和资源环境保护督察整改要求执行不力的；（8）其他应当追究责任的情形。

2. 追究地方政府有关领导成员责任的情形

（1）指使、授意或者放任分管部门对不符合主体功能区定位或者生态环境和资源方面政策、法律法规的建设项目审批、建设或者投产的；（2）对分管部门违反生态环境和资源方面政策、法律法规行为监管失察、制止不力甚至包庇纵容的；（3）未正确履行职责，导致应当依法由政府责令停业、关闭的严重污染环境的企业事业单位或者其他生产经营者未停业、关闭的；（4）对严重环境污染和生态破坏事件组织查处不力的；(5)其他应当追究责任的情形。

3. 追究有关工作部门领导成员责任的情形

(1)制定的规定或者采取的措施与生态环境和资源方面政策、法律法规相违背的；(2)批准开发利用规划或者进行项目审批违反生态环境和资源方面政策、法律法规的；(3)执行生态环境和资源方面政策、法律法规不力，不按规定对执行情况进行监督检查，或者在监督检查中敷衍塞责的；(4)对发现或者群众举报的严重破坏生态环境和资源的问题，不按规定查处的；(5)不按规定报告、通报或者公开环境污染和生态破坏事件信息的；(6)对应当移送有关机关处理的生态环境和资源方面的违纪违法案件线索不按规定移送的；(7)其他应当追究责任的情形。

4. 其他应当追究领导干部责任的情形

(1)限制、干扰、阻碍生态环境和资源监管执法工作的；(2)干预司法活动，插手生态环境和资源方面具体司法案件处理的；(3)干预、插手建设项目，致使不符合生态环境和资源方面政策、法律法规的建设项目得以审批、建设或者投产的；(4)指使篡改、伪造生态环境和资源方面调查和监测数据的；(5)其他应当追究责任的情形。

责任追究形式包括：诫勉、责令公开道歉；组织处理，包括调离岗位、引咎辞职、责令辞职、免职、降职等；党纪政纪处分。实行生态环境损害责任终身追究制，对违背科学发展要求、造成生态环境和资源严重破坏的，责任人无论是否已调离、提拔或者退休，都必须严格追责。需要说明的是，除了依据该办法追究党内责任，对于违法犯罪行为，还应当依法追究法律责任。

第六章　产业发展与人才支撑

第三十八条　国家支持海南自由贸易港建设开放型生态型服务型产业体系，积极发展旅游业、现代服务业、高新技术产业以及热带特色高效农业等重点产业。

【释义】　本条是关于国家支持海南自由贸易港产业体系建设的规定。

2013年，习近平总书记考察海南时指出，海南作为全国最大的经济特区，发展潜力大，要以海南国际旅游岛建设为总抓手，闯出一条跨越式发展路子来，争创中国特色社会主义实践范例，谱写美丽海南篇章。习近平总书记还明确指出，海南要加快形成以旅游业为龙头、现代服务业为主导的服务业产业体系。习近平总书记为海南自由贸易港产业体系建设清晰指明了方向。中共中央、国务院在《关于支持海南全面深化改革开放的指导意见》中明确提出，加快建立开放型生态型服务型产业体系；《海南自由贸易港建设总体方案》制度设计中对海南自由贸易港建设现代产业体系指出了具体方案，即大力发展旅游业、现代服务业和高新技术产业，不断夯实实体经济基础，增强产业竞争力。加快金融业对内对外开放，培育、提升海南金融机构服务对外开放能力，支持金融业对外开放政策在海南自由贸易港率先实施。

支持金融机构立足海南旅游业、现代服务业、高新技术产业等重点产业发展需要,创新金融产品,提升服务质效。为贯彻落实习近平总书记的重要指示精神和党中央、国务院的决策部署,本法将海南自由贸易港产业体系建设法律化、制度化,明确规定:"国家支持海南自由贸易港建设开放型生态型服务型产业体系,积极发展旅游业、现代服务业、高新技术产业以及热带特色高效农业等重点产业。"

建设开放型生态型服务型产业体系,是贯彻新发展理念推动高质量发展的重大举措。开放是与封闭相对立的概念,在开放型产业中,要素、商品与服务可以较自由地跨国界流动,对资本流动限制较少,从而实现最优资源配置和最高经济效率,既吸引外资,也对外投资,如海南举办的国际消费品博览会就是开放型的产业业态。生态型的产业就是生态文明建设,是低耗能、低污染、高附加值的绿色产业,如海南省正在推进的热带雨林国家公园的建设。服务型产业主要包括金融、旅游、文化、论坛等。

积极发展旅游业、现代服务业、高新技术产业以及热带特色高效农业等重点产业,是海南自由贸易港今后发展的主业态,这是根据海南岛资源、环境、人文、气候、地理位置等特点所作的定位。

(1)充分利用海南岛滨海旅游资源优势,积极发展旅游业。目前,海南省旅游经济发展较快,陆海空交通便利,通信和服务等旅游基础设施完备,滨海旅游企业及其支持性产业发展迅速。一系列战略和规划的实施以及优惠政策的出台,为海南省滨海旅游业带来了前所未有的发展机遇。免签证和落地签证等政策的相继实施以及国内外滨海旅游区域的积极合作也给海南滨海旅游业的发展带来积极影响。游轮经济、国际赛事、会议和旅游节庆的举办以及"海上大省"战略、国际旅游岛的建设为海南省滨海旅游业的持续发展提供了新的契机。

(2)现代服务业是相对于传统服务业而言的。传统服务业在一般认识中是指商贸、餐饮、住宿、仓储、交通运输等。现代服务业是以现代科学技术特别是信息网络技术为主要支撑,建立在新的商业模式、服务方式和管理方法上的服务产业,是随着信息化技术的发展,为适应现代人和现代都市发展应运而生的。目前,海南服务业总量偏小,比重偏低,人均占有量少,内部结构还不尽合理,传统服务业比重较高,地区间发展也不平衡。随着自由贸易港建设的提速,现代服务业将迎来新的发展契机。

(3)高新技术产业是知识密集、技术密集的产业类型。一般来说,产品的主导技术必须属于已确定的高新技术领域,而且必须包括高新技术领域中处于技术前沿的工艺或技术突破。根据这一标准,高新技术产业主要包括信息技术、生物技术、新材料技术三大领域。欧美等发达国家对判定高新技术产业都有指标要求,如美国商务部提出的判定高新技术产业的主要指标有两个:一是研发与开发强度,即研究与开发费用在销售收入中所占比重;二是研发人员(包括科学家、工程师、技术工人)占总员工数的比重。我国还没有关于高新技术产业的明确定义和界定标准,通常是按照产业的技术密集程度和复杂程度来作为衡量标准的。根据2002年7月国家统计局印发的《高技术产业统计分类目录的通知》,中国高技术产业的统计范围包括航空航天器制造业、电子计算机制造业、医药制造业和医疗仪器设备及器械制造业等行业。发展高新技术产业,不仅是海南实施创新驱动发展战略的具体措施,也是海南推动经济结构转型升级、实现高质量发展的重要抓手,是实现新旧动能转换、拉动经济增长的重要引擎。为此,科技部与海南省共同印发《加快海南科技创新开放发展实施方案》,持续推动科技创新产业、推动高新技术产业发展。截至2020年年底,海南全省有效期内高新技术企业总数已达到838家,营业收入800余亿元,主要集中在生物与新医药、电子信息等领域,多为智慧密集型企业。

(4)积极发展热带特色高效农业。海南是我国的热带宝岛,热带农业资源禀赋独特,年均气温23~26℃,年光照时数1832~2558小时,年均降雨量1600毫米。生物物种丰富,农作物周年生长,四面环海形成天然的动物疫病屏障,发展热带特色高效农业的条件得天独厚。《海南省国民经济和社会发展第十四个五年规划和二〇三五年远景目标纲要》指出,“十四五”时期将打造一批热带特色高效农业重点建设工程,包括农业产业园区、农产品市场、重点渔港、全球动植物种质资源引进中转基地等。农业农村部与海南省政府深入合作,加快国家冬季瓜菜生产基地建设、国家热带水果基地建设等。海南利用天然大温室的气候优势,大力发展热带高效特色农业,成为全国人民的“菜篮子”。

第三十九条　海南自由贸易港推进国际旅游消费中心建设,推动旅游与文化体育、健康医疗、养老养生等深度融合,培育旅游新业态新模式。

【释义】 本条是关于推动海南自由贸易港旅游业发展的规定。

充分发挥海南的区位和资源优势,积极发展海南旅游业,推动海南建设具有世界影响力的国际旅游消费中心,是高质量发展要求在海南的具体体现,是建设海南自由贸易港和探索建立中国特色自由贸易港的重要支撑。《海南自由贸易港建设总体方案》提出,坚持生态优先、绿色发展,围绕国际旅游消费中心建设，推动旅游与文化体育、健康医疗、养老养生等深度融合，提升博鳌乐城国际医疗旅游先行区发展水平，支持建设文化旅游产业园，发展特色旅游产业集群，培育旅游新业态新模式，创建全域旅游示范省。加快三亚向国际邮轮母港发展，支持建设邮轮旅游试验区，吸引国际邮轮注册。设立游艇产业改革发展创新试验区。支持创建国家级旅游度假区和5A级景区。

2018年12月，国家发展改革委就加快海南国际旅游消费中心建设，印发了《海南省建设国际旅游消费中心的实施方案》，方案提出27项措施支持海南建设国际旅游消费中心，其中包括实施更加开放便利的离岛免税政策、拓展邮轮旅游、壮大健康旅游消费等。方案为海南国际旅游消费中心建设规划出了美丽蓝图。主要目标是，到2020年，国际旅游消费中心建设取得重要进展。旅游产业转型升级加快，相关产业融合发展进一步深化，旅游消费新业态日益丰富，旅游供给质量、管理效能和服务水平明显提升，免税购物更加便利，旅游消费要素的国际化、标准化、信息化水平显著提高。到2025年，国际旅游消费中心基本建成。以观光旅游为基础、休闲度假为重点、文体旅游和健康旅游为特色的旅游产业体系基本形成，旅游消费业态更加完善，旅游消费潜力进一步释放，高端旅游消费初具规模，旅游消费体制机制与国际接轨，旅游消费内容日益多元化、高端化、国际化。到2035年，成为具有全球影响力的旅游消费目的地。高质量的旅游消费供给体系、优越的旅游消费环境体系、完善的质量标准体系和健全的旅游消费政策体系基本形成，成为世界知名的旅游消费中心和世界消费经济发展高地。到21世纪中叶，国际旅游消费中心的知名度和美誉度显著提升，成为全球旅游消费时尚潮流的引领者，世界知名的旅游度假和购物天堂，成为展示中国风范、中国气派、中国形象的靓丽名片。

一、拓展旅游消费发展空间，构建丰富多彩的旅游消费新业态

依托海南的特色资源优势，实施更加开放的政策，加快旅游产业转型升级，推动旅游与相关产业融合发展，培育旅游消费新业态、新热点，全面提升旅游消费供给质量。一是打造全球免税购物中心和时尚消费中心。实施更加开放便利的离岛免税政策，建设时尚高端消费品设计展示交易中心。二是丰富提升国际旅游产品供给。拓展邮轮旅游，发展游艇旅游，稳步发展低空旅游和海岛旅游。三是培育旅游消费新业态。壮大健康旅游消费，提升文化旅游消费，发展会展节庆旅游消费，扩大体育旅游消费，加快发展全域旅游。

二、提升旅游消费服务质量，创建国际一流的旅游消费环境

对标国际标准，提升多元化多层次吃住行游购娱供给水平，加强旅游公共报务设施配套，为国内外游客提供更加舒适安全便捷诚信的旅游服务。一是打造智慧型国际消费集聚区。高标准布局建设大型消费商圈，完善“互联网+”消费生态体系。二是拓展多层次的住宿餐饮消费空间。健全多元化住宿服务体系，打造世界美食中心。三是营造优质的旅游消费保障环境。推进旅游公共服务设施建设，加强旅游消费市场监管体系建设，加强旅游诚信体系建设，创新消费者权益保障体系。

三、推进旅游消费国际化，建设世界知名的旅游消费目的地

对接国际化消费理念和消费模式，提升旅游消费要素的国际化、标准化、信息化水平，打造 21 世纪海上丝绸之路旅游交流平台，全面提高海南旅游的国际开放度、知名度和美誉度。一是提升旅游市场主体国际化水平。培育和引进国际化市场主体，

推进旅游质量国际标准化建设，提升旅游服务国际化水平。二是提升国际游客通达便捷化水平。加强旅游通道建设，提升国际游客入境便利化水平。三是提升旅游人力资源国际化水平。构建更加开放的引才机制，实施技能人才培训计划。四是提升旅游对外交往合作水平。

2021 年举办的首届中国海南国际消费品博览会以"开放中国，海南先行"为主题，围绕建设海南国际旅游消费中心定位，集聚全球消费领域资源，打造全球消费品展示交易平台，为全球消费增长提供新动力。2025 年海南全岛封关后，海南自由贸易港有望成为免税和旅游零售业的天堂。一地实现"买全球、卖全球"，正是海南建设国际旅游消费中心的一大重要功能。

据统计，2019 年海南共接待国内外游客 8311. 20 万人次，实现旅游总收入 1057. 80 亿元，海南旅游业正式迈入千亿元产业行列。作为海南千亿级产业之一的旅游业，培育形成了海洋旅游、康养旅游、文化旅游、体育旅游、会展旅游、购物旅游、森林旅游、小镇旅游、乡村旅游、婚庆旅游 10 大旅游产品体系，科技旅游、航空旅游、房车旅游等旅游新业态不断发展，离岛免税购物、跨省团队游等利好不断释放。

第四十条　海南自由贸易港深化现代服务业对内对外开放，打造国际航运枢纽，推动港口、产业、城市融合发展，完善海洋服务基础设施，构建具有国际竞争力的海洋服务体系。

境外高水平大学、职业院校可以在海南自由贸易港设立理工农医类学校。

【释义】　本条是关于建设海南自由贸易港国际航运枢纽和

设立理工农医类学校的规定。

《海南自由贸易港建设总体方案》在现代服务业中提出，集聚全球创新要素，深化对内对外开放，打造国际航运枢纽，推动港口、产业、城市融合发展。实现运输往来自由便利，实施高度自由便利开放的运输政策，推动国家西部陆海新通道国际航运枢纽建设。建设海南国际设计岛、理工农医类国际教育创新岛、区域性国际会展中心，扩大专业服务业对外开放。完善海洋服务基础设施，积极发展海洋物流、海洋旅游、海洋信息服务、海洋工程咨询、涉海金融、涉海商务等，构建具有国际竞争力的海洋服务体系。方案还提出，允许境外理工农医类高水平大学、职业院校在海南自由贸易港独立办学，设立国际学校。本法依据《海南自由贸易港建设总体方案》对海洋服务体系和设立理工农医类学校作出了明确规定。

一、关于建设海南自由贸易港国际航运枢纽的规定

本条第1款明确规定，深化现代服务业对内对外开放，打造国际航运枢纽，推动港口、产业、城市融合发展，完善海洋服务基础设施，构建具有国际竞争力的海洋服务体系。交通运输部积极支持海南自由贸易港建设，专门出台了《交通运输部贯彻落实〈中共中央、国务院关于支持海南全面深化改革开放的指导意见〉实施方案》，共提出了八个方面的举措，着力提升海南交通运输发展水平，支持海南深化改革开放，为海南自由贸易港建设提供有力支撑保障。重点工作是积极推进琼州海峡港航一体化发展。大力支持海南引入大型港口、航运企业等战略投资者，推进实施港口一体化运营管理。探索优化琼州海峡客滚运输组织方式，积极推进客滚运输班轮化运营，实现“定船舶、定码头、定班期”和上下船“车客分流”。

建设具有较强服务功能和辐射能力的国际航运枢纽，不断提高全球航运资源配置能力。大力引进国内外航运企业在自贸港设立区域总部或营运中心，促进航运要素集聚。积极培育壮大外轮供应企业，丰富外轮供应品种，为进入自由贸易港的船舶提供生活用品、备品备件、物料、工程服务和代理服务等。利用现有方便旗船税收政策，促进符合条件的船舶在自由贸易港落户登记。扩大内外贸同船运输、国轮捎带运输适用范围，提升运力资源综合效能。支持境内外企业和机构开展航运保险、航运仲裁、海损理算、航运交易、船舶融资租赁等高端航运服务，打造现代国际航运服务平台。支持设立专业化地方法人航运保险机构。培育发展专业化第三方船舶管理公司。逐步开放中国籍国际航行船舶入级检验。

洋浦作为海南自由港建设的重要口岸，具备一定的发展优势，是海南对接融入西部陆海新通道的重要节点，从洋浦可以直达东盟各主要沿海国家，并可经中国香港、新加坡通达全球。洋浦港建设需要从口岸承载能力、进境口岸资质申请、查验场所完善、检验、防疫、信息化等方面进一步加强口岸建设。未来的海南自由贸易港将围绕“中国洋浦港”船籍港建设，建立高度自由便利开放的航运制度政策体系，并通过建设西部陆海新通道国际航运枢纽，把洋浦港航产业打造成为超千亿级的产业。

二、关于设立国际学校的规定

本条第 2 款明确规定，境外高水平大学、职业院校可以在海南自由贸易港设立理工农医类学校。在海南自由贸易港设立高水平的理工农医类学校，培养国际化的、优秀的理工农医类人才。

2019 年教育部、海南省人民政府联合印发了《关于支持海南深化教育改革开放实施方案》，方案明确，推动海南建设国际教育创新岛，全面深化教育改革、扩大教育开放，把海南建设成为中国特色社会主义教育开放发展、创新发展的生动范例。在条件成熟的前提下，试点境外工科大学、职业院校在海南独立办学，探索境外高水平企业在海南独资办学。支持海南设立独立法人的医学健康类中外合作办学机构。近年来，随着海南自由贸易港建设的快速发展，越来越多的优质教育品牌和国际学校落户海南，为海南自由贸易港的教育服务业发展提供了有力支撑。

第四十一条　国家支持海南自由贸易港建设重大科研基础设施和条件平台，建立符合科研规律的科技创新管理制度和国际科技合作机制。

【释义】　本条是关于支持海南自由贸易港建设科技基础设施和建立科技创新管理制度、国际科技合作机制的规定。

习近平总书记“4·13”重要讲话指出，“海南全岛建设自由贸易试验区，要以制度创新为核心”，“国家支持海南布局建设一批重大科研基础设施和条件平台，建设航天领域重大科技创新基地和国家深海基地南方中心，打造空间科技创新战略高地”。《海南自由贸易港建设总体方案》提出，聚焦平台载体，提升产业能级，以物联网、人工智能、区块链、数字贸易等为重点发展信息产业。依托文昌国际航天城、三亚深海科技城，布局建设重大科技基础设施和平台，培育深海深空产业。围绕生态环保、生物医药、新能源汽车、智能汽车等壮大先进制造业。建设智慧海南。中共中央、国务院《关于支持海南全面深化改革开放的指导意见》提出，建立符合科研规律的科技创新管理制度和国际科技合作机制。本法贯彻落实习近平总书记重要指示精神和中央的决策部署,明确规定,国家支持海南自由贸易港建设重大科技基础设施和条件平台,建立符合科研规律的科技创新管理制度和国际科技合作机制。

为深入贯彻落实习近平总书记“4 · 13”重要讲话和中共中央、国务院《关于支持海南全面深化改革开放的指导意见》的精神,2019 年 4 月,科技部、海南省政府研究制定了《加快海南科技创新开放发展实施方案》,力争把海南打造成支撑创新型国家和世界科技强国建设的生动范例。该方案围绕四个方面系统设计和布局了海南创新发展路径。在强化科技创新能力建设方面,提出要在海南布局建设一批重大科研条件平台,面向海洋资源开发利用、深海探测,培育建设热带海洋科学与技术国家重点实验室;面向航天应用,培育建设空间对地观测省部共建国家重点实验室,打造空间科技创新战略高地;以热带特色高效农业为主题培育建设国家农业高新技术产业示范区,做强做优热带特色高效农业;依托博鳌超级医院,共建先进技术临床医学研究中心,发挥博鳌乐城国际医疗旅游先行区优势,鼓励医疗新技术、新产品加速临床转化;支持海南在热带作物、热带岛屿环境治理与生态建设、热带转化医学、热带农业生物资源、天然橡胶工程等方向培育建设国家重点实验室。在构建更加开放的引才机制方面,《加快海南科技创新开放发展实施方案》指出,海南要开展国际人才管理改革试点,允许在中国高校获得硕士及以上学位的优秀外国留学生在海南就业和创业,探索建立吸引外国高科技人才的管理制度;开辟外国人才绿色通道,指导海南研究制定自由贸易区、自由贸易港外国人工作管理办法,支持海南开通外国高端人才服务“一卡通”试点;加大国家级人才计划对海南省人才队伍建设的支持力度等。在完善促进开放创新的制度环境方面,《加快海南科技创新开放发展实施方案》提出鼓励和支持引进外资企业、外资研发机构,支持在海南注册的外资企业与外资研发机构参与承担政府科技计划,支持在海南注册的外资企业同等享受研发费用加计扣除、高新技术企业税收减免等优惠政策;建设国际离岸创新创业示范区,支持重点创新型国家与"一带一路"国家和地区在海南设立离岸孵化器、众创空间等;建设国际技术转移中心(海南),促进科技和金融深度融合,完善适合科技企业发展的金融服务模式。在支撑建立现代化经济体系方面,《加快海南科技创新开放发展实施方案》明确,要不断强化基础研究和重大项目部署,支持南繁种业创新发展,加快深海科技创新,发展商业航天技术,支撑海洋生态环境保护和能源开发,不断加强医疗健康领域科技创新,不断促进人工智能技术与实体经济深度融合,促进科技服务业加快发展。

海南省科技厅重点抓科技体制机制改革,着力提升科技创新治理能力,专门出台了《海南省科研项目评审、科研机构评估管理暂行办法》,构建"管评验分离"的科研项目评审制度和符合科研规律的科研机构评估机制。海南省科技厅探索研究国际科技合作经费使用制度创新,在全国先行先试科技合作项目、设备和材料跨境流通便利化机制,支持有关项目开展试点,进一步破解制约国际科技合作深入开展的主要障碍。

第四十二条　海南自由贸易港依法建立安全有序自由便利的数据流动管理制度,依法保护个人、组织与数据有关的权益,有序扩大通信资源和业务开放,扩大数据领域开放,促进以数据为关键要素的数字经济发展。

国家支持海南自由贸易港探索实施区域性国际数据跨境流动制度安排。

【释义】 本条是关于数据流动管理制度以及通信资源和业务开放的规定。

一、关于数据流动管理制度

随着信息技术和人类生产生活交汇融合,各类数据迅猛增长、海量聚集,数据日益成为基础性战略资源和数字经济的关键要素。跨境数据流动在促进经济增长、加速创新、推动全球化等方面发挥了积极作用。但是,数据跨境流动也可能带来安全风险。重要数据出境可能会危害国家安全、经济安全和公共利益等;个人信息与信息主体权利密切相关,如果接收国个人信息保护不充分,很可能会造成个人信息被滥用、泄露等,从而侵害个人信息权益。因此,数据跨境流动需要在确保安全的前提下依法有序进行。《网络安全法》第 37 条规定,关键信息基础设施的运营者在中华人民共和国境内运营中收集和产生的个人信息和重要数据应当在境内存储。因业务需要,确需向境外提供的,应当按照国家网信部门会同国务院有关部门制定的办法进行安全评估;法律、行政法规另有规定的,依照其规定。《数据安全法》第 31 条规定,关键信息基础设施的运营者在中华人民共和国境内运营中收集和产生的重要数据的出境安全管理,适用《网络安全法》的规定;其他数据处理者在中华人民共和国境内运营中收集和产生的重要数据的出境安全管理办法,由国家网信部门会同国务院有关部门制定。《个人信息保护法》对个人信息跨境提供应当符合的条件作了规定,即通过国家网信部门组织的安全评估;经专业机构进行个人信息保护认证;按照标准合同与境外接收方订立合同,约定双方的权利和义务;法律、行政法规或者国家网信部门规定的其他条件。中华人民共和国缔结或者参加的国际条约、协定对向境外提供个人信息的条件等有规定的,可以按照其规定执行。个人信息处理者应当采取必要措施,保障境外接收方处理个人信息的活动达到该法规定的个人信息保护标准。

《海南自由贸易港建设总体方案》提出,建立健全数据出境安全管理制度体系。健全数据流动风险管控措施。要在确保数据流动安全可控的前提下,扩大数据领域开放,创新安全制度设计,实现数据充分汇聚,培育发展数字经济。2025 年前的重点任务是便利数据流动。在国家数据跨境传输安全管理制度框架下,开展数据跨境传输安全管理试点,探索形成既能便利数据流动又能保障安全的机制。2035 年前的重点任务是实现数据安全有序流动。创新数据出境安全的制度设计,探索更加便利的个人信息安全出境评估办法。开展个人信息入境制度性对接,探索加入区域性国际数据跨境流动制度安排,提升数据传输便利性。积极参与跨境数据流动国际规则制定,建立数据确权、数据交易、数据安全和区块链金融的标准和规则。目前,一些自由贸易协定如《全面进步的跨太平洋伙伴关系协定》(CPTPP)、《日本—欧盟经济伙伴关系协定》(EPA)、《美墨加贸易协定》(USMCA)、《区域全面经济伙伴关系协定》(RCEP)等大都包含"数字贸易或电子商务"相关章节,对数据流动作出专门安排。此外,欧盟等一些国家和地区在个人信息跨境流动方面实行充分性保护认定的"白名单制度",即对于符合其充分性保护认定的国家或者地区允许个人信息传输到该国家或者地区。国家支持海南自贸港探索实施区域性国际数据跨境流动制度安排,积极推动数据跨境流动，推动数字经济发展。

二、关于扩大通信资源和业务开放

增值电信业务，是指利用公共网络基础设施提供电信与信息服务的业务，是对基础电信业务的拓展与开发。当前，信息通信业是国民经济的新兴支柱产业，增值电信业务是其中成长最快、发展空间最大的领域之一，具有能耗低、产业链长、附加值高的特点，对国民经济有极强的拉动作用。海南自贸港作为高水平开放型经济体，电信领域将不断推进各项开放举措，以开放促改革、促发展，优化外商投资营商环境，吸引更多外资企业进入。《海南自由贸易港建设总体方案》提出，有序扩大通信资源和业务开放。开放增值电信业务，逐步取消外资股比等限制。允许实体注册、服务设施在海南自由贸易港内的企业，面向自由贸易港全域及国际开展在线数据处理与交易处理等业务，并在安全可控的前提下逐步面向全国开展业务。安全有序开放基础电信业务。开展国际互联网数据交互试点，建设国际海底光缆及登陆点，设立国际通信出入口局。国家发展改革委、商务部2020年12月发布《海南自由贸易港外商投资准入特别管理措施（负面清单）（2020年版）》，其中关于信息传输、软件和信息技术服务业的特别管理措施有：一是，增值电信业务除在线数据处理与交易处理外，按照《自由贸易试验区外商投资准入特别管理措施（负面清单）》执行，即增值电信业务的外资股比不超过50%（电子商务、国内多方通信、存储转发类、呼叫中心除外）；允许实体注册、服务设施在海南自由贸易港内的企业，面向自由贸易港全域及国际开展互联网数据中心、内容分发网络等业务；基础电信业务限于中国入世承诺开放的电信业务，须由中方控股。二是，禁止投资互联网新闻信息服务、网络出版服务、网络视听节目服务、互联网文化经营（音乐除外）、互联网公众发布信息服务（上述服务中，中国入世承诺中已开放的内容除外）。

第四十三条 海南自由贸易港实施高度自由便利开放的运输政策，建立更加开放的航运制度和船舶管理制度，建设“中国洋浦港”船籍港，实行特殊的船舶登记制度；放宽空域管制和航路限制，优化航权资源配置，提升运输便利化和服务保障水平。

【释义】 本条是关于航运、船舶管理制度和航权开放的规定。

一、关于航运制度和船舶管理制度

开放和便利的运输政策是实现货物、人员流动的基础条件之一，对于实现贸易投资便利化具有重要作用。《海南自由贸易港建设总体方案》提出，建立更加自由开放的航运制度。建设“中国洋浦港”船籍港。支持海南自由贸易港开展船舶登记。实施更加开放的船舶运输政策。以“中国洋浦港”为船籍港，简化检验流程，逐步放开船舶法定检验，建立海南自由贸易港国际船舶登记中心，创新设立便捷、高效的船舶登记程序。取消船舶登记主体外资股比限制。在确保有效监管和风险可控的前提下，境内建造的船舶在“中国洋浦港”登记并从事国际运输的，视同出口并给予出口退税。

建立“中国洋浦港”为船籍港的船舶登记制度，是贯彻落实党中央、国务院支持海南全面深化改革开放的一项重要举措，是建设海南自由贸易港的重要抓手。从现行船舶登记的法律法规来看，中国实行严格的船舶登记制度，对船舶所有人的国籍、船舶的出资比例、船员的配备、船舶技术与安全状况等方面都作了严格规定。为了更好地发挥海南的地理位置优势，促进航运事业发展，落实《海南自由贸易港建设总体方案》的要求，国务院于2020年6月发布《关于在中国（海南）自由贸易试验区暂时调整实施有关行政法规规定的通知》，暂时调整实施《船舶和海上设施检验条例》第13条第1项的有关规定，在中国（海南）自由贸易试验区登记的中国籍国际航行船舶，允许由外国船舶检验机构开展船舶入级检验。在强化对引入外国船舶检验机构管理，保障国家安全、社会安全、生产安全的前提下，由海南省人民政府制定具体管理办法，完善落实事中事后监管措施，经国务院交通运输主管部门同意后实施。交通运输部于2020年9月发布《关于在中国（海南）自由贸易试验区深化改革开放调整实施有关规章规定的公告》，暂时调整实施《船舶检验管理规定》第6条第4项的有关规定，在中国（海南）自由贸易试验区登记的中国籍国际航行船舶，允许由外国船舶检验机构开展船舶入级检验。在强化对引入外国船舶检验机构管理，保障国家安全、社会安全、生产安全的前提下，由海南省人民政府制定具体管理办法，完善落实事中事后监管措施，经交通运输部同意后实施。2020年9月，财政部、交通运输部、国家税务总局发布《关于海南自由贸易港国际运输船舶有关增值税政策的通知》。2020年11月，海南海事局关于印发《海南自由贸易港国际船舶登记程序规定》。2021年6月，海南省通过《海南自由贸易港国际船舶条例》。上述有关规定采取了以下政策措施：（1）对购进船舶在中国洋浦港登记，且从事国际运输和港澳台运输的，实行增值税退税政策；（2）国际船舶的登记主体外资股比不受限制；（3）取得法定检验授权的船舶检验机构可以开展国际船舶入级检验；（4）船舶登记实施初审、审批两级审查程序，且1个工作日内办结登记。

此外,交通运输部还提出在海南探索建立适合我国境内法律体系的“临时登记”制度,促进进口船舶快速进行船舶所有权登记公示,实现进口船舶在境内快速办理抵押贷款融资相关业务;研究国际航运普遍适用的“卖据”制度中的登记项目要素,将其适合境内法律体系要求的要素引入海南自由贸易港登记制度中,加快船舶所有权在取得、转让和消灭环节的登记公示效率。

二、关于航权开放

以航权开放为抓手,打造航空区域枢纽门户,对于加快海南自由贸易港建设意义重大。从中央对海南的政策支持来看,海南民航市场的开放一直走在国内的前列。2003 年,民航局批准同意海南进行开放第三、第四、第五航权试点,海南成为国内首个开放航权的试点省份。2004 年,民航局进一步支持海南省航权开放,允许国外航空公司在海口和三亚与内地除北京、上海、广州之外的所有国际航空运输口岸享有中途分程权,每周不超过 7 班。海南第三、第四、第五航权开放 17 年来政策成效明显。一方面,开放了海南航空市场,促进海南航空市场的国际化。近年来海南省大力开通国际航线,拓宽空中“丝路”,国际航线数量由 2003 年的 5 条增加到 2020 年的 103 条,通达境外城市 62 个,“四小时八小时飞行经济圈”稳步成型,覆盖俄罗斯、韩国、日本、印度尼西亚、柬埔寨等欧洲、东北亚、东南亚等重点市场,对外互联互通水平显著提升。另一方面,辐射带动旅游业提质增效,推动海南国际旅游岛建设。得益于航权开放和国际航线开通,海南省的交通可达性和国际旅游岛的形象地位稳步提升,旅游业竞争力和影响力显著增强。海南省入境旅游人数由 2003 年的 29.3 万人次增加到 2019 年的 142 万人次,入境旅游收入由 6.6 亿元增长到 60 亿元以上。

为实施更加开放的航空运输政策,《海南自由贸易港建设总体方案》提出,在对等基础上,推动在双边航空运输协定中实现对双方承运人开放往返海南的第三、第四航权,并根据我国整体航空运输政策,扩大包括第五航权在内的海南自由贸易港建设所必需的航权安排。支持在海南试点开放第七航权(第七航权,又称完全第三国运输权,是指允许外国航空公司可不从其母国始发或终止航班,而直接在航权授予国与第三国之间经营国际航线航班)。允许相关国家和地区航空公司承载经海南至第三国(地区)的客货业务。实施航空国际中转旅客及其行李通程联运。对位于海南的主基地航空公司开拓国际航线给予支持。允许海南进出岛航班加注保税航油。

2020 年 6 月 9 日,民航局印发《海南自由贸易港试点开放第七航权实施方案》,在立足《海南自由贸易港建设总体方案》的基础上,对海南第七航权开放相关规则政策进行细化。主要内容:明确鼓励、支持外航在现有航权安排外,在海南经营客、货运第七航权,其中每条航线客运总班次每周最高为 7 班,每条航线货运总班次每周最高为 7 班,海南省已开放的第三、第四、第五航权航班无班次限制;指定外国空运企业经营第三、第四、第五航权航班时,可根据双边航权安排规定的航线表及运力额度,在海南与中国境内除北京、上海、广州之外的具有国际航空运输口岸的地点之间行使客运中途分程权,每条航线班次最高每周为 7 班。指定外国空运企业经营第七航权航班时,在海南与中国境内的其他地点之间无串飞或中途分程权。同时,民航局可根据宏观调控、公共利益等需要,适时调整第七航权试点政策。

当前,除海南外,国际其他自由贸易港均未开放客运第七航权,因此海南开放客、货运第七航权是我国超出现有双边航权安排的最高水平开放,符合海南自由贸易港对标高标准的战略定位。第七航权政策将有利于增加海南出入境市场航空运力投放，促进海南岛航空运输网络进一步完善和拓展，帮助海南增加旅客来源，拓展海南航空市场，加快海南岛航空枢纽建设，提升海南民航及旅游市场的活力。与此同时，通过适当引入竞争，有利于国内航空公司改进经营管理水平，开发更加多元化的服务产品，提升其国际竞争力。

第四十四条　海南自由贸易港深化人才发展体制机制改革，创新人才培养支持机制，建立科学合理的人才引进、认定、使用和待遇保障机制。

【释义】 本条是关于深化人才发展体制机制改革的规定。

人才是海南自由贸易港各项事业发展最重要的战略性资源。对标发达国家和地区、特别是新加坡等成熟自由贸易港的具体实践，打造全球人才枢纽、形成国际化人才的集聚高地是自由贸易港的基本做法和成功经验。从现实来看，海南自由贸易港最大的短板是人才资源短缺，人才培养和引进工作任重道远。建设海南自由贸易港，要坚持人才是第一资源，在人才培养、引进、使用上大胆创新，聚天下英才而用之，努力让各类人才引得进、留得住、用得好，使海南成为人才荟萃之岛、技术创新之岛。

2018年4月11日，中共中央、国务院发布《关于支持海南全面深化改革开放的指导意见》提出深化人才发展体制机制改革主要包括：一是创新人才培养支持机制。鼓励海南充分利用国内外优质教育培训资源，加强教育培训合作，培养高水平的国际化人才。支持海南大学创建世界一流学科，支持相关高校培育建设重点实验室。鼓励国内知名高校和研究机构在海南设立分支机构。完善职业教育和培训体系,深化产教融合、校企合作,鼓励社会力量通过独资、合资、合作等形式举办职业教育。鼓励海南引进境外优质教育资源,举办高水平中外合作办学机构和项目,探索建立本科以上层次中外合作办学项目部省联合审批机制。支持海南通过市场化方式设立专业人才培养专项基金。完善促进终身教育培训的体制机制。二是构建更加开放的引才机制。加大国家级人才计划对海南省人才队伍建设的支持力度。紧紧围绕强化公益属性的目标深化事业单位改革,除仅为机关提供支持保障的事业单位外,原则上取消行政级别,允许改革后的事业单位结合实际完善有利于激励人才的绩效工资内部分配办法。促进教师、医生、科研人员等合理流动。创新"候鸟型"人才引进和使用机制,设立"候鸟"人才工作站,允许内地国企、事业单位的专业技术和管理人才按规定在海南兼职兼薪、按劳取酬。支持海南开展国际人才管理改革试点,允许外籍和港澳台地区技术技能人员按规定在海南就业、永久居留。允许在中国高校获得硕士及以上学位的优秀外国留学生在海南就业和创业,扩大海南高校留学生规模。支持海南探索建立吸引外国高科技人才的管理制度。

为落实党中央关于深化人才发展体制机制改革的决策部署,2018 年 5 月,海南省委发布《百万人才进海南行动计划(2018—2025 年)》,提出实施更加开放的人才引进政策和更加积极的人才培养政策,从放开人才落户门槛、解决人才配偶就业、解决人才子女就学、加强人才医疗保障、加强人才住房保障、完善国际人才管理服务六个方面提出提升人才服务保障水平。2019 年,中央组织部、国家发展改革委等七部门联合印发了《关于支持海南开展人才发展体制机制创新的实施方案》,提出要创新人才培养支持机制,构建更加开放的引才机制,进一步完善人才评价激励机制,建设高素质专业化干部人才队伍,全面提升人才服务水平。经过10~15年的努力,培养和造就一支规模宏大、结构合理、素质优良、充满活力、与中国特色海南自由贸易港相适应的人才队伍。2020年7月,海南省人社厅等部门联合印发《吸引留住高校毕业生建设海南自由贸易港的若干政策措施》,全面放开对高校毕业生的落户限制,从之前的"先就业再落户"变为"先落户后就业"。此外,个人所得税相关制度也有利于人才引进工作。2020年6月,财政部、国家税务总局发布《关于海南自由贸易港高端紧缺人才个人所得税政策的通知》,对在海南自由贸易港工作的高端人才和紧缺人才,其个人所得税实际税负超过15%的部分,予以免征。根据《海南自由贸易港建设总体方案》,2025年之后,海南省税收政策适用对象范围还会进一步扩大,按照3%、10%、15%三档超额累进税率征收。

第四十五条　海南自由贸易港建立高效便利的出境入境管理制度,逐步实施更大范围适用免签入境政策,延长免签停留时间,优化出境入境检查管理,提供出境入境通关便利。

【释义】 本条是关于优化出入境管理制度的规定。

实现贸易、投资便利化及人员流动的自由化是自由贸易港特征的基本体现。人员自由流动的实现是自由贸易港资金、货物自由流动的基础。《海南自由贸易港建设总体方案》提出,实施更加便利的出入境管理政策。在有效防控涉外安全风险隐患的前提下,实行更加便利的出入境管理政策。实行宽松的商务人员临时出入境政策。实施更加便利的出入境管理政策。逐步实施更大范围适用免签入境政策,逐步延长免签停留时间。优化出入境边防检查管理，为商务人员、邮轮游艇提供出入境通关便利。逐步实施更大范围适用免签入境政策，逐步延长免签停留时间。优化出入境边防检查管理，为商务人员、邮轮游艇提供出入境通关便利。2025 年前的重点目标是实施更加便利的免签入境措施。将外国人免签入境渠道由旅行社邀请接待扩展为外国人自行申报或通过单位邀请接待免签入境。放宽外国人申请免签入境事由限制，允许外国人以商贸、访问、探亲、就医、会展、体育竞技等事由申请免签入境海南。实施外国旅游团乘坐邮轮入境 15 天免签政策。2035 年前的重点任务是实现人员进出自由便利。进一步放宽人员自由进出限制。实行更加宽松的商务人员临时出入境政策、便利的工作签证政策，进一步完善居留制度。

1988 年，海南经济特区成立时，为促进经济特区的全面发展，吸引境外资金、技术和人才，国务院就允许在海口、三亚口岸为到海南洽谈贸易、探亲、旅游的外国人提供在口岸办理入境签证的便利。至此，海南成为全国唯一可在口岸为外国人办理商贸签证（M 字签证）、团聚签证（Q2 字签证）和个人旅游签证（L 字签证）的省份。为更好促进海南旅游的国际化发展，经国务院批准，海南省从 2000 年 10 月 31 日起开始实行对 21 个国家旅游团入境海南旅游免签政策。2009 年 12 月 31 日，国务院批准海南实施 26 国旅游团入境海南免签政策。

为了进一步优化海南出入境管理相关制度，国家移民管理局于 2018 年 5 月发布公告，对 59 国人员入境海南旅游实施免办签证政策。依据公告，该 59 国人员持普通护照赴海南旅游，由在海南设立的旅行社接待，可从海南对外开放口岸免办签证入境，在海南省行政区域内停留 30 天。2019 年 6 月，公安部、国家移民管理局出台关于支持海南全面深化改革开放移民与出入境政策措施，提出支持海南自由贸易港建设的移民出入境政策措施和管理服务措施，主要有：(1)拓展外国人免签入境渠道。完善外国人免签预申报平台，规范外国人免签入境申报信息标准，将旅行社邀请接待模式扩展为外国人自行申报或通过单位邀请接待免签入境。(2)扩大外国人免签入境事由。在59国人员入境海南旅游免签基础上，允许外国人以商贸、访问、探亲、医疗、会展、体育竞技等事由免签入境海南，工作、学习事由除外。(3)延长免签外国人在海南停留时间。积极创造条件逐步实现给予免签入境人员30日以上的停留期限。研究建立国别免签停留政策，对不同国家人员适用不同的免签停留期限。(4)评估调整免签国家范围。综合考虑海南对外交往、旅游市场需求，会同有关部门开展综合评估，对适用免签入境政策国家名单适时进行调整。(5)实施更为便捷的高端旅游出入境服务措施。包括实施外国旅游团乘坐邮轮15天入境免签政策，简化琼港澳游艇出入境(港)手续，对前往博鳌乐城国际医疗旅游先行区等海南医疗机构诊疗的外籍患者及其陪护家属，提供申请办理签证或居留许可便利。

第四十六条　海南自由贸易港实行更加开放的人才和停居留政策，实行更加宽松的人员临时出境入境政策、便利的工作签证政策，对外国人工作许可实行负面清单管理，进一步完善居留制度。

【释义】　本条是关于停居留政策和外国人工作许可负面清单管理的规定。

一、关于出入境和停居留便利政策

实施开放的停居留政策，为外籍人才入境提供便利化的签证政策，才能有力地促进人才跨境流动，助力海南打造国际人才汇聚高地。《海南自由贸易港建设总体方案》提出，根据海南自由贸易港发展需要，针对高端产业人才，实行更加开放的人才和停居留政策，打造人才集聚高地。在有效防控涉外安全风险隐患的前提下，实行更加便利的出入境管理政策。对外籍高层次人才投资创业、讲学交流、经贸活动方面提供出入境便利。对外籍人员赴海南自由贸易港的工作许可实行负面清单管理，放宽外籍专业技术技能人员停居留政策。

2019 年 6 月，公安部、国家移民管理局出台关于支持海南全面深化改革开放移民与出入境政策措施提出：(1) 为外籍技术技能人员就业提供居留便利。围绕海南旅游、热带特色高效农业、医疗健康、高新技术、教育文化体育等重点产业发展需要，对在海南就业的高端星级酒店厨师、博鳌乐城国际医疗旅游先行区医疗医护人员等外籍技术技能人员，可申请与工作合同期限一致的居留许可。(2) 为高校外国学生就业创业提供便利。对在中国高等院校获得硕士研究生及以上学历的外国留学生，在海南创新创业，经所属高校推荐可申请 2 年以内的居留许可；允许在境外高等院校学习的外国学生到海南星级酒店、医院、国际学校等单位定期实习，凭相关单位邀请函件、外国高校在读证明等材料，可申请相关签证进行实习。(3) 为工作、投资的外国人提供永久居留便利。在海南工作具有博士研究生学历的外籍华人，或在海南连续工作满 4 年、每年实际居住累计不少于 6 个月的外籍华人，可申请永久居留，上述人员的外籍配偶和未成年子女可随同申请永久居留；在海南投资创新型企业、连续 3 年投资稳定且纳税记录良好的外国人，经海南省人民政府推荐可申请永久居留；在海南连续工作满 4 年、符合海南工资性年收入和年缴纳个人所得税标准条件的外国人，可申请永久居留。

2020 年 9 月 14 日，海南发布《关于开展海南自由贸易港国际人才服务管理改革试点工作的实施方案》提出，将符合《海南自由贸易港高层次人才分类标准》的外国人才视同为符合我国外国高端人才标准（A 类），享受 R 字签证待遇；实行“容缺承诺+失信惩戒”制度，外籍人员办理工作许可和工作类居留许可除提交主要申请材料外，其他材料由申请人和用人单位作出承诺后实行“容缺受理”，对不履约的个人和单位依法实施失信惩戒。2019 年 12 月 31 日，海南省政府办公厅正式印发《外国人来海南工作许可管理服务暂行办法》提出，省重点产业园区重点企业聘请的外国专业人才（B 类），经园区管理机构核实，确认属于企业急需紧缺的，可为其申请办理外国高端人才工作许可（A 类），享受外国人才签证（R 字签证）便利。本省经济社会发展急需紧缺的外国专业人才（B 类），由企事业单位推荐，科技（外专）部门结合本省实际，可为其办理外国高端人才工作许可（A 类），享受外国人才签证（R 字签证）便利。外国高端人才的重要团队成员，均可给予 A 类工作许可，享受外国人才签证（R 字签证）便利。

二、关于工作许可负面清单管理制度

《海南自由贸易港建设总体方案》提出，对外籍人员赴海南自由贸易港的工作许可实行负面清单管理。《关于开展海南自由贸易港国际人才服务管理改革试点工作的实施方案》提出建立外国人来琼工作许可负面清单管理制度，把国家法律法规和政策明确不允许来华的外国人和不允许外国人从事的工作岗位列为禁止类，把可能引发市场较大波动、社会负面舆情的外国人及岗位列为限制类,负面清单外不再对外国人来海南自由贸易港工作作出限制。结合海南自由贸易港发展需要、就业市场供求状况等情况,对工作许可负面清单中的限制类建立配额管理制度,实施动态调整,在配额总量控制下对限制类工作许可进行自主审批。允许外国高层次人才兼职或离岗创业。在海南自由贸易港任职的外国高层次人才,经工作单位和兼职单位同意并向省科技厅或其授权的科技行政管理部门、省公安厅出入境管理局或其授权的公安机关出入境管理部门备案后,可以直接在海南自由贸易港兼职工作或离岗创业。在工作许可证有效期内,兼职工作无须重新申办或变更工作许可证。

第四十七条　海南自由贸易港放宽境外人员参加职业资格考试的限制,对符合条件的境外专业资格认定,实行单向认可清单制度。

【释义】 本条是关于放宽境外人员参加职业资格考试限制和境外专业资格认可清单制度的规定。

职业资格互认制度是区域性经贸合作实践经验的产物,广泛运用于区域经济一体化实践中,其价值在于便利自然人服务提供者跨境流动。例如,中央政府与香港特别行政区和澳门特别行政区签署的《关于建立更紧密经贸关系的安排》对内地和港澳之间的职业资格互认制度作出安排。2019 年 2 月,中共中央、国务院印发《粤港澳大湾区发展规划纲要》提出推进职业资格国际互认。

放宽境外人员参加职业资格考试,对境外人员职业资格实行单项认可,有利于吸引外国有关专业技术领域人才,提高有关服务业的水平，更好地服务海南自贸港发展。海南省人民政府于2020年9月21日印发《海南自由贸易港境外人员参加职业资格考试管理办法（试行）》和《海南自由贸易港境外人员执业管理办法（试行）》的通知对放宽境外专业人才在海南自贸港参加职业资格考试和执业的限制作出安排。在境外人员参加职业资格考试方面，办法规定：凡遵守中华人民共和国法律、法规，恪守职业道德，符合国家或海南省职业资格考试规定条件（国籍条件除外）的境外人员，可自愿参加相应职业及级别的职业资格考试；职业资格考试的项目实行目录清单管理，由海南省委人才工作部门、省人力资源社会保障部门会同省级相关行业主管部门公布。境外人员在海南自贸港参加职业资格考试，与境内考生实行统一考试标准、统一组织考试、统一制发证书；境外人员通过考试取得的职业资格证书是表明其从事相应职业所必备的学识和能力的证明，在海南自贸港有效（国家已对境外人员开放职业资格考试的，颁发全国统一证书，在全国范围有效）。今年开放境外人员参加职业资格考试三十多项。

在境外人员职业资格认可方面，办法规定：境外职业资格是指境外机构或组织颁发的所涉职业（工种）关系公共利益或公共安全、人身健康、生命财产安全的职业资格（注册会计师、法律服务等除外），由海南省委人才工作部门、省人力资源社会保障部门会同省级相关行业主管部门根据海南自贸港建设需要制定认可的境外职业资格目录清单，并实行动态调整。境外人员以目录清单内的境外职业资格名义为海南自贸港内企业和居民提供专业服务前，须符合条件并通过技能认定，取得《海南自由贸易港境外人员技能认定合格证》。省级行业主管部门是本行业境外人员技能认定的组织实施部门，技能认定方式可采用材料审核、答辩等方式进行，境外人员申请技能认定由聘用单位申请、行业主管部门认定发证,《海南自由贸易港境外人员技能认定合格证》是表明境外人员具备在海南自贸港内从事相关专业服务的有效凭证等。持有《海南自由贸易港境外人员技能认定合格证》的境外人员(以下简称境外持证人员),在规定的专业服务范围和期限内与省内同类专业人员具有同等权利。境外持证人员提供需加盖国内执业印章的专业服务时,由境外人员签字并加盖其聘用单位的印章,海南自由贸易港内相关主管部门应当予以认可。此外,人力资源和社会保障部 2020 年 10 月发布《关于支持海南自由贸易港人力资源和社会保障事业创新发展的实施意见》提出支持海南自由贸易港进一步扩大国际职业资格认可试点。

第七章　综合措施

第四十八条　国务院可以根据海南自由贸易港建设的需要，授权海南省人民政府审批由国务院审批的农用地转为建设用地和土地征收事项；授权海南省人民政府在不突破海南省国土空间规划明确的生态保护红线、永久基本农田面积、耕地和林地保有量、建设用地总规模等重要指标并确保质量不降低的前提下，按照国家规定的条件，对全省耕地、永久基本农田、林地、建设用地布局调整进行审批。

海南自由贸易港积极推进城乡及垦区一体化协调发展和小城镇建设用地新模式，推进农垦土地资产化。

依法保障海南自由贸易港国家重大项目用海需求。

【释义】　本条是关于赋予海南在土地管理和利用方面更大的自主权，依法加强用地用海制度保障的规定。

中共中央、国务院《关于支持海南全面深化改革开放的指导意见》提出，中央有关部门根据海南省建设自由贸易试验区、探索实行符合海南发展定位的自由贸易港政策需要，及时向海南省下放相关管理权限，给予充分的改革自主权。《海南自由贸易港建设总体方案》提出，强化改革创新意识，赋予海南更大改革自主权，支持海南全方位大力度推进改革创新，积极探索建立适应自由贸易港建设的更加灵活高效的法律法规、监管模式和管理体制,下大力气破除阻碍生产要素流动的体制机制障碍。在土地管理和利用方面赋予海南更大的自主权,有利于海南在法律框架内更加简便、灵活地调整有关事项,增强统筹利用土地资源的能力,提高优化土地资源配置发展经济的积极性。《海南自由贸易港法》将中共中央、国务院《关于支持海南全面深化改革开放的指导意见》和《海南自由贸易港建设总体方案》中的相关要求上升为法律规定,为海南自由贸易港的建设与发展提供了有力的用地用海制度保障。

一、授权下放农用地转用和土地征收审批事项

农用地转用制度和土地征收制度是我国土地管理制度中的基础性制度,在《土地管理法》中有明确的规定。其中,可能涉及国务院审批的主要有以下几种情形:一是,涉及永久基本农田的农用地转用或者土地征收情形。《土地管理法》第 35 条第 1 款规定,永久基本农田经依法划定后,任何单位和个人不得擅自占用或者改变其用途。国家能源、交通、水利、军事设施等重点建设项目选址确实难以避让永久基本农田,涉及农用地转用或者土地征收的,必须经国务院批准;第 44 条第 2 款规定,永久基本农田转为建设用地的,由国务院批准。二是,其他应当由国务院批准的农用地转用情形。一种情形是,《土地管理法》第 44 条第 3 款中规定,在土地利用总体规划确定的城市和村庄、集镇建设用地规模范围内,为实施该规划而将永久基本农田以外的农用地转为建设用地的,按土地利用年度计划分批次按照国务院规定由原批准土地利用总体规划的机关或者其授权的机关批准。而根据《土地管理法》第 20 条第 2 款、第 3 款的规定,省、自治区、直辖市的土地利用总体规划,报国务院批准。省、自治区人

民政府所在地的市、人口在一百万以上的城市以及国务院指定的城市的土地利用总体规划，经省、自治区人民政府审查同意后，报国务院批准。另一种情形是，《土地管理法》第44条第4款规定，在土地利用总体规划确定的城市和村庄、集镇建设用地规模范围外，将永久基本农田以外的农用地转为建设用地的，由国务院或者国务院授权的省、自治区、直辖市人民政府批准。三是，依法应当由国务院批准的土地征收事项。《土地管理法》第46条第1款规定，征收下列土地的，由国务院批准：(1)永久基本农田；(2)永久基本农田以外的耕地超过35公顷的；(3)其他土地超过70公顷的。符合上述规定情形的应当由国务院批准的农用地转用和土地征收事项审批，国务院都可以依照本法规定将审批权限授权给海南省人民政府实施。

2020年4月，为支持海南全面深化改革开放，推动中国(海南)自由贸易试验区试点政策落地，十三届全国人大常委会第十七次会议通过了全国人大常委会《关于授权国务院在中国(海南)自由贸易试验区暂时调整适用有关法律规定的决定》，授权国务院在中国(海南)自由贸易试验区暂时调整适用《土地管理法》第35条第1款、第46条第1款的有关规定，对中国(海南)自由贸易试验区内由国务院批准的土地征收事项，由国务院授权海南省人民政府批准。在严格落实永久基本农田保护政策，确保中国(海南)自由贸易试验区耕地总量不减少、质量不降低，建设用地在现有基础上不增加的前提下，由海南省人民政府制定具体管理办法，完善落实事中事后监管措施，经国务院自然资源主管部门同意后实施。该决定从2020年5月1日起施行，暂时调整适用的期限至2024年12月31日。为做好国务院授权给海南省人民政府批准的土地征收审批事项的承接工作，依法办理相关审批事项，2020年11月24日，海南省人民政府印发《海南省实施国务院授权土地征收审批事项管理办法》，明确根据国务院的授权决定，征收永久基本农田、永久基本农田以外的耕地超过35公顷的，以及其他土地超过70公顷的土地的，由省人民政府审批。同时，“管理办法”还从四个方面提出了明确要求：一是，明确省人民政府不得将上述审批事项委托给市县人民政府或其他机构办理。二是，要求维护被征地农民合法权益、严格耕地和永久基本农田保护要求、严格生态保护要求、加强规划和标准管控。三是，要求省和市、县、自治县人民政府、相关主管部门应当严格按照法律法规规定的条件、程序，办理国务院授权的土地征收审批事项，确保审批标准不降低、审批质量不下降。四是，提出了明确的事中事后监管措施。

二、授权下放涉及国土空间规划调整的有关审批事项

国土空间规划是对一定区域国土空间开发保护在空间和时间上作出的安排，包括总体规划、详细规划和相关专项规划。《土地管理法》第18条中规定，国家建立国土空间规划体系。编制国土空间规划应当坚持生态优先，绿色、可持续发展，科学有序统筹安排生态、农业、城镇等功能空间，优化国土空间结构和布局，提升国土空间开发、保护的质量和效率。经依法批准的国土空间规划是各类开发、保护、建设活动的基本依据。中共中央、国务院《关于建立国土空间规划体系并监督实施的若干意见》对国土空间规划的审批程序和有关要求作出了明确规定：省级国土空间规划是对全国国土空间规划的落实，指导市县国土空间规划编制，侧重协调性，由省级政府组织编制，经同级人大常委会审议后报国务院审批；需报国务院审批的城市数量，直辖市、计划单列市、省会城市及国务院指定城市的国土空间总体规划，由市政府组织编制，经同级人大常委会审议后，由省级政府

报国务院审批；规划一经批复，任何部门和个人不得随意修改、违规变更；因国家重大战略调整、重大项目建设或行政区划调整等确需修改规划的，须先经规划审批机关同意后，方可按法定程序进行修改。全省耕地、永久基本农田、林地、建设用地布局，是省级国土空间规划的重要内容，对其作出调整的，应当按照有关法律法规和中共中央、国务院《关于建立国土空间规划体系并监督实施的若干意见》规定的程序进行。根据本法的规定，国务院可以授权海南省人民政府在符合法定前提的情况下，按照国家规定的条件，对全省耕地、永久基本农田、林地、建设用地布局调整进行审批。

党中央文件和有关法律法规对加强国土空间管控提出了明确要求，依照本法下放国土空间规划调整审批程序，应当符合相关的管控要求。中共中央、国务院《关于建立国土空间规划体系并监督实施的若干意见》提出，划定生态保护红线、永久基本农田、城镇开发边界等空间管控边界以及各类海域保护线，强化底线约束，为可持续发展预留空间。中共中央、国务院《关于支持海南全面深化改革开放的指导意见》提出，构建国土空间开发保护制度。深入落实主体功能区战略，健全国土空间用途管制制度，完善主体功能区配套政策，制定实施海南省海洋主体功能区规划。完成生态保护红线、永久基本农田、城镇开发边界和海洋生物资源保护线、围填海控制线划定工作，严格自然生态空间用途管制。中共中央办公厅、国务院办公厅《关于划定并严守生态保护红线的若干意见》提出，生态保护红线划定后，只能增加、不能减少，因国家重大基础设施、重大民生保障项目建设等需要调整的，由省级政府组织论证，提出调整方案，经环境保护部、国家发展改革委会同有关部门提出审核意见后，报国务院批准。《土地管理法》《森林法》等法律法规对严格保护永久基本农田，实行耕地、林地、建设用地总量控制作出了明确规定。《土地管理法》第23条第1款规定，各级人民政府应当加强土地利用计划管理，实行建设用地总量控制；第32条第1款规定，省、自治区、直辖市人民政府应当严格执行土地利用总体规划和土地利用年度计划，采取措施，确保本行政区域内耕地总量不减少、质量不降低；第35条第1款规定，永久基本农田经依法划定后，任何单位和个人不得擅自占用或者改变其用途。《森林法》第36条规定，国家保护林地，严格控制林地转为非林地，实行占用林地总量控制，确保林地保有量不减少。各类建设项目占用林地不得超过本行政区域的占用林地总量控制指标。根据本法规定下放国土空间规划调整审批程序，也应当以不突破海南省国土空间规划明确的生态保护红线、永久基本农田面积、耕地和林地保有量、建设用地总规模等重要指标并确保质量不降低为前提。

三、支持土地管理和利用方面的探索与创新

在下放有关审批权限的同时，《海南自由贸易港法》积极推动土地管理和利用方面的探索和创新，保障海南自由贸易港建设有关用地用海需求，为相关领域的改革与发展留下了制度接口。

1. 积极推进城乡及垦区一体化协调发展和小城镇建设用地新模式，推进农垦土地资产化

推进城乡及垦区一体化协调发展，是党中央、国务院提出的明确要求，也是优化垦地土地资源配置，推进垦地资产资源整合，统筹区域经济协调可持续发展的必然要求。推进农垦土地资产化，是深化农垦改革、做强做优农垦经济的重要途径。中共中央、国务院《关于支持海南全面深化改革开放的指导意见》提出，要深化农垦改革，推进垦区集团化、农场企业化改革，有序推

行土地资产化和资本化。2015年,中共中央、国务院发布《关于进一步推进农垦改革发展的意见》,明确提出要推动垦地城镇融合发展、推进农垦土地资源资产化和资本化:一是,要求地方在依法编制经济社会发展规划、城乡规划、土地利用总体规划、新型城镇化发展规划及公共服务体系等规划时,要将农垦纳入其中并同步组织实施。二是,推进垦区新型城镇化,远离中心城镇的国有农场要逐步发展成为功能设施齐全、公共服务配套的新型小城镇。毗邻城镇的国有农场,要加大区域资源共享共建力度,与地方政府合作开展城镇开发建设,防止互相隔离和重复建设,推动垦地城镇融合发展。三是,推进农垦土地资源资产化和资本化,创新农垦土地资产配置方式。对农垦企业改革改制中涉及的国有划拨建设用地和农用地,可按需要采取国有土地使用权出让、租赁、作价出资(入股)和保留划拨用地等方式处置。省级以上政府批准实行国有资产授权经营的国有独资企业、国有独资公司等农垦企业,其使用的原生产经营性国有划拨建设用地和农用地,经批准可以采取作价出资(入股)、授权经营方式处置。有序开展农垦国有农用地使用权抵押、担保试点。四是,保障农垦产业发展和城镇化建设合理用地需求。农垦现有划拨建设用地,经批准办理有偿使用手续后,可以转让、出租、抵押或改变用途,需办理出让手续的,可以采取协议方式。

探索小城镇建设用地新模式,是《海南自由贸易港建设总体方案》提出的明确要求。近年来,党中央积极鼓励各地开展用地方式的创新,2021年中央一号文件提出要探索灵活多样的供地新方式,《乡村振兴促进法》第67条第2款也作出了相应规定。目前,海南省积极探索点状供地等用地新模式,积累了一些经验。

2. 依法保障海南自由贸易港国家重大项目用海需求

长期以来,一些地方开展了比较大规模的围填海活动,使我国一些地方的滨海湿地面积大规模减小，自然岸线锐减，对海洋和陆地生态系统造成损害。为此，2018年，国务院发布《关于加强滨海湿地保护严格管控围填海的通知》，对围填海活动实行严格管控。该通知提出，严控新增项目，完善围填海总量管控，取消围填海地方年度计划指标，除国家重大战略项目外，全面停止新增围填海项目审批；严格审批程序，党中央、国务院、中央军委确定的国家重大战略项目涉及围填海的，由国家发展改革委、自然资源部按照严格管控、生态优先、节约集约的原则，会同有关部门提出选址、围填海规模、生态影响等审核意见，按程序报国务院审批。省级人民政府为落实党中央、国务院、中央军委决策部署，提出的具有国家重大战略意义的围填海项目，由省级人民政府报国家发展改革委、自然资源部。国家发展改革委、自然资源部会同有关部门进行论证，出具围填海必要性、围填海规模、生态影响等审核意见，按程序报国务院审批。可以看出，一方面，国家对围填海活动实行严格管控；另一方面，对于国家重大项目的合理用海需求仍然有必要予以满足，但要经规定的程序严格审核报批后才可实施。本条的规定，进一步强调了依法保障国家重大项目用海需求的明确要求。国家重大项目需要使用海域的，还应当依照《海域使用管理法》《报国务院批准的项目用海审批办法》《关于加强滨海湿地保护严格管控围填海的通知》等法律、法规、规章和规范性文件规定的程序和要求予以报批。

第四十九条　海南自由贸易港建设应当切实保护耕地，加强土地管理，建立集约节约用地制度、评价标准以及存量建设用

地盘活处置制度。充分利用闲置土地，以出让方式取得土地使用权进行开发的土地，超过出让合同约定的竣工日期一年未竣工的，应当在竣工前每年征收出让土地现值一定比例的土地闲置费。具体办法由海南省制定。

【释义】 本条是关于切实保护耕地，加强土地集约节约利用的规定。

一、切实保护耕地，加强土地集约节约利用

党中央高度重视耕地保护和土地集约节约利用，多个党中央文件对此提出了明确要求，《土地管理法》《城市房地产管理法》《乡村振兴促进法》《基本农田保护条例》等法律法规也作出了明确规定。2015 年，中共中央、国务院印发《生态文明体制改革总体方案》，明确提出完善最严格的耕地保护制度和土地节约集约利用制度，要求完善基本农田保护制度，强化耕地质量保护与提升建设，完善耕地占补平衡制度，实施建设用地总量控制和减量化管理，建立节约集约用地激励和约束机制，调整结构、盘活存量，合理安排土地利用年度计划。"十四五"规划纲要提出，坚持最严格的耕地保护制度，强化耕地数量保护和质量提升，严守 18 亿亩耕地红线；加强土地节约集约利用，加大批而未供和闲置土地处置力度，盘活城镇低效用地。《土地管理法》将合理利用土地、切实保护耕地写入立法目的，明确十分珍惜、合理利用土地和切实保护耕地是我国的基本国策，将严格保护永久基本农田、严格控制非农业建设占用农用地、提高土地节约集约利用水平、占用耕地与开发复垦耕地数量平衡质量相当等作为编制土地利用总体规划的基本原则，同时专设"耕地保护"一章，对实行占用耕地补偿制度、确保省级行政区域内耕地总量不减少质量不降低、实施永久基本农田保护制度、改良土壤提高地力、非农业建设必须节约使用土地、禁止非法占用耕地、禁止闲置荒芜耕地、加强房地产开发闲置土地管理等作出了明确规定。《乡村振兴促进法》对严格保护耕地，推进节约集约用地，提高土地使用效率，依法采取措施盘活农村存量建设用地，激活农村土地资源等也作出了明确规定。

为更好地开展海南自由贸易港建设，一方面，要赋予海南在土地管理和利用方面更大的自主权，依法加强用地用海制度保障；另一方面，也要贯彻落实党中央关于加强耕地保护和土地集约节约利用的要求，切实推进社会主义生态文明建设。中共中央、国务院《关于支持海南全面深化改革开放的指导意见》提出，要实行最严格的节约用地制度，实施建设用地总量和强度双控行动，推进城市更新改造，对低效、零散用地进行统筹整合、统一开发，确保海南建设用地总量在现有基础上不增加，人均城镇工矿用地和单位国内生产总值建设用地使用面积稳步下降。《海南自由贸易港建设总体方案》提出，建立集约节约用地制度、评价标准以及存量建设用地盘活处置政策体系。为此，《海南自由贸易港法》将上述要求写入法律，明确海南自由贸易港建设应当切实保护耕地，加强土地管理，建立集约节约用地制度、评价标准以及存量建设用地盘活处置制度。

二、完善土地闲置费征收制度

充分利用闲置土地，是集约节约用地制度的重要内容。《土地管理法》《城市房地产管理法》对充分利用闲置土地作出了明确规定。《城市房地产管理法》第 26 条规定，以出让方式取得土地使用权进行房地产开发的，必须按照土地使用权出让合同约定的土地用途、动工开发期限开发土地。超过出让合同约定的动工开发日期满 1 年未动工开发的，可以征收相当于土地使用权出让金 20%以下的土地闲置费；满 2 年未动工开发的，可以无偿收回土地使用权；但是，因不可抗力或者政府、政府有关部门的行为或者动工开发必需的前期工作造成动工开发迟延的除外。但在实践中，有的地方反映，这一条的执行效果不太理想，还存在一些问题，比如，对长期不竣工的“龟速开发”“烂尾楼”等低效用地情形无法处罚等。为此，《海南自由贸易港法》在《城市房地产管理法》有关规定的基础上，增加了更具可操作性的土地闲置费征收措施。实施中应注意以下问题：一是，以合同约定的竣工日期为节点。二是，明确按照出让土地“现值”一定比例征收。三是强调“每年”征收。

此外，本条还授权海南省制定相关具体办法，为海南省根据自身特点作出细化规定留出了制度接口。

第五十条　海南自由贸易港坚持金融服务实体经济，推进金融改革创新，率先落实金融业开放政策。

【释义】　本条是关于海南自由贸易港金融领域改革发展的总体要求的规定。

一、关于坚持金融服务实体经济

金融领域的高度开放是自由贸易港的特点之一。《海南自由贸易港建设总体方案》提出，坚持金融服务实体经济，重点围绕贸易投资自由化便利化，分阶段开放资本项目，有序推进海南自由贸易港与境外资金自由便利流动。金融服务为海南自由贸易港建设和发展提供不可或缺的"血液",要立足海南旅游业、现代服务业、高新技术产业等重点产业发展需要,推进金融领域的改革创新,以增强金融服务实体经济能力为出发点和落脚点,实现金融业的扩大开放。

金融服务实体经济意味着:第一,建立完善的支付体系;第二,为企业提供流动资金支持;第三,为实体经济提供融资服务。随着技术的发展,实体经济必然要进行新的研发投资、设备投资,更新技术工艺、更新产品。为上述投资所进行的融资服务,包括银行信贷、其他非银金融机构的活动、资本市场的融资也应看作服务实体经济的组成部分。2021 年 3 月,中国人民银行、中国银行保险监督管理委员会、中国证券监督管理委员会、国家外汇管理局联合发布《关于金融支持海南全面深化改革开放的意见》,提出金融支持海南全面深化改革开放的总体原则和六大方面的政策措施,主要包括提升人民币可兑换水平支持跨境贸易投融资自由化和便利化,完善海南金融市场体系,扩大海南金融业对外开放,加强金融产品和服务创新,提升金融服务水平,加强金融监管、防范化解金融风险等,推动建立与海南自由贸易港相适应的金融政策和制度框架,夯实海南金融基础。该意见在总体原则部分提出:一是,支持海南实体经济发展。坚持深化金融供给侧结构性改革,创新金融政策、产品和工具,聚焦发展旅游业、现代服务业和高新技术产业,重点支持海洋产业、医疗健康、旅游会展、交通运输、现代农业、服务外包等重点领域发展,推动建立开放型生态型服务型产业体系,促进服务业优化升级,推动经济高质量发展。二是,服务海南自由贸易港建设。围绕建设全面深化改革开放试验区、国家生态文明试验区、国际旅游消费中心、国家重大战略服务保障区的战略定位,服务国内其他地区与海南自由贸易港资金往来和跨境贸易投资自由化便利化,分阶段、分步骤实施各项金融改革开放与创新举措,推动海南成为新时代全面深化改革开放的新标杆。

二、关于推进金融领域改革创新

党的十九届五中全会审议通过的《中共中央关于制定国民经济和社会发展第十四个五年规划和二〇三五年远景目标的建议》提出,构建金融有效支持实体经济的体制机制,提升金融科技水平,增强金融普惠性。金融是实体经济的血脉。海南自由贸易港的长远发展,离不开金融业的创新发展,通过深化改革,打通堵点,补齐短板,提高服务实体经济质效。海南金融领域的创新改革,要围绕海南定位和发展的重点产业,构建多层次的金融机构体系,坚定推进金融供给侧结构性改革,既要发展大型、超大型金融企业,也要培育中小型金融机构;既要有综合经营的一站式机构,也要有特色化的专业机构。调整优化银行业体系。目前金融供给不平衡不充分与金融需求多层次多样化的矛盾依旧突出,要深化国有商业银行改革,同时支持中小银行和农村信用社持续健康发展,构建多层次、广覆盖、差异化的银行机构体系围绕实体经济需求,优化金融供给的结构和效率。产业金融、普惠金融、绿色金融、科技金融等将是未来金融业着力发展的重点方向。契合不同发展阶段企业的风险特点和资金需求特点,资本市场的融资功能要进一步增强,切实发挥创业板、中小板、新三板的功能,完善更具包容性适应性的多层次资本市场体系,充分发挥直接融资对实体经济的支持作用。此外,金融支持实体经济,必须以自身的稳健运行为前提,金融监管体系改革是防范化解风险的重要保障。《关于金融支持海南全面深化改革开放的意见》提出,海南自由贸易港要以制度创新为核心深化金融改革开放。坚持对标国际的原则,深化金融改革开放。按照远近结合、循序渐进、突出重点的工作思路，在跨境资金流动自由便利、投融资汇兑便利化、金融业对外开放等方面先行先试，积极探索更加灵活的金融政策体系、监管模式、管理体制。

在扩大金融业对内对外开放方面，《海南自由贸易港建设总体方案》提出，要支持建设国际能源、航运、产权、股权等交易场所，并加快发展结算中心。在加快金融改革创新方面，《海南自由贸易港建设总体方案》重点提出，要支持住房租赁金融业务创新和规范发展，支持发展房地产投资信托基金。

另外，《海南自由贸易港建设总体方案》部署了分步骤、分阶段的安排。在金融领域，2025 年前的重点任务包括三方面，分别为试点改革跨境证券投融资政策、加快金融业对内对外开放、增强金融服务实体经济能力。其中，在试点改革跨境证券投融资政策方面，支持企业境外发行股票、债券，将企业发行外债备案登记制管理下放至海南省发展改革部门。探索开展跨境资产管理业务试点，企业境外上市外汇登记直接到银行办理。在加快金融业对内对外开放方面，支持境外证券、基金、期货等机构在海南自由贸易港设立独资或合资金融机构，依托海南自由贸易港建设，推动发展相关的场外衍生品业务，推进产权交易场所建设，支持财产险、人身险、再保险公司以及相互保险组织和自保公司的设立。在增强金融服务实体经济能力方面，对有稳定现金流的优质旅游资产，推动开展证券化试点，支持保险业金融机构与境外机构合作开发跨境医疗保险产品。

《海南自由贸易港建设总体方案》同时要求，要优化金融基础设施和金融法治环境，加强金融消费者权益保护，依托资金流信息监测管理系统，建立健全资金流动监测和风险防控体系。建立自由贸易港跨境资本流动宏观审慎管理体系，加强对重大风险的识别和系统性金融风险的防范。加强反洗钱、反恐怖融资和反逃税审查,研究建立洗钱风险评估机制,定期评估洗钱和恐怖融资风险。构建适应海南自由贸易港建设的金融监管协调机制。《关于金融支持海南全面深化改革开放的意见》提出,海南自由贸易港要加强金融风险防控体系建设。坚持底线思维,稳扎稳打、步步为营,完善与金融开放创新相适应的跨境资金流动风险防控体系,在确保有效监管和风险可控的前提下,稳妥有序推进各项金融开放创新举措,统筹安排好开放节奏和进度,成熟一项推进一项,牢牢守住不发生系统性金融风险的底线。

第五十一条　海南自由贸易港建立适应高水平贸易投资自由化便利化需要的跨境资金流动管理制度,分阶段开放资本项目,逐步推进非金融企业外债项下完全可兑换,推动跨境贸易结算便利化,有序推进海南自由贸易港与境外资金自由便利流动。

【释义】　本条是关于海南自由贸易港跨境资金流动的规定。

一、跨境资金自由便利流动

《海南自由贸易港建设总体方案》提出的2035年前重点任务中包括实现跨境资金流动自由便利。近年来,中国人民银行和国家外汇管理局不断出台跨境资金流动自由化、便利化政策,支持海南自由贸易港的发展。《关于金融支持海南全面深化改革开放的意见》,在提升人民币可兑换水平,支持跨境贸易投资自由化便利化方面明确规定了如下举措:一是,进一步推动跨境货物贸易、服务贸易以及新型国际贸易结算便利化。根据“了解客户、了解业务、尽职审查”原则,审慎合规的海南自由贸易港银行可试点凭支付指令为优质客户办理真实合规货物贸易和服务贸易结算，实现银行真实性审核从事前审查转为事后核查。实施与跨境服务贸易配套的资金支付与转移制度。支持海南自由贸易港试点银行，在强化对客户分级管理的基础上，进一步便利真实合规新型国际贸易的跨境结算。二是，探索适应市场需求新形态的跨境投资外汇管理。在风险可控前提下，允许海南自由贸易港内合格境外有限合伙人(QFLP)按照余额管理模式自由汇出、汇入资金，简化外汇登记手续。将海南自由贸易港纳入合格境内有限合伙人(QDLP)试点，给予海南自由贸易港 QDLP 试点基础额度，每年可按一定规则向其增发 QDLP 额度。三是，完善全口径跨境融资宏观审慎管理政策框架。可适当提高海南自由贸易港内注册的非金融企业(不含房地产企业和地方政府融资平台)跨境融资上限，实现更高额度的跨境资金融入规模。四是，探索开展跨境资产管理业务试点。支持境外投资者投资海南自由贸易港内金融机构发行的理财产品、证券期货经营机构私募资产管理产品、公募证券投资基金、保险资产管理产品等资产管理产品。五是，探索放宽个人跨境交易政策。支持在海南自由贸易港内就业的境外个人开展包括证券投资在内的各类境内投资。允许符合条件的非居民按实需原则在海南自由贸易港内购买房地产，对符合条件的非居民购房给予汇兑便利。研究进一步便利海南居民个人用汇。六是，在海南开展本外币合一跨境资金池业务试点。支持符合条件的跨国企业集团在境内外成员之间集中开展本外币资金余缺调剂和归集业务，专户内资金按实需兑换，对跨境资金流动实行双向宏观审慎管理。七是，支持符合资格的非银行金融机构开展结售汇业务试点。符合资格的非银行金融机构满足一定条件后可参与到银行间外汇市场，依法合规开展人民币对外汇即期业务和相关衍生品交易。

二、分阶段开放资本项目

资本项目可兑换,是指一国的货币不仅在国际收支经常性往来中可以自由兑换成其他货币,而且在资本项目上也可以实现自由兑换。该国居民不仅可以通过经常账户交易外汇,也可以通过资本账户交易获得外汇,所获外汇既可在外汇市场上出售,也可自行在国内或国外持有;国内外居民也可以将该国货币兑换成他国货币在国内外持有,满足资产需求。

资本项目开放具有以下优势:一是,有利于增强我国金融部门服务水平,提升金融资本配置和运营效率。二是,有利于我国居民资产多元化和分散投资风险。我国居民金融资产的品种较为单一,投资渠道狭窄。资本项目开放使国内居民可以在全球范围内进行资产组合投资管理,分散投资风险和分享国际投资的收益。三是,有利于引进外资和促进经济发展。资本项目可兑换是一个双向机制,在“走出去”的同时也有利于“引进来”。境外投资者对中国资本市场的深入参与,将带来新的市场规则、工具、技术和资金,可以提高我国以低于使用国内储蓄成本而动用全球储蓄进行投资的能力,促进跨境贸易和投资的便利化,促进实体经济的发展。

海南自由贸易港允许符合一定条件的非金融企业,根据实际融资需要自主借用外债,最终实现海南自由贸易港非金融企业外债项下完全可兑换。

同时,资本项目开放也可能会引发以下的风险:一是,引发资本外逃的风险。资本项目开放后,国内外资本流动更加便利,资本外逃的成本降低。基于逃避金融压抑、转移非法所得、趋利避险等动机引起的资本外逃会进一步加大。二是,加剧汇率剧烈波动的风险。大量的资本外逃引起本国的外汇储备减少,国际收支出现逆差，外汇市场上外币供不应求，导致本国货币剧烈贬值。三是，引发宏观经济不稳定导致经济金融危机的风险，伴随资本管制的放松而来的资本外逃和相关风险会破坏一国金融稳定并威胁到实体经济发展。比如资本外逃会减少国内储蓄，减少了国内投资资金来源，而投资的减少势必造成经济增长速度乘数放慢。同时，资本项目开放必须采取循序渐进的策略，要综合考量宏观经济状况、国际储备量、经济规模和开放程度、贸易自由化和经常账户开放情况、利率市场化情况、监管体系等，分步骤进行。

第五十二条　海南自由贸易港内经批准的金融机构可以通过指定账户或者在特定区域经营离岸金融业务。

【释义】 本条是关于海南自由贸易港经营离岸金融业务的规定。

一、离岸金融业务

离岸金融，是指以自由兑换货币为交易媒介，非居民（境外的个人、法人、政府机构、国际组织等）参与为主，提供结算、借贷、资本流动、保险、信托、证券和衍生工具交易等金融服务，且不受市场所在国和货币发行国一般金融法律法规限制的金融活动。即虽然设在某国境内但与该国金融制度没有联系，且不受该国金融法规管制的金融机构所进行的资金融通活动。离岸金融的主要业务是吸收非居民的资金并服务于非居民融资需要，因此被形象地喻为“两头在外”的金融业务，所形成的市场称为离岸金融市场。例如，一家信托投资公司将总部设在巴哈马群岛,其业务活动却是从欧洲居民或其他非美国居民那里吸收美元资金,再将这些资金投放于欧洲居民或非美国居民中,该公司便在从事离岸金融活动。

离岸金融市场与传统的国际金融市场的区别在于:一是,从市场的性质看,传统国际金融市场本质上是国内市场,因为它受市场所在国法令的管制,经营的是市场所在国的货币,利率体系也是实行所在国利率;离岸金融市场是一个无国籍的、完全国际化的市场,它不受任何一国货币法令的管制,主要经营境外货币,实行特有的国际利率结构。二是,从借贷关系看,传统国际金融市场的借贷关系是在本国人与本国人之间或者本国人与外国人之间;离岸金融市场的借贷关系是在外国人与外国人之间,即用非居民存款向非居民提供外币存款,并以境外资金来源为特征。

二、实施离岸金融业务的限制条件

离岸金融业务的监管难度大、造成系统性金融风险的可能性高,应当审慎探索。因此,本条明确规定了经营离岸金融业务的限制条件,即"经批准"的金融机构,通过"指定账户"或者在"特定区域"经营,确保海南离岸金融市场与国内金融市场有效隔离。

我国离岸金融始于1989年,蛇口招商银行、工商银行和农业银行相继获准办理离岸业务。但是随着业务的开展,离岸业务不良贷款大幅度上升,在岸金融业务也受到影响,1999年1月,离岸业务被紧急叫停。2002年,离岸金融业务重新启动。

1997年,中国人民银行出台《离岸银行业务管理办法》,1998年,国家外汇管理局出台《离岸银行业务管理办法实施细则》。根据这两个规范性文件,我国的"离岸金融业务",是指经国家外汇管理局批准经营外汇业务的中资银行及其分支行,吸收非居民的资金,服务于非居民的金融活动。其服务对象"非居民",是指在境外(含我国港、澳、台地区)的自然人、法人(含在境外注册的中国境外投资企业)、政府机构、国际组织及其他经济组织,包括中资金融机构的海外分支机构,但不包括境内机构的境外代表机构和办事机构。在申请和审批方面,银行总行申请经营离岸银行业务,由国家外汇管理局审批;银行分行申请经营离岸银行业务,由当地外汇局初审后,报国家外汇管理局审批。在离岸金融业务试点范围方面,主要包括以下八项:吸收境外居民和非居民的外币存款;发放对境外居民和非居民的贷款;办理对境外居民和非居民的外汇买卖、汇兑和国际结算业务;参与国际金融市场的资金拆借业务;组织和参与境外国际银团贷款;代理境外居民和非居民的证券买卖业务;办理在国际金融市场发行债券筹集资金业务;境外公司和企业提供担保业务。

此外,根据有关规定,离岸银行业务采取"两头在外、内外分离"的经营管理模式;离岸业务对象严格限定在"非居民";离岸银行业务实行独立核算,单独设置账簿并编制单独的财务报表和统计报表;离岸银行离岸头寸与在岸头寸相互抵补量不得超过上年离岸总资产月平均余额的10%,离岸头寸与在岸头寸抵补后的外汇净流入不得超过国家外汇管理局当年核定的银行短期外债指标;离岸银行发行大额可转让存款证的余额不得超过上年离岸负债月平均余额的40%;离岸银行依法处理境内抵押物所得人民币需要兑换成外汇的必须逐笔报当地外汇局审批等限制条件。

第五十三条 海南自由贸易港加强社会信用体系建设和应用,构建守信激励和失信惩戒机制。

【释义】 本条是关于加强社会信用体系建设和应用的规定。

一、加强社会信用体系建设和应用的必要性和重要性

市场经济首先是信用经济。良好的社会信用体系以法律、法规、标准和契约为依据,以健全覆盖社会成员的信用记录和信用基础设施网络为基础,以信用信息合规应用和信用服务体系为支撑,以树立诚信文化理念、弘扬诚信传统美德为内在要求,以守信激励和失信约束为奖惩机制。长期以来,恶意拖欠和逃废银行债务、逃骗偷税、商业欺诈、制假售假、非法集资等不讲诚信的现象时有发生、屡禁不止,加快建设社会信用体系,是完善社会主义市场经济体制、加强和创新社会治理的重要手段,有利于推进政府更好地履行经济调节、市场监管、社会管理和公共服务的职能,对于维护正常的经济秩序和社会秩序,保障市场主体和人民群众的合法权益,增强社会成员的诚信意识,营造优良的信用环境,提升国家的整体竞争力,促进社会发展与文明进步具有重要意义。

党中央、国务院高度重视社会信用体系建设。2007 年,国务院办公厅发布《关于社会信用体系建设的若干意见》(已失效),提出要坚持"统筹规划、分类指导,政府推动、培育市场,完善法规、严格监管,有序开放、维护安全"的原则,建立全国范围信贷征信机构与社会征信机构并存、服务各具特色的征信机构体系,最终形成体系完整、分工明确、运行高效、监管有力的社会信用体系基本框架和运行机制。2012 年党的十八大报告提出要加强

政务诚信、商务诚信、社会诚信和司法公信建设。2013 年党的十八届三中全会提出要建立健全社会征信体系,褒扬诚信,惩戒失信。2013 年,国务院发布《征信业管理条例》,对征信机构、征信业务规则、异议和投诉程序、金融信用信息基础数据库建设、监督管理措施等作出了规定。2014 年,国务院发布《社会信用体系建设规划纲要(2014—2020 年)》,对社会信用体系建设总体思路、加快重点领域的诚信建设、加强诚信教育与诚信文化建设、加快推进信用信息系统建设和应用、完善以奖惩制度为重点的社会信用体系运行机制、建立实施支撑体系等作出了制度安排。2016 年,国务院办公厅发布《关于加强个人诚信体系建设的指导意见》,国务院发布《关于加强政务诚信建设的指导意见》,对个人和政务诚信建设提出了明确要求。2019 年,国务院办公厅发布《关于加快推进社会信用体系建设构建以信用为基础的新型监管机制的指导意见》,提出要按照依法依规、改革创新、协同共治的基本原则,以加强信用监管为着力点,创新监管理念、监管制度和监管方式,建立健全贯穿市场主体全生命周期,衔接事前、事中、事后全监管环节的新型监管机制。2020 年,国务院办公厅发布《关于进一步完善失信约束制度构建诚信建设长效机制的指导意见》,提出要着力构建诚信建设长效机制,按照依法依规、保护权益、审慎适度、清单管理的总体思路,进一步规范和健全失信行为认定、记录、归集、共享、公开、惩戒和信用修复等机制,推动社会信用体系迈入高质量发展的新阶段。2020 年,“十四五”规划纲要提出,建立健全信用法律法规和标准体系,制定公共信用信息目录和失信惩戒措施清单,完善失信主体信用修复机制。推广信用承诺制度。加强信用信息归集、共享、公开和应用,推广惠民便企信用产品与服务。建立公共信用信息和金融信息的共享整合机制。培育具有国际竞争力的企业征信机构和信用评级机构,加强征信监管,推动信用服务市场健康发展。加强信用信息安全管理,保障信用主体合法权益。建立健全政府失信责任追究制度。党中央、国务院出台的一系列重要文件,内容全面、一脉相承,既凸显了加强社会信用体系建设和应用的必要性和重要性,又为各方面开展相关具体工作提供了明确的指引和依据。

二、加强社会信用体系建设和应用的主要措施

要推动海南成为新时代全面深化改革开放的新标杆,将海南打造成开放层次更高、营商环境更优、辐射作用更强的开放新高地,实现更高质量、更有效率、更加公平、更可持续的发展,必然要求加强社会信用体系建设和应用,提升共建共治共享的社会治理水平和监管能力,营造公平诚信的市场环境和社会风气。中共中央、国务院《关于支持海南全面深化改革开放的指导意见》提出,要全面推进社会信用体系建设,加快构建守信激励和失信惩戒机制。《海南自由贸易港建设总体方案》明确提出要强化监管立法和执法,加强社会信用体系应用,并将建立健全社会信用体系等制度,建立健全以信用监管为基础、与负面清单管理方式相适应的过程监管体系纳入 2025 年以前的重点任务。2021 年 1 月,海南省人民政府办公厅出台《关于构建海南自由贸易港以信用监管为基础的过程监管体系的实施意见》,对加强海南自由贸易港社会信用体系建设与应用作出了制度安排。此外,海南省有关部门还出台了《企业信用风险分类监管暂行办法》《严重违法失信企业信用修复办法》等,不断加强海南自由贸易港社会信用体系建设与应用。

根据上述国家层面和海南省方面发布的文件,加强社会信用体系建设和应用的主要措施有:

1. 加强社会信用体系建设与应用，构建以信用为基础的新型监管机制

重点是逐步健全市场主体全覆盖、政务服务全流程、事前事中事后全周期联动的信用监管机制，完善分级分类监管体系，建立政府管标准、主体作承诺、过程强监管、信用有褒惩的监管格局。一是，全面推行信用承诺制，积极推动行政审批告知承诺、证明事项告知承诺、主动承诺和行业自律信用承诺、信用修复承诺，健全信用承诺工作机制。二是，创新实施以信用查验为重点的事前环节信用监管。组织开展经营者准入前诚信教育，完善信用查验机制，推广应用信用报告。三是，加强以分级分类监管为重点的事中环节信用监管。全面建立市场主体信用记录，规范开展市场主体信用评价，推进建立信用信息自主自愿申报机制，大力推进信用分级分类监管，加强信用承诺核查和监管。四是，完善以失信惩戒为基础机制的事后环节信用监管。规范开展失信惩戒对象认定，督促失信市场主体限期整改，全面构建失信惩戒大格局，依法依规实施市场和行业禁入措施，依法追究违法失信责任，大力推进信用监管信息公开公示。五是，强化信用监管的支撑保障。强化法规、文件和信用监管事项清单的制定实施，着力提升信用监管信息化建设水平，强化公共信用服务供给，充分发挥互联网和大数据等新技术对信用监管的支撑作用，切实加强信用信息安全防护，积极引导行业组织和信用服务机构协同监管。六是，强化市场主体权益保护。建立完善信用修复机制，建立健全信用信息异议、投诉制度。七是，强化考核评价与监督。持续开展信用体系建设考核，推动将社会信用体系建设情况纳入法治政府、营商环境等其他相关考核和评估体系。

2. 构建守信激励和失信惩戒机制

坚持褒扬诚信、惩戒失信的原则，建立守信激励和失信惩戒

机制,是加强社会信用体系建设和应用的重要内容,主要是推进信用分级分类监管,充分运用信用激励和约束手段,对信用较好、风险较低的市场主体予以激励,对违法失信、风险较高的市场主体依法依规实行严管和惩戒,形成让守信者受益、失信者受限的正面导向。

在健全褒扬和激励诚信行为机制方面:一是,探索建立行政审批"绿色通道"。在办理行政许可过程中,对诚信典型和连续三年无不良信用记录的行政相对人,可根据实际情况实施"绿色通道"和"容缺受理"等便利服务措施。二是,优先提供公共服务便利。在实施财政性资金项目安排、招商引资配套优惠政策等各类政府优惠政策中,优先考虑诚信市场主体,加大扶持力度。三是,优化诚信企业行政监管安排。对符合一定条件的诚信企业,在日常检查、专项检查中优化检查频次。四是,降低市场交易成本。引导金融机构和商业销售机构等市场服务机构参考使用市场主体信用信息、信用积分和信用评价结果,对诚信市场主体给予优惠和便利。五是,多渠道选树诚信典型,大力推介诚信市场主体,引导征信机构加强对市场主体正面信息的采集,在诚信问题反映较为集中的行业领域,对守信者加大激励性评分比重,让信用成为市场配置资源的重要考量因素。

在健全约束和惩戒失信行为机制方面:一是,对重点领域和严重失信行为实施联合惩戒。在有关部门和社会组织依法依规对本领域失信行为作出处理和评价基础上,通过信息共享,推动其他部门和社会组织依法依规对严重失信行为采取联合惩戒措施。二是,依法依规加强对失信行为的行政性约束和惩戒。从严审核行政许可审批项目,从严控制生产许可证发放,限制新增项目审批、核准,限制股票发行上市融资或发行债券,限制在全国股份转让系统挂牌、融资,限制发起设立或参股金融机构以及小额贷款公司、融资担保公司、创业投资公司、互联网融资平台等机构,限制从事互联网信息服务等。严格限制申请财政性资金项目,限制参与有关公共资源交易活动,限制参与基础设施和公用事业特许经营等。三是,加强对失信行为的市场性约束和惩戒。对严重失信主体,有关部门和机构应以统一社会信用代码为索引,及时公开披露相关信息,便于市场识别失信行为,防范信用风险。督促有关企业和个人履行法定义务,对有履行能力但拒不履行的严重失信主体实施限制出境和限制购买不动产、乘坐飞机、乘坐高等级列车和席次、旅游度假、入住星级以上宾馆及其他高消费行为等措施。支持征信机构采集严重失信行为信息,纳入信用记录和信用报告。引导商业银行、证券期货经营机构、保险公司等金融机构按照风险定价原则,对严重失信主体提高贷款利率和财产保险费率,或者限制向其提供贷款、保荐、承销、保险等服务。四是,加强对失信行为的行业性约束和惩戒。建立健全行业自律公约和职业道德准则,推动行业信用建设。引导行业协会商会完善行业内部信用信息采集、共享机制,将严重失信行为记入会员信用档案。五是,加强对失信行为的社会性约束和惩戒。充分发挥各类社会组织作用,引导社会力量广泛参与失信联合惩戒。建立完善失信举报制度,鼓励公众举报企业严重失信行为,对举报人信息严格保密。六是,完善个人信用记录,推动联合惩戒措施落实到人。对企事业单位严重失信行为,在记入企事业单位信用记录的同时,记入其法定代表人、主要负责人和其他负有直接责任人员的个人信用记录。在对失信企事业单位进行联合惩戒的同时,依照法律法规和政策规定对相关责任人员采取相应的联合惩戒措施。通过建立完整的个人信用记录数据库及联合惩戒机制,使失信惩戒措施落实到人。

在建立健全信用主体权益保护机制方面:一是,建立健全信用修复机制。联合惩戒措施的发起部门和实施部门应按照法律法规和政策规定明确各类失信行为的联合惩戒期限。在规定期限内纠正失信行为、消除不良影响的,不再作为联合惩戒对象。建立有利于自我纠错、主动自新的社会鼓励与关爱机制,支持有失信行为的个人通过社会公益服务等方式修复个人信用。二是,建立健全信用信息异议、投诉制度。有关部门和单位在执行失信联合惩戒措施时主动发现、经市场主体提出异议申请或投诉发现信息不实的,应及时告知信息提供单位核实,信息提供单位应尽快核实并反馈。联合惩戒措施在信息核实期间暂不执行。经核实有误的信息应及时更正或撤销。因错误采取联合惩戒措施损害有关主体合法权益的,有关部门和单位应积极采取措施恢复其信誉、消除不良影响。支持有关主体通过行政复议、行政诉讼等方式维护自身合法权益。

第五十四条　国家支持探索与海南自由贸易港相适应的司法体制改革。海南自由贸易港建立多元化商事纠纷解决机制,完善国际商事纠纷案件集中审判机制,支持通过仲裁、调解等多种非诉讼方式解决纠纷。

【释义】　本条是关于推进司法体制改革,完善多元化商事纠纷解决机制和国际商事纠纷案件集中审判机制的规定。

一、探索与海南自由贸易港相适应的司法体制改革

把握海南自由贸易港建设的司法需求,推进符合司法规律、有利于自由贸易港发展的司法体制改革,是为海南自由贸易港发展提供良好司法服务的客观需要,也是全面推进海南自由贸

易港法治建设,营造国际一流的自由贸易港法治环境,推动海南成为新时代全面深化改革开放的新标杆,形成更高层次改革开放新格局,探索实现更高质量、更有效率、更加公平、更可持续的发展的必然要求。中共中央、国务院《关于支持海南全面深化改革开放的指导意见》提出,深化司法体制综合配套改革,全面落实司法责任制,实行法院、检察院内设机构改革试点,建立法官、检察官员额退出机制。2018 年 8 月,最高人民法院发布《关于为海南全面深化改革开放提供司法服务和保障的意见》,要求深化司法体制改革,加强智慧法院建设,不断提升司法能力和水平,为把海南建设成为全面深化改革开放试验区、国家生态文明试验区、国际旅游消费中心、国家重大战略服务保障区提供有力司法服务和保障。同时提出了加强审判体系建设,深化司法体制综合配套改革的具体措施:一是,根据党和国家机构改革方案,结合海南行政区划改革创新要求,积极探索与行政体制改革相适应的司法体制改革。按照优化协同高效原则,扎实推进法院内设机构改革。二是,进一步完善法官员额制,健全员额法官遴选、增补、退出、交流机制,实现员额法官进出常态化、制度化。三是,完善法官培训、考核、惩戒机制,积极推进法官助理、书记员职务序列改革和聘用制书记员管理制度改革,加强审判辅助人员配备和管理,全面提升法院队伍正规化、专业化、职业化水平。2019 年 2 月,中央全面依法治国委员会通过《关于全面推进海南法治建设支持海南全面深化改革开放的意见》,强调要着力加强司法保障,构建公正高效的司法环境,并对深化海南司法体制改革提出了明确要求:一是,探索实行跨行政区划案件管辖,规范涉外案件侦查、管辖权限,优化涉外民商事案件级别、区域管辖。二是,全面落实司法责任制改革。三是,提升司法专业化水平。重点推进知识产权、旅游消费、生态保护、海事海商、金融与破产等专业法庭和派驻检察室建设，提升涉外民商事、刑事、公益诉讼类案件的审理和办理专业化水平。2021 年 1 月，最高人民法院发布《关于人民法院为海南自由贸易港建设提供司法服务和保障的意见》，强调要坚持改革创新，支持海南法院推进符合司法规律、有利于促进自由贸易港发展的司法体制改革，加强制度集成创新，为海南自由贸易港贸易投资自由化便利化和各类生产要素自由便利流动提供良好法治环境。同时明确提出：一是，支持海南法院深入推进司法体制改革和综合配套改革，优化内设机构、强化人员配备，建立职能划分明确、运行高效顺畅的内设机构体系。二是，支持海南法院建立符合司法规律和自由贸易港发展要求的审判管理机制、法官惩戒机制、司法人员管理机制、司法人才培养机制。三是，支持海南法院加强对洋浦港、博鳌乐城国际医疗旅游先行区等特别政策先行试验区的司法服务和保障，探索建立服务各先行试验区特点和需求的审判机制。2020 年 10 月，最高人民检察院发布《关于全面履行检察职能依法服务和保障自由贸易试验区建设的意见》，对强化检察机关内部以及检察机关与其他部门之间的业务协同，构建更加开放的人才培养、引进和交流机制，探索建立相关检察研究机构等提出了要求。此外，海南省结合自身特点和自由贸易港建设的需要出台了一些相关的司法体制改革政策，包括探索实行跨行政区划案件管辖，规范涉外案件侦查、管辖权限，全面推行行政审判异地管辖体制改革措施，制定《海南法院执行改革构架图》，在海口中院、三亚中院试点大执行局体制改革，推进海事审判“三合一”改革，启动海事刑事案件个案指定管辖试点等。

二、建立多元化商事纠纷解决机制

随着海南自由贸易港建设的全面推进，国内外大量市场主体涌入,由各种利益引发的矛盾纠纷特别是商事纠纷日益增多。涉自由贸易港案件特别是商事案件有其自身的特点,比如当事人多元、案件类型多元、疑难复杂问题多元等,有必要加强改革探索,采取综合措施,建立适应自由贸易港法治建设需要的多元化的商事纠纷解决机制。中共中央、国务院《关于支持海南全面深化改革开放的指导意见》提出,支持建立国际经济贸易仲裁机构和国际争端调解机构等多元纠纷解决机构。《海南自由贸易港建设总体方案》提出,建立多元化商事纠纷解决机制,完善国际商事纠纷案件集中审判机制,提供国际商事仲裁、国际商事调解等多种非诉讼纠纷解决方式。

2018 年 8 月,最高人民法院发布《关于为海南全面深化改革开放提供司法服务和保障的意见》,明确提出支持建立多元化国际商事纠纷解决机构,发挥多元化纠纷解决机制作用。主要内容包括:一是,支持建立国际争端调解机构,发挥调解在国际商事纠纷解决中的作用。完善诉调对接平台建设,充分运用现代信息技术,开展在线调解、在线司法确认等,依法确认调解协议效力。加强"一站式"纠纷解决机制建设,特别是在旅游、养老、道路交通、医疗卫生、涉外商事等领域,发挥各类调解组织的功能,积极开展律师参与调解,充分发挥律师在国际商事调解中的作用。二是,支持建立国际商事仲裁机构,充分尊重当事人选择纠纷解决方式的意愿。当事人向人民法院申请执行的,人民法院依照《民事诉讼法》第 283 条①的规定处理。三是,完善跨境电商消费者权益纠纷解决机制,依法维护跨境电子商务消费者的

---

① 《民事诉讼法》第 283 条规定,国外仲裁机构的裁决,需要中华人民共和国人民法院承认和执行的,应当由当事人直接向被执行人住所地或者其财产所在地的中级人民法院申请,人民法院应当依照中华人民共和国缔结或者参加的国际条约,或者按照互惠原则办理。

合法权益。跨境电子商务平台经营者使用格式条款与消费者订立仲裁协议,未采取合理方式提醒消费者注意,消费者请求确认仲裁协议无效的,人民法院应予支持。四是,建立国际商事纠纷案件集中审判机制。集中优势资源,依法审理涉及自由贸易试验区和自由贸易港建设的国际商事纠纷案件,提高案件审判能力和水平。

2020 年 6 月,海南省人大常委会通过《海南省多元化解纠纷条例》,为建立健全有机衔接、协调联动、高效便捷的化解纠纷制度提供了明确依据。条例主要从以下几个方面规定了多元化商事纠纷解决机制:一是,明确商事调解组织的设立主体和调解范围,规定商会、行业协会、民办非企业单位、商事仲裁机构等可以依法成立商事调解组织,在法律允许的范围内开展商事调解活动。同时规定涉及投资、贸易、金融、证券期货、保险、房地产、工程承包、运输、技术转让、电子商务、知识产权等商事纠纷的,可以向商事调解组织提出调解申请,也可以向仲裁机构提出仲裁申请。二是,明确建立国际商事纠纷多元化解机制,完善国际商事纠纷案件集中审判机制,利用国际商事仲裁、国际商事调解等多种非诉讼方式解决纠纷。条例界定了国际商事调解机构的案件受理范围,规定依法设立的国际商事调解机构可以依照章程等规定调解国内外平等主体的自然人、法人和其他组织之间发生的商事纠纷。同时要求国际商事调解机构应当制定调解规则、明确调解员任职条件并予以公布。此外,还允许境外商事调解机构依照国家有关规定参与商事调解。

2021 年 1 月,最高人民法院发布《关于人民法院为海南自由贸易港建设提供司法服务和保障的意见》,对推动涉外民商事审判机制创新、建立多元化商事纠纷解决机制等提出了明确要求,主要包括:一是,推动涉外民商事审判机制创新。完善国际商事纠纷案件集中审判机制，由海南涉外民商事法庭集中审理涉外、涉港澳台民商事案件。鼓励外籍调解员和港澳台调解员参与纠纷化解，探索选任港澳台居民担任人民陪审员参与案件审理。当事人提交的证据材料系英文且经对方当事人同意的，可以不提供中文翻译件。稳步推进简化域外形成证据的公证认证程序。合议庭评议案件，实行少数服从多数的原则，少数意见可以在裁判文书中载明。探索当事人、律师、公证机构协助送达文书、根据当事人申请作出简易裁判文书等机制。二是，推动海南建设国际商事纠纷解决中心。支持海南设立市场化运作的国际商事调解组织，开展商事调解业务。支持境外国际仲裁机构在海南自由贸易港设立业务机构开展仲裁业务。支持在自由贸易港区域内注册的企业之间约定在特定地点、按照特定仲裁规则、由特定人员对相关争议进行仲裁。依法支持和保障中外当事人在仲裁前和仲裁中的财产保全、证据保全、行为保全等临时措施的申请和执行。在自由贸易港区域内设立的国际商事调解机构主持达成调解协议的司法确认案件，探索由海南涉外民商事审判机构集中受理和审查。推动海南建设国际商事纠纷解决中心，引入知名国际商事仲裁机构、国际商事调解组织，建立调解、仲裁、诉讼有机衔接的"一站式"国际商事纠纷解决机制。最高人民法院国际商事法庭在海南设立联络点，参与协调指导海南国际商事纠纷解决中心建设相关事宜。

实践中，海南第一、第二涉外民商事法庭积极探索建立"一站式"纠纷解决方式，牵头有关方面成立了具有在线咨询、评估、调解、仲裁、诉讼等服务功能的"海南涉外民商事纠纷在线多元化解平台"。海南省已经完成仲裁改制，成立了中国国际经济贸易仲裁委员会海南仲裁中心、海南国际仲裁院国际商事调解中心等国际化仲裁机构，逐步建立与国际接轨的仲裁规则。海南自由贸易港多元化商事纠纷解决机制的建设和发展，凸显了国际化、中立化和专业化特征，对有序规范商事交易行为，平等保护中外当事人合法权益，营造稳定、公平、透明、可预期的法治化营商环境起到很好的推动作用。

第五十五条　海南自由贸易港建立风险预警和防控体系，防范和化解重大风险。

海关负责口岸和其他海关监管区的常规监管，依法查缉走私和实施后续监管。海警机构负责查处海上走私违法行为。海南省人民政府负责全省反走私综合治理工作，加强对非设关地的管控，建立与其他地区的反走私联防联控机制。境外与海南自由贸易港之间、海南自由贸易港与内地之间，人员、货物、物品、运输工具等均需从口岸进出。

在海南自由贸易港依法实施外商投资安全审查制度，对影响或者可能影响国家安全的外商投资进行安全审查。

海南自由贸易港建立健全金融风险防控制度，实施网络安全等级保护制度，建立人员流动风险防控制度，建立传染病和突发公共卫生事件监测预警机制与防控救治机制，保障金融、网络与数据、人员流动和公共卫生等领域的秩序和安全。

【释义】　本条是关于海南自由贸易港风险预警和防控体系的规定。

一、建立风险预警和防控体系的必要性和重要性

习近平总书记多次强调要坚持底线思维着力防范化解重大风险，并在庆祝海南建省办经济特区30周年大会上的讲话中提出了“加强风险防控体系建设”的明确要求。中共中央、国务院

《关于支持海南全面深化改革开放的指导意见》和《海南自由贸易港建设总体方案》都将其列入基本原则予以强调,并对有关具体制度作出了明确安排。中共中央、国务院《关于支持海南全面深化改革开放的指导意见》提出,科学把握改革举措实施步骤,加强风险评估和跟踪预警,注重纠错调整,积极防范潜在风险。同时要求:加强风险防控体系建设。出台有关政策要深入论证、严格把关,成熟一项推出一项。打好防范化解重大风险攻坚战,有效履行属地金融监管职责,构建金融宏观审慎管理体系,建立金融监管协调机制,加强对重大风险的识别和系统性金融风险的防范,严厉打击洗钱、恐怖融资及逃税等金融犯罪活动,有效防控金融风险。优化海关监管方式,强化进出境安全准入管理,完善对国家禁止和限制入境货物、物品的监管,高效精准打击走私活动。建立检验检疫风险分类监管综合评定机制。强化企业投资经营事中事后监管,实行"双随机、一公开"监管全覆盖。《海南自由贸易港建设总体方案》将风险防控情况作为 2025 年和 2035 年发展目标中的一项重要指标,要求在明确分工和机制措施、守住不发生系统性风险底线的前提下,构建海南自由贸易港政策制度体系。明确提出,加强重大风险识别和系统性风险防范,建立健全风险防控配套措施。完善重大疫情防控体制机制,健全公共卫生应急管理体系。开展常态化评估工作,及时纠偏纠错,确保海南自由贸易港建设方向正确、健康发展。同时,《海南自由贸易港建设总体方案》还对风险防控体系的各项具体措施作出了明确安排。总体来说,贯彻落实习近平总书记关于坚持底线思维着力防范化解重大风险的重要论述精神,落实党中央有关加强海南自由贸易港建设风险防控的明确要求,深刻认识和把握外部环境的深刻变化和改革发展稳定面临的新情况新问题新挑战,充分认识海南自由贸易港建设面临风险挑战的复杂性、交织性、全域性，进一步坚持底线思维，增强忧患意识，提高防控能力，坚持没有风险防控就没有改革开放，有多大的风险防控能力就有多大的改革开放空间，加强风险预警和防控体系建设，着力防范化解重大风险，是确保“管得住、放得开”，打造开放层次更高、营商环境更优、辐射作用更强的开放新高地的必然要求。

二、建立风险预警和防控体系的主要措施

《海南自由贸易港建设总体方案》对防范化解贸易、投资、金融、数据流动、生态和公共卫生等领域重大风险提出了明确要求。推进海南全面深化改革开放领导小组办公室印发了《海南自由贸易港建设重大风险防控行动方案（2020—2022 年）》，海南省将该行动方案中的 36 项任务逐条细化、层层落实，并成立 15 个风险防控专项小组，针对各个领域风险防范作出系统安排。

1. 贸易和人员流动风险防控

根据《海南自由贸易港建设总体方案》等的要求，贸易和人员流动风险防控主要包括以下措施：一是，高标准建设开放口岸和“二线口岸”基础设施、监管设施，加大信息化系统建设和科技装备投入力度，实施智能精准监管，依托全岛“人流、物流、资金流”信息管理系统、社会管理监管系统、口岸监管系统“三道防线”，形成海南社会管理信息化平台，对非设关地实施全天候动态监控。二是，加强特定区域监管，在未设立口岸查验机构的区域设立综合执法点，对载运工具、上下货物、物品实时监控和处理。海南自由贸易港与内地之间进出的货物、物品、人员、运输工具等均需从口岸进出。完善口岸监管设备设施的配置。三是，海关负责口岸及其他海关监管区的监管和查缉走私工作。海南省政府负责全省反走私综合治理工作，对下级政府反走私

综合治理工作进行考评。建立与广东省、广西壮族自治区等地的反走私联防联控机制。落实上述要求,海南省已经完成了以下工作:一是,加快完善社会管理信息化平台,构建近海、岸线、岛内三道防控圈,逐步实现对进出岛人流、物流、资金流的全天候全方位动态监管。二是,出台实施《海南省反走私暂行条例》,开展未设立口岸查验机构区域综合执法点建设,紧盯重点领域,加强部门联动,形成多部门联合监管机制。成立海岸警察总队,负责沿海地区社会治安管控和法定职责范围反走私等工作。成立打击治理离岛免税"套代购"走私专项行动领导小组,严厉打击免税套购等违法行为,将严重失信主体录入信用信息共享平台,实施联合惩戒。建立完善琼粤桂反走私联防联控机制,加强与上海、杭州等地的异地执法协作机制,强化协同作战。对于正在陆续出台的"零关税"政策,研究制定防控预案,全力防控"零关税"商品的走私风险。三是,创新投资服务监管,强化投资安全监管,探索对新技术、新产品、新业态、新模式实施包容审慎监管。

2. 投资风险防控

根据《海南自由贸易港建设总体方案》等的要求,投资风险防控主要包括以下措施:一是,完善与投资规则相适应的过程监管制度,严格落实备案受理机构的审查责任和备案主体的备案责任。明确加强过程监管的规则和标准,压实监管责任,依法对投资经营活动的全生命周期实施有效监管,对新技术、新产业、新业态、新模式实行包容审慎监管,对高风险行业和领域实行重点监管。二是,建立健全法律责任制度,针对备案主体提供虚假备案信息、违法经营等行为,制定严厉的惩戒措施。三是,实施好外商投资安全审查,在创造稳定、透明和可预期的投资环境同时,有效防范国家安全风险。

本法对外商投资安全审查专门作出了强调。外商投资安全审查制度是《外商投资法》确立的一项重要制度。该法第35条规定,国家建立外商投资安全审查制度,对影响或者可能影响国家安全的外商投资进行安全审查。依法作出的安全审查决定为最终决定。2020年12月,经国务院批准,国家发展改革委、商务部发布《外商投资安全审查办法》,对适用审查的外商投资类型、审查机构、审查范围、审查程序、审查决定监督执行和违规处理等作出了明确规定。根据《外商投资安全审查办法》的规定,外商投资安全审查的范围主要包括:一是,投资军工、军工配套等关系国防安全的领域,以及在军事设施和军工设施周边地域投资;二是,投资关系国家安全的重要农产品、重要能源和资源、重大装备制造、重要基础设施、重要运输服务、重要文化产品与服务、重要信息技术和互联网产品与服务、重要金融服务、关键技术以及其他重要领域,并取得所投资企业的实际控制权。据此,对在海南自由贸易港的外商投资,也应当按照上述要求和海南省的有关规定,进行外商投资安全审查。目前,海南省已经建立起多部门横向协同联动机制,对外商投资企业信息报告进行重点监管,并开展常态化联合执法检查,切实防范国家安全风险。

3. 金融风险防控

根据《海南自由贸易港建设总体方案》等的要求,金融风险防控主要包括以下措施:一是,优化金融基础设施和金融法治环境,加强金融消费者权益保护,依托资金流信息监测管理系统,建立健全资金流动监测和风险防控体系。二是,建立自由贸易港跨境资本流动宏观审慎管理体系,加强对重大风险的识别和系统性金融风险的防范。三是,加强反洗钱、反恐怖融资和反逃税审查,研究建立洗钱风险评估机制,定期评估洗钱和恐怖融资风险。四是,构建适应海南自由贸易港建设的金融监管协调机制。2020 年 10 月,海南省地方金融综合风险防范系统风险监控预警平台上线运行,该系统主要通过登记备案、数据采集、可视化监控中心子系统、监测预警等 11 个子系统对地方类金融机构及金融市场创新业务实行常态化的监测管理,为地方金融统计、监管、决策提供数据支持,对重大金融风险隐患、非法集资活动、地方金融风险等进行及时识别和有效防范,对省内类金融企业的工商、司法、经营状况、周边舆情等情况进行分析,严厉打击金融诈骗、非法集资和非法网贷,妥善化解个别企业债务风险,对有实力的持证金融机构给予更大支持,不断完善"监管沙盒"机制,构建区域金融安全空间,坚决守住不发生区域性、系统性金融风险的底线。

4. 网络安全和数据安全风险防控

我国已经制定了《网络安全法》和《数据安全法》,对建立网络安全等级保护制度,提升网络安全保障能力和水平,加强数据安全监督管理等作出了明确规定。《海南自由贸易港建设总体方案》也对网络安全和数据安全风险防控提出了相关要求:一是,深入贯彻实施网络安全等级保护制度,重点保障关键信息基础设施和数据安全,健全网络安全保障体系,提升海南自由贸易港建设相关的网络安全保障能力和水平。二是,建立健全数据出境安全管理制度体系。三是,健全数据流动风险管控措施。

5. 公共卫生风险防控

根据《海南自由贸易港建设总体方案》等的要求,公共卫生风险防控主要包括以下措施:一是,加强公共卫生防控救治体系建设,建立传染病和突发公共卫生事件监测预警、应急响应平台和决策指挥系统,提高早期预防、风险研判和及时处置能力。二是,加强疾病预防控制体系建设,高标准建设省级疾病预防控制中心,建立国家热带病研究中心海南分中心,加快推进各级疾病预防控制机构基础设施建设,优化实验室检验检测资源配置。三是,加强公共卫生人才队伍建设,提升监测预警、检验检测、现场流行病学调查、应急处置和医疗救治能力。四是,建设生物安全防护三级实验室和传染病防治研究所,强化全面检测、快速筛查能力,优化重要卫生应急物资储备和产能保障体系。五是,健全优化重大疫情救治体系,建设传染病医疗服务网络,依托综合医院或专科医院建立省级和市级传染病医疗中心,改善传染病医疗中心和传染病医院基础设施和医疗条件。重点加强基层传染病医疗服务能力建设,提升县级综合医院传染病诊疗能力。六是,构建网格化紧密型医疗集团,促进资源下沉、医防融合。七是,完善基层医疗卫生机构标准化建设,强化常见病多发病诊治、公共卫生服务和健康管理能力。八是,加强国际卫生检疫合作和国际疫情信息搜集与分析,提升口岸卫生检疫技术设施保障,建设一流的国际旅行卫生保健中心,严格落实出入境人员健康申报制度,加强对来自重点国家或地区的交通工具、人员和货物、物品的卫生检疫,强化联防联控,筑牢口岸检疫防线。九是,加强对全球传染病疫情的监测,推进境外传染病疫情风险早期预警,严防重大传染病跨境传播。十是,建立海关等多部门协作的境外疫病疫情和有害生物联防联控机制。提升进出口商品质量安全风险预警和快速反应监管能力,完善重点敏感进出口商品监管。

目前,海南省重点开展了以下几个方面的工作:一是,持续加强疾控机构能力建设,实施全省疾控机构标准化建设三年行动计划,开展标准化建设等级评审。二是,扎实抓好常态化疫情防控,保障生产生活秩序全面恢复。三是,启动自由贸易港传染病防控工作,强化重点传染病和新发传染病监控、监测与分析研判。四是,加强食品安全风险监测、饮用水等公共卫生监测,推进国民营养监测。五是,做好突发事件紧急医学救援和突发急性传染病防控工作,以及各种大型活动卫生应急保障工作。

此外,在生态环境风险防控、税收风险防控、房地产市场风险防控等方面,海南省也进行了一些探索,取得了较好的效果。

第八章 附　　则

第五十六条　对本法规定的事项，在本法施行后，海南自由贸易港全岛封关运作前，国务院及其有关部门和海南省可以根据本法规定的原则，按照职责分工，制定过渡性的具体办法，推动海南自由贸易港建设。

【释义】 本条是关于过渡性办法的规定。

从国际上的一些自由贸易港的建设情况看，自由贸易港需要有大量的经济活动支撑，需要经过几十年甚至上百年的发展和积累才能实现。目前，海南省经济体量较小，人流、物流、资金流、信息流不足，海南自由贸易港建设在短期内难以一蹴而就，而且海南自由贸易港建设本身就是一个改革的过程，需要对贸易、投资、金融、税收、人才等多领域法律法规和制度规则进行创新，必须分步骤、分阶段进行，久久为功、循序渐进，既“慢不得”，也“急不得”。本法主要针对海南自由贸易港全岛封关运作后的制度安排作了规定，根据《海南自由贸易港建设总体方案》，2025年前，适时实施全岛封关运作。在全岛封关运作前，围绕贸易投资自由便利化，有序推进开放进程，推动各类要素便捷高效流动，形成早期收获。这就要求国务院及其有关部门和海南省尽快出台具体措施，推进海南自由贸易港的建设。考虑到海南自由贸易港全岛封关、简并税制前的过渡性措施具有时效性，本法对此可一般不作出规定，对本法规定的事项，在本法施行后，海南自由贸易港全岛封关运作前，国务院及其有关部门和海南省可以根据本法规定的原则，按照职责分工制定过渡性的具体办法，推动海南自由贸易港建设。

实践中，国务院及其有关部门、海南省已经出台了一系列的具体办法，如在促进贸易投资方面，国家发展改革委、商务部出台了《海南自由贸易港外商投资准入特别管理措施（负面清单）（2020年版）》《关于支持海南自由贸易港建设放宽市场准入若干特别措施的意见》，商务部等20部门出台了《关于推进海南自由贸易港贸易自由化便利化若干措施的通知》；在所得税方面，财政部、国家税务总局发布《关于海南自由贸易港企业所得税优惠政策的通知》《关于海南自由贸易港高端紧缺人才个人所得税政策的通知》，海南省人民政府出台《海南自由贸易港享受个人所得税优惠政策高端紧缺人才清单管理暂行办法》；在离岛免税购物方面，财政部、海关总署、国家税务总局出台《关于海南离岛旅客免税购物政策的公告》，国家税务总局出台《海南离岛免税店销售离岛免税商品免征增值税和消费税管理办法》；在“零关税”方面，财政部、海关总署、国家税务总局发布《关于海南自由贸易港原辅料“零关税”政策的通知》《关于海南自由贸易港交通工具及游艇“零关税”政策的通知》《关于海南自由贸易港自用生产设备“零关税”政策的通知》；在交通运输方面，财政部、交通运输部、国家税务总局发布《关于海南自由贸易港国际运输船舶有关增值税政策的通知》，民航局出台《海南自由贸易港试点开放第七航权实施方案》，国家发展改革委出台《海南现代综合交通运输体系规划》；等等。

第五十七条　本法自公布之日起施行。

【释义】 本条是关于本法施行日期的规定。

法律生效日期的问题，是任何一部法律都要涉及的问题。一部法律通过以后，就产生了从什么时候开始生效、在什么地域范围内生效、对什么人有效的问题，这些问题就是法律的效力范围问题。法律效力范围包括时间效力、空间效力和对人的效力三个方面。法律的生效日期是法律的时间效力问题的规定。在全国人大常委会审议期间，有的常委委员提出，海南自由贸易港尽早实施，对于保障海南自由贸易港建设在法治轨道上顺利进行意义重大，建议本法自公布之日起施行。最终这个意见得到采纳。2021 年 6 月 10 日，十三届全国人大常委会第二十九次会议通过了《海南自由贸易港法》，同日，由中华人民共和国第八十五号主席令公布，自公布之日起施行。也就是说，《海南自由贸易港法》自 2021 年 6 月 10 日起正式施行。

法律的作用在于实施，法律的权威也在于实施，再好的法律只有宣传到群众中去，落实到工作中来，才能收到实实在在的效果。建设海南自由贸易港，不仅是海南一省的事情，而且是深度融入整个国家发展战略的大事。这项立法是党和国家重大战略的制度体系设计，有关方面都需要参与进来，在党中央的集中统一领导下共同努力，按照“中央统筹、部门支持、省抓落实”的工作机制，上下联动、形成合力，将法律确定的重要原则和要求转化为可操作、能落地、出实效的具体制度措施，确保法律制度实用、管用、好用，推动党中央、国务院对海南自由贸易港的战略部署得到有效落实，推动海南全面深化改革开放生机勃勃，自由贸易港建设蓬勃展开。

第二部分 附　　录

附录一

中华人民共和国海南自由贸易港法

（2021年6月10日第十三届全国人民代表大会常务委员会第二十九次会议通过）

目　　录

第一章　总　　则
第二章　贸易自由便利
第三章　投资自由便利
第四章　财政税收制度
第五章　生态环境保护
第六章　产业发展与人才支撑
第七章　综合措施
第八章　附　　则

第一章　总　　则

第一条　为了建设高水平的中国特色海南自由贸易港，推动形成更高层次改革开放新格局，建立开放型经济新体制，促进社会主义市场经济平稳健康可持续发展，制定本法。

第二条　国家在海南岛全岛设立海南自由贸易港，分步骤、分阶段建立自由贸易港政策和制度体系，实现贸易、投资、跨境资金流动、人员进出、运输来往自由便利和数据安全有序流动。

海南自由贸易港建设和管理活动适用本法。本法没有规定的，适用其他有关法律法规的规定。

第三条 海南自由贸易港建设，应当体现中国特色，借鉴国际经验，围绕海南战略定位，发挥海南优势，推进改革创新，加强风险防范，贯彻创新、协调、绿色、开放、共享的新发展理念，坚持高质量发展，坚持总体国家安全观，坚持以人民为中心，实现经济繁荣、社会文明、生态宜居、人民幸福。

第四条 海南自由贸易港建设，以贸易投资自由化便利化为重点，以各类生产要素跨境自由有序安全便捷流动和现代产业体系为支撑，以特殊的税收制度安排、高效的社会治理体系和完备的法治体系为保障，持续优化法治化、国际化、便利化的营商环境和公平统一高效的市场环境。

第五条 海南自由贸易港实行最严格的生态环境保护制度，坚持生态优先、绿色发展，创新生态文明体制机制，建设国家生态文明试验区。

第六条 国家建立海南自由贸易港建设领导机制，统筹协调海南自由贸易港建设重大政策和重大事项。国务院发展改革、财政、商务、金融管理、海关、税务等部门按照职责分工，指导推动海南自由贸易港建设相关工作。

国家建立与海南自由贸易港建设相适应的行政管理体制，创新监管模式。

海南省应当切实履行责任，加强组织领导，全力推进海南自由贸易港建设各项工作。

第七条 国家支持海南自由贸易港建设发展，支持海南省依照中央要求和法律规定行使改革自主权。国务院及其有关部门根据海南自由贸易港建设的实际需要，及时依法授权或者委托海南省人民政府及其有关部门行使相关管理职权。

第八条 海南自由贸易港构建系统完备、科学规范、运行有效的海南自由贸易港治理体系,推动政府机构改革和职能转变,规范政府服务标准,加强预防和化解社会矛盾机制建设,提高社会治理智能化水平,完善共建共治共享的社会治理制度。

国家推进海南自由贸易港行政区划改革创新,优化行政区划设置和行政区划结构体系。

第九条 国家支持海南自由贸易港主动适应国际经济贸易规则发展和全球经济治理体系改革新趋势,积极开展国际交流合作。

第十条 海南省人民代表大会及其常务委员会可以根据本法,结合海南自由贸易港建设的具体情况和实际需要,遵循宪法规定和法律、行政法规的基本原则,就贸易、投资及相关管理活动制定法规(以下称海南自由贸易港法规),在海南自由贸易港范围内实施。

海南自由贸易港法规应当报送全国人民代表大会常务委员会和国务院备案;对法律或者行政法规的规定作变通规定的,应当说明变通的情况和理由。

海南自由贸易港法规涉及依法应当由全国人民代表大会及其常务委员会制定法律或者由国务院制定行政法规事项的,应当分别报全国人民代表大会常务委员会或者国务院批准后生效。

第二章 贸易自由便利

第十一条 国家建立健全全岛封关运作的海南自由贸易港海关监管特殊区域制度。在依法有效监管基础上,建立自由进出、安全便利的货物贸易管理制度,优化服务贸易管理措施,实现贸易自由化便利化。

第十二条 海南自由贸易港应当高标准建设口岸基础设施,加强口岸公共卫生安全、国门生物安全、食品安全、商品质量安全管控。

第十三条 在境外与海南自由贸易港之间,货物、物品可以自由进出,海关依法进行监管,列入海南自由贸易港禁止、限制进出口货物、物品清单的除外。

前款规定的清单,由国务院商务主管部门会同国务院有关部门和海南省制定。

第十四条 货物由海南自由贸易港进入境内其他地区(以下简称内地),原则上按进口规定办理相关手续。物品由海南自由贸易港进入内地,按规定进行监管。对海南自由贸易港前往内地的运输工具,简化进口管理。

货物、物品以及运输工具由内地进入海南自由贸易港,按国内流通规定管理。

货物、物品以及运输工具在海南自由贸易港和内地之间进出的具体办法由国务院有关部门会同海南省制定。

第十五条 各类市场主体在海南自由贸易港内依法自由开展货物贸易以及相关活动,海关实施低干预、高效能的监管。

在符合环境保护、安全生产等要求的前提下,海南自由贸易港对进出口货物不设存储期限,货物存放地点可以自由选择。

第十六条 海南自由贸易港实行通关便利化政策,简化货物流转流程和手续。除依法需要检验检疫或者实行许可证件管理的货物外,货物进入海南自由贸易港,海关按照有关规定径予放行,为市场主体提供通关便利服务。

第十七条 海南自由贸易港对跨境服务贸易实行负面清单管理制度,并实施相配套的资金支付和转移制度。对清单之外的跨境服务贸易,按照内外一致的原则管理。

海南自由贸易港跨境服务贸易负面清单由国务院商务主管部门会同国务院有关部门和海南省制定。

第三章 投资自由便利

第十八条 海南自由贸易港实行投资自由化便利化政策,全面推行极简审批投资制度,完善投资促进和投资保护制度,强化产权保护,保障公平竞争,营造公开、透明、可预期的投资环境。

海南自由贸易港全面放开投资准入,涉及国家安全、社会稳定、生态保护红线、重大公共利益等国家实行准入管理的领域除外。

第十九条 海南自由贸易港对外商投资实行准入前国民待遇加负面清单管理制度。特别适用于海南自由贸易港的外商投资准入负面清单由国务院有关部门会同海南省制定,报国务院批准后发布。

第二十条 国家放宽海南自由贸易港市场准入。海南自由贸易港放宽市场准入特别清单(特别措施)由国务院有关部门会同海南省制定。

海南自由贸易港实行以过程监管为重点的投资便利措施,逐步实施市场准入承诺即入制。具体办法由海南省会同国务院有关部门制定。

第二十一条 海南自由贸易港按照便利、高效、透明的原则,简化办事程序,提高办事效率,优化政务服务,建立市场主体设立便利、经营便利、注销便利等制度,优化破产程序。具体办法由海南省人民代表大会及其常务委员会制定。

第二十二条 国家依法保护自然人、法人和非法人组织在海南自由贸易港内的投资、收益和其他合法权益，加强对中小投资者的保护。

第二十三条 国家依法保护海南自由贸易港内自然人、法人和非法人组织的知识产权，促进知识产权创造、运用和管理服务能力提升，建立健全知识产权领域信用分类监管、失信惩戒等机制，对知识产权侵权行为，严格依法追究法律责任。

第二十四条 海南自由贸易港建立统一开放、竞争有序的市场体系，强化竞争政策的基础性地位，落实公平竞争审查制度，加强和改进反垄断和反不正当竞争执法，保护市场公平竞争。

海南自由贸易港的各类市场主体，在准入许可、经营运营、要素获取、标准制定、优惠政策等方面依法享受平等待遇。具体办法由海南省人民代表大会及其常务委员会制定。

第四章　财政税收制度

第二十五条 在海南自由贸易港开发建设阶段，中央财政根据实际，结合税制变化情况，对海南自由贸易港给予适当财政支持。鼓励海南省在国务院批准的限额内发行地方政府债券支持海南自由贸易港项目建设。海南省设立政府引导、市场化方式运作的海南自由贸易港建设投资基金。

第二十六条 海南自由贸易港可以根据发展需要，自主减征、免征、缓征除具有生态补偿性质外的政府性基金。

第二十七条 按照税种结构简单科学、税制要素充分优化、税负水平明显降低、收入归属清晰、财政收支基本均衡的原则，结合国家税制改革方向，建立符合需要的海南自由贸易港税制体系。

全岛封关运作时，将增值税、消费税、车辆购置税、城市维护建设税及教育费附加等税费进行简并，在货物和服务零售环节征收销售税；全岛封关运作后，进一步简化税制。

国务院财政部门会同国务院有关部门和海南省及时提出简化税制的具体方案。

第二十八条　全岛封关运作、简并税制后，海南自由贸易港对进口征税商品实行目录管理，目录之外的货物进入海南自由贸易港，免征进口关税。进口征税商品目录由国务院财政部门会同国务院有关部门和海南省制定。

全岛封关运作、简并税制前，对部分进口商品，免征进口关税、进口环节增值税和消费税。

对由海南自由贸易港离境的出口应税商品，征收出口关税。

第二十九条　货物由海南自由贸易港进入内地，原则上按照进口征税；但是，对鼓励类产业企业生产的不含进口料件或者含进口料件在海南自由贸易港加工增值达到一定比例的货物，免征关税。具体办法由国务院有关部门会同海南省制定。

货物由内地进入海南自由贸易港，按照国务院有关规定退还已征收的增值税、消费税。

全岛封关运作、简并税制前，对离岛旅客购买免税物品并提货离岛的，按照有关规定免征进口关税、进口环节增值税和消费税。全岛封关运作、简并税制后，物品在海南自由贸易港和内地之间进出的税收管理办法，由国务院有关部门会同海南省制定。

第三十条　对注册在海南自由贸易港符合条件的企业，实行企业所得税优惠；对海南自由贸易港内符合条件的个人，实行个人所得税优惠。

第三十一条　海南自由贸易港建立优化高效统一的税收征管服务体系，提高税收征管服务科学化、信息化、国际化、便民化水平，积极参与国际税收征管合作，提高税收征管服务质量和效率,保护纳税人的合法权益。

第五章　生态环境保护

第三十二条　海南自由贸易港健全生态环境评价和监测制度,制定生态环境准入清单,防止污染,保护生态环境;健全自然资源资产产权制度和有偿使用制度,促进资源节约高效利用。

第三十三条　海南自由贸易港推进国土空间规划体系建设,实行差别化的自然生态空间用途管制,严守生态保护红线,构建以国家公园为主体的自然保护地体系,推进绿色城镇化、美丽乡村建设。

海南自由贸易港严格保护海洋生态环境,建立健全陆海统筹的生态系统保护修复和污染防治区域联动机制。

第三十四条　海南自由贸易港实行严格的进出境环境安全准入管理制度,加强检验检疫能力建设,防范外来物种入侵,禁止境外固体废物输入;提高医疗废物等危险废物处理处置能力,提升突发生态环境事件应急准备与响应能力,加强生态风险防控。

第三十五条　海南自由贸易港推进建立政府主导、企业和社会参与、市场化运作、可持续的生态保护补偿机制,建立生态产品价值实现机制,鼓励利用市场机制推进生态环境保护,实现可持续发展。

第三十六条　海南自由贸易港实行环境保护目标责任制和考核评价制度。县级以上地方人民政府对本级人民政府负有环境监督管理职责的部门及其负责人和下级人民政府及其负责人的年度考核,实行环境保护目标完成情况一票否决制。

环境保护目标未完成的地区,一年内暂停审批该地区新增重点污染物排放总量的建设项目环境影响评价文件;对负有责任的地方人民政府及负有环境监督管理职责的部门的主要责任人，一年内不得提拔使用或者转任重要职务，并依法予以处分。

第三十七条 海南自由贸易港实行生态环境损害责任终身追究制。对违背科学发展要求、造成生态环境严重破坏的地方人民政府及有关部门主要负责人、直接负责的主管人员和其他直接责任人员，应当严格追究责任。

第六章 产业发展与人才支撑

第三十八条 国家支持海南自由贸易港建设开放型生态型服务型产业体系，积极发展旅游业、现代服务业、高新技术产业以及热带特色高效农业等重点产业。

第三十九条 海南自由贸易港推进国际旅游消费中心建设，推动旅游与文化体育、健康医疗、养老养生等深度融合，培育旅游新业态新模式。

第四十条 海南自由贸易港深化现代服务业对内对外开放，打造国际航运枢纽，推动港口、产业、城市融合发展，完善海洋服务基础设施，构建具有国际竞争力的海洋服务体系。

境外高水平大学、职业院校可以在海南自由贸易港设立理工农医类学校。

第四十一条 国家支持海南自由贸易港建设重大科研基础设施和条件平台，建立符合科研规律的科技创新管理制度和国际科技合作机制。

第四十二条 海南自由贸易港依法建立安全有序自由便利的数据流动管理制度，依法保护个人、组织与数据有关的权益，有序扩大通信资源和业务开放，扩大数据领域开放，促进以数据为关键要素的数字经济发展。

国家支持海南自由贸易港探索实施区域性国际数据跨境流

动制度安排。

第四十三条 海南自由贸易港实施高度自由便利开放的运输政策，建立更加开放的航运制度和船舶管理制度，建设“中国洋浦港”船籍港，实行特殊的船舶登记制度；放宽空域管制和航路限制，优化航权资源配置，提升运输便利化和服务保障水平。

第四十四条 海南自由贸易港深化人才发展体制机制改革，创新人才培养支持机制，建立科学合理的人才引进、认定、使用和待遇保障机制。

第四十五条 海南自由贸易港建立高效便利的出境入境管理制度，逐步实施更大范围适用免签入境政策，延长免签停留时间，优化出境入境检查管理，提供出境入境通关便利。

第四十六条 海南自由贸易港实行更加开放的人才和停居留政策，实行更加宽松的人员临时出境入境政策、便利的工作签证政策，对外国人工作许可实行负面清单管理，进一步完善居留制度。

第四十七条 海南自由贸易港放宽境外人员参加职业资格考试的限制，对符合条件的境外专业资格认定，实行单向认可清单制度。

第七章　综合措施

第四十八条 国务院可以根据海南自由贸易港建设的需要，授权海南省人民政府审批由国务院审批的农用地转为建设用地和土地征收事项；授权海南省人民政府在不突破海南省国土空间规划明确的生态保护红线、永久基本农田面积、耕地和林地保有量、建设用地总规模等重要指标并确保质量不降低的前提下，按照国家规定的条件，对全省耕地、永久基本农田、林地、建设用地布局调整进行审批。

海南自由贸易港积极推进城乡及垦区一体化协调发展和小城镇建设用地新模式，推进农垦土地资产化。

依法保障海南自由贸易港国家重大项目用海需求。

第四十九条　海南自由贸易港建设应当切实保护耕地，加强土地管理，建立集约节约用地制度、评价标准以及存量建设用地盘活处置制度。充分利用闲置土地，以出让方式取得土地使用权进行开发的土地，超过出让合同约定的竣工日期一年未竣工的，应当在竣工前每年征收出让土地现值一定比例的土地闲置费。具体办法由海南省制定。

第五十条　海南自由贸易港坚持金融服务实体经济，推进金融改革创新，率先落实金融业开放政策。

第五十一条　海南自由贸易港建立适应高水平贸易投资自由化便利化需要的跨境资金流动管理制度，分阶段开放资本项目，逐步推进非金融企业外债项下完全可兑换，推动跨境贸易结算便利化，有序推进海南自由贸易港与境外资金自由便利流动。

第五十二条　海南自由贸易港内经批准的金融机构可以通过指定账户或者在特定区域经营离岸金融业务。

第五十三条　海南自由贸易港加强社会信用体系建设和应用，构建守信激励和失信惩戒机制。

第五十四条　国家支持探索与海南自由贸易港相适应的司法体制改革。海南自由贸易港建立多元化商事纠纷解决机制，完善国际商事纠纷案件集中审判机制，支持通过仲裁、调解等多种非诉讼方式解决纠纷。

第五十五条　海南自由贸易港建立风险预警和防控体系，防范和化解重大风险。

海关负责口岸和其他海关监管区的常规监管，依法查缉走私和实施后续监管。海警机构负责查处海上走私违法行为。海南省人民政府负责全省反走私综合治理工作，加强对非设关地的管控，建立与其他地区的反走私联防联控机制。境外与海南自由贸易港之间、海南自由贸易港与内地之间，人员、货物、物品、运输工具等均需从口岸进出。

在海南自由贸易港依法实施外商投资安全审查制度，对影响或者可能影响国家安全的外商投资进行安全审查。

海南自由贸易港建立健全金融风险防控制度，实施网络安全等级保护制度，建立人员流动风险防控制度，建立传染病和突发公共卫生事件监测预警机制与防控救治机制，保障金融、网络与数据、人员流动和公共卫生等领域的秩序和安全。

第八章　附　　则

第五十六条　对本法规定的事项，在本法施行后，海南自由贸易港全岛封关运作前，国务院及其有关部门和海南省可以根据本法规定的原则，按照职责分工，制定过渡性的具体办法，推动海南自由贸易港建设。

第五十七条　本法自公布之日起施行。

附录二　相关参阅文件

在庆祝海南建省办经济特区30周年大会上的讲话

（2018年4月13日）

习近平

女士们，先生们，同志们：

今年是我国改革开放40周年，也是海南建省办经济特区30周年。今天，我们在这里隆重集会，庆祝海南建省办经济特区30周年，就是要充分肯定经济特区建设的历史功绩，深刻总结经济特区建设的宝贵经验，全面贯彻党的十九大精神和新时代中国特色社会主义思想，在新时代新起点上继续把全面深化改革推向前进，为实现“两个一百年”奋斗目标、实现中华民族伟大复兴的中国梦提供强大动力。

兴办经济特区，是我们党和国家为推进改革开放和社会主义现代化建设作出的重大决策。1978年12月，党的十一届三中全会作出把党和国家工作中心转移到经济建设上来、实行改革开放的历史性决策，动员全党全国各族人民为社会主义现代化建设进行新的长征。这是新中国成立以来我们党和国家历史上具有深远意义的伟大转折。为了推进改革开放和社会主义现代化建设，党中央决定兴办深圳、珠海、汕头、厦门4个经济特区，实行特殊政策和灵活措施，发挥对全国改革开放和社会主义现代化建设的重要窗口和示范作用。

1984 年，邓小平同志在视察深圳、珠海、厦门经济特区后提出："我们还要开发海南岛，如果能把海南岛的经济迅速发展起来，那就是很大的胜利。"1987 年，邓小平同志会见外宾时说："我们正在搞一个更大的特区，这就是海南岛经济特区。海南岛和台湾的面积差不多"，"海南岛好好发展起来，是很了不起的"。根据党中央决策，1988 年 4 月，七届全国人大一次会议正式批准设立海南省，划定海南岛为经济特区。从此，海南这个祖国美丽的海岛获得了前所未有的发展机遇，进入了深化改革、扩大开放的历史新阶段。

30 年来，在党中央坚强领导和全国大力支持下，海南经济特区坚持锐意改革，勇于突破传统经济体制束缚，经济社会发展取得了令人瞩目的成绩。1987 年，海南地区生产总值仅有 57. 28 亿元，地方财政收入不到 3 个亿。到 2017 年，海南地区生产总值达到 4462. 5 亿元，人均地区生产总值 7179 美元，地方一般公共预算收入 674 亿元，地区生产总值、人均生产总值、地方财政收入分别增长 21. 8 倍、14. 3 倍、226. 8 倍，现代服务业、热带农业、新型工业迅速成长，交通、电力、水利、通信等基础设施日趋完备。改革开放取得重要突破，在农垦体制改革、"多规合一"改革、省直管市县的行政管理体制改革、航权开放等方面走在全国前列。国际交流合作空前扩大，成功举办了 18 届博鳌亚洲论坛年会。在全国率先建设生态省，大气和水体质量保持领先水平。人民生活明显改善，教育、卫生、文化等社会事业加快发展，城乡面貌发生深刻变化。经过 30 年不懈努力，海南已从一个边陲海岛发展成为我国改革开放的重要窗口。

海南经济特区是我国经济特区的一个生动缩影，海南经济特区取得的成就是改革开放以来我国实现历史性变革、取得历史性成就的一个生动缩影。

40 年来，深圳、珠海、汕头、厦门、海南 5 个经济特区不辱使命，在建设中国特色社会主义伟大历史进程中谱写了勇立潮头、开拓进取的壮丽篇章，在体制改革中发挥了“试验田”作用，在对外开放中发挥了重要“窗口”作用，为全国改革开放和社会主义现代化建设作出了重大贡献。

经济特区改革发展事业取得的成就，是党中央坚强领导、悉心指导的结果，是广大建设者开拓进取、奋勇拼搏的结果，是全国人民和四面八方倾力支持、广泛参与的结果。借此机会，我代表党中央、国务院、中央军委，向 900 多万海南人民，向经济特区广大建设者，向所有为经济特区建设作出贡献的同志们，致以热烈的祝贺和诚挚的问候！向各位来宾，向关心和支持经济特区建设的国内外各界人士，表示衷心的感谢！

女士们、先生们、同志们！

海南等经济特区的成功实践，充分证明了党的十一届三中全会以来形成的党的基本理论、基本路线、基本方略是完全正确的，中国特色社会主义道路是实现社会主义现代化、创造人民美好生活的必由之路；充分证明了无论改什么、改到哪一步，都要坚持党的领导，确保党把方向、谋大局、定政策，确保党始终总揽全局、协调各方；充分证明了改革开放是决定当代中国命运的关键抉择，是当代中国发展进步的活力之源，是党和人民事业大踏步赶上时代的重要法宝，是坚持和发展中国特色社会主义、实现中华民族伟大复兴的必由之路；充分证明了党中央关于兴办经济特区的战略决策是完全正确的，在决胜全面建成小康社会、夺取新时代中国特色社会主义伟大胜利的征程上，经济特区不仅要继续办下去，而且要办得更好、办出水平；充分证明了人民是改革的主体，要坚持一切为了人民、一切依靠人民，发挥好广大人民群众的积极性、主动性、创造性，使广大人民群众成为推动改革开放的强大力量。

经过长期努力特别是改革开放 40 年来不懈奋斗，中国特色社会主义进入了新时代。党的十九大描绘了决胜全面建成小康社会、夺取新时代中国特色社会主义伟大胜利的宏伟蓝图，进一步指明了党和国家事业前进方向。我们要胜利实现既定战略目标，就要坚定不移坚持中国特色社会主义道路，坚定不移走改革开放这条正确之路、强国之路、富民之路。

新形势、新任务、新挑战，赋予经济特区新的历史使命，经济特区要不忘初心、牢记使命，在伟大斗争、伟大工程、伟大事业、伟大梦想中寻找新的方位，把握好新的战略定位。

——经济特区要成为改革开放的重要窗口。经济特区是我国最早对外开放的地区，是对外经济交流最活跃的地区，也是最能代表改革开放形象的地区。经济特区要继续发挥好改革开放的重要窗口作用，坚持打开国门搞建设，坚持引进来和走出去并重，同各国扩大双向贸易和投资往来，共建开放型世界经济。要大幅度放宽市场准入，扩大服务业特别是金融业对外开放，创造更有吸引力的投资环境。要加强国际人文交流，促进民心相通、文化相融。

——经济特区要成为改革开放的试验平台。创办经济特区是我国改革开放的重要方法论，是经过实践检验推进改革开放行之有效的办法。先行先试是经济特区的一项重要职责，目的是探索改革开放的实现路径和实现形式，为全国改革开放探路开路。只有敢于走别人没有走过的路，才能收获别样的风景。经济特区要勇于扛起历史责任，适应国内外形势新变化，按照国家发展新要求，顺应人民新期待，发扬敢闯敢试、敢为人先、埋头苦干的特区精神，始终站在改革开放最前沿，在各方面体制机制改革方面先行先试、大胆探索，为全国提供更多可复制可推广的经验。

——经济特区要成为改革开放的开拓者。经济特区的成功实践为中国特色社会主义理论形成和发展提供了丰富素材和鲜活经验。新形势下，坚持和发展中国特色社会主义仍然有许多重大课题需要探索实践，有许多新的领域需要开拓创新。当前，改革在很多领域突入了“无人区”，经济特区要坚持摸着石头过河，逢山开路，遇水架桥，在实践中求真知，在探索中找规律，不断形成新经验、深化新认识、贡献新方案。

——经济特区要成为改革开放的实干家。空谈误国，实干兴邦。只有真抓才能攻坚克难，只有实干才能梦想成真。经济特区要坚定舍我其谁的信念、勇当尖兵的决心，保持爬坡过坎的压力感、奋勇向前的使命感、干事创业的责任感，积极培育崇尚实干的环境，务实求变、务实求新、务实求进，为实干者撑腰，为干事者鼓劲，以昂扬的精神状态推动改革不停顿、开放不止步。

女士们、先生们、同志们！

海南是我国最大的经济特区，地理位置独特，拥有全国最好的生态环境，同时又是相对独立的地理单元，具有成为全国改革开放试验田的独特优势。海南在我国改革开放和社会主义现代化建设大局中具有特殊地位和重要作用。

三十而立，蓄势待发。党中央从决定设立海南经济特区开始，就决心把海南岛好好发展起来。如果海南岛更好发展起来，中国特色社会主义就更有说服力，更能够增强人们对中国特色社会主义的信心。

新时代，海南要高举改革开放旗帜，创新思路、凝聚力量、突出特色、增创优势，努力成为新时代全面深化改革开放的新标杆,形成更高层次改革开放新格局。这是我们庆祝海南建省办经济特区 30 周年的最好方式,也是庆祝我国改革开放 40 周年的重大举措。

党中央对海南改革开放发展寄予厚望,最近研究制定了《关于支持海南全面深化改革开放的指导意见》,赋予海南经济特区改革开放新的重大责任和使命,也为海南深化改革开放注入了强大动力。这是海南发展面临的新的重大历史机遇。

海南广大干部群众要抓住机遇、再接再厉,全面贯彻党的十九大精神,以新时代中国特色社会主义思想为指导,坚持稳中求进工作总基调,增强"四个意识",坚定"四个自信",坚持新发展理念,统筹推进"五位一体"总体布局和协调推进"四个全面"战略布局,以供给侧结构性改革为主线,建设自由贸易试验区和中国特色自由贸易港,发挥自身优势,大胆探索创新,着力打造全面深化改革开放试验区、国家生态文明试验区、国际旅游消费中心、国家重大战略服务保障区,争创新时代中国特色社会主义生动范例,让海南成为展示中国风范、中国气派、中国形象的靓丽名片。

第一,海南要坚持开放为先,实行更加积极主动的开放战略,加快建立开放型经济新体制,推动形成全面开放新格局。经济全球化是社会生产力发展的客观要求和科技进步的必然结果。经济全球化为世界经济增长提供了强劲动力,促进了商品和资本流动、科技和文明进步、各国人民交往,符合各国共同利益。当前,世界经济仍然面临诸多复杂挑战,新增长动能缺乏,增长分化加剧。把困扰世界的问题简单归咎于经济全球化,搞贸易和投资保护主义,想人为让世界经济退回到孤立的旧时代,不符合历史潮流。正确的选择是,充分利用一切机遇,合作应对一切挑战。

我在党的十九大报告中强调，中国开放的大门不会关闭，只会越开越大。这是我们对世界的庄重承诺。要坚持对外开放的基本国策，奉行互利共赢的开放战略，遵守和维护世界贸易规则体系，推动经济全球化朝着更加开放、包容、普惠、平衡、共赢的方向发展，让经济全球化进程更有活力、更加包容、更可持续，让不同国家、不同阶层、不同人群共享经济全球化的好处。

在这里，我郑重宣布，党中央决定支持海南全岛建设自由贸易试验区，支持海南逐步探索、稳步推进中国特色自由贸易港建设，分步骤、分阶段建立自由贸易港政策和制度体系。这是党中央着眼于国际国内发展大局，深入研究、统筹考虑、科学谋划作出的重大决策，是彰显我国扩大对外开放、积极推动经济全球化决心的重大举措。

海南全岛建设自由贸易试验区，要以制度创新为核心，赋予更大改革自主权，支持海南大胆试、大胆闯、自主改，加快形成法治化、国际化、便利化的营商环境和公平开放统一高效的市场环境。要更大力度转变政府职能，深化简政放权、放管结合、优化服务改革，全面提升政府治理能力。要实行高水平的贸易和投资自由化便利化政策，对外资全面实行准入前国民待遇加负面清单管理制度，围绕种业、医疗、教育、体育、电信、互联网、文化、维修、金融、航运等重点领域，深化现代农业、高新技术产业、现代服务业对外开放，推动服务贸易加快发展，保护外商投资合法权益，推进航运逐步开放。

自由贸易港是当今世界最高水平的开放形态。海南建设自由贸易港要体现中国特色，符合中国国情，符合海南发展定位，学习借鉴国际自由贸易港的先进经营方式、管理方法。我们欢迎全世界投资者到海南投资兴业，积极参与海南自由贸易港建设，共享中国发展机遇、共享中国改革成果。

海南发展不能以转口贸易和加工制造为重点，而要以发展旅游业、现代服务业、高新技术产业为主导，更加注重通过人的全面发展充分激发发展活力和创造力。在内外贸、投融资、财政税务、金融创新、入出境等方面，探索更加灵活的政策体系、监管模式、管理体制，加强风险防控体系建设，打造开放层次更高、营商环境更优、辐射作用更强的开放新高地。

海南要利用建设自由贸易港的契机，加强同“一带一路”沿线国家和地区开展多层次、多领域的务实合作，建设 21 世纪海上丝绸之路的文化、教育、农业、旅游等交流平台，在建设 21 世纪海上丝绸之路重要战略支点上迈出更加坚实的步伐。

第二，海南要站在更高起点谋划和推进改革，下大气力破除体制机制弊端，不断解放和发展社会生产力。当前，改革又到了一个新的历史关头，推进改革的复杂程度、敏感程度、艰巨程度不亚于 40 年前。因循守旧没有出路，畏缩不前坐失良机。改革开放的过程就是思想解放的过程。没有思想大解放，就不会有改革大突破。解放思想不是脱离国情的异想天开，也不是闭门造车的主观想象，更不是毫无章法的莽撞蛮干。解放思想的目的在于更好实事求是。要坚持解放思想和实事求是的有机统一，一切从国情出发、从实际出发，既总结国内成功做法又借鉴国外有益经验，既大胆探索又脚踏实地，敢闯敢干，大胆实践，多出可复制可推广的经验，带动全国改革步伐。要坚持问题导向，从群众关心的事情做起，从群众不满意的地方改起，敢于较真碰硬，勇于破难题、闯难关，在破除体制机制弊端、调整深层次利益格局上再啃下一些硬骨头。要强化改革举措系统集成，科学配置各方面资源，加快推进城乡融合发展体制机制、人才体制、财税金融体制、收入分配制度、国有企业等方面的改革，支持海南设立国际能源、航运、大宗商品、产权、股权、碳排放权等交易场所,形成更加成熟更加定型的制度体系。

深化党和国家机构改革是当前的一项重要工作。海南要深入落实党的十九届三中全会精神,按照党中央统一部署,深化地方党政机构改革,科学配置行政资源,转变政府职能,深化简政放权,结合自身实际改革和完善行政管理体制,为国家治理体系和治理能力现代化进行新的探索。

第三,海南要坚决贯彻新发展理念,建设现代化经济体系,在推动经济高质量发展方面走在全国前列。我国经济已由高速增长阶段转向高质量发展阶段,这是党中央对新时代我国经济发展特征的重大判断。发展是第一要务,创新是第一动力,是建设现代化经济体系的战略支撑。海南要深化供给侧结构性改革,发挥优势,集聚创新要素,积极发展新一代信息技术产业和数字经济,推动互联网、物联网、大数据、卫星导航、人工智能同实体经济深度融合,整体提升海南综合竞争力。要加强国家南繁科研育种基地(海南)建设,打造国家热带农业科学中心,支持海南建设全球动植物种质资源引进中转基地。国家支持海南布局建设一批重大科研基础设施和条件平台,建设航天领域重大科技创新基地和国家深海基地南方中心,打造空间科技创新战略高地。要创新科技管理体制,建立符合科研规律的科技创新管理制度和国际科技合作机制,设立海南国际离岸创新创业示范区。

现代服务业是产业发展的趋势,符合海南发展实际,海南在这方面要发挥示范引领作用。要瞄准国际标准提高水平,下大气力调优结构,重点发展旅游、互联网、医疗健康、金融、会展等现代服务业,加快服务贸易创新发展,促进服务业优化升级,形成以服务型经济为主的产业结构。

国际旅游岛是海南的一张重要名片。推动海南建设具有世界影响力的国际旅游消费中心,是高质量发展要求在海南的具体体现。要实施一批重大基础设施工程,提高基础设施网络化智能化水平,加密海南直达全球主要客源地的国际航线,加快构建现代基础设施体系。要实施更加开放便利的离岛免税购物政策,实现离岛旅客全覆盖,提高免税购物限额。要支持海南积极引进国际优质资本和智力资源,采用国际先进理念进行旅游资源保护和开发。要允许在海南注册的符合条件的中外合资旅行社从事除台湾地区以外的出境旅游业务。要培育旅游消费新业态新热点,提升服务能力和水平,推进全域旅游发展,为国内外游客和当地群众提供更多优质服务,使海南国际旅游岛这张名片更亮更出彩。

海南是我国唯一的热带省份。要实施乡村振兴战略,发挥热带地区气候优势,做强做优热带特色高效农业,打造国家热带现代农业基地,进一步打响海南热带农产品品牌。要发展乡村旅游,打造体现热带风情的精品小镇。

我国是海洋大国,党中央作出了建设海洋强国的重大部署。海南是海洋大省,要坚定走人海和谐、合作共赢的发展道路,提高海洋资源开发能力,加快培育新兴海洋产业,支持海南建设现代化海洋牧场,着力推动海洋经济向质量效益型转变。要发展海洋科技,加强深海科学技术研究,推进"智慧海洋"建设,把海南打造成海洋强省。要打造国家军民融合创新示范区,统筹海洋开发和海上维权,推进军地共商、科技共兴、设施共建、后勤共保,加快推进南海资源开发服务保障基地和海上救援基地建设,坚决守好祖国南大门。

第四,海南要牢固树立和全面践行绿水青山就是金山银山的理念,在生态文明体制改革上先行一步,为全国生态文明建设作出表率。生态文明建设事关中华民族永续发展和"两个一百年”奋斗目标的实现。保护生态环境就是保护生产力,改善生态环境就是发展生产力。海南的青山绿水、碧海蓝天自古就为文人雅士所称道。苏东坡的“不似天涯,卷起杨花似雪花”;丘濬的“五峰如指翠相连,撑起炎荒半壁天。夜盥银河摘星斗,朝探碧落弄云烟”;杨维桢的“绿衣歌舞不动尘,海仙骑鱼波袅袅”,无不描绘出海南宛如仙境的动人景象。海南生态环境是大自然赐予的宝贵财富,必须倍加珍惜、精心呵护,使海南真正成为中华民族的四季花园。

党中央决定,支持海南建设国家生态文明试验区,鼓励海南省走出一条人与自然和谐发展的路子,为全国生态文明建设探索经验。要实行最严格的生态环境保护制度,构建高效统一的规划管理体系,率先建立现代生态环境和资源保护监管体制。要积极开展国家公园体制试点,建设热带雨林等国家公园,构建归属清晰、权责明确、监管有效的自然保护地体系。要完善以绿色发展为导向的考核评价体系,建立健全形式多样、绩效导向的生态保护补偿机制。要严格保护海洋生态环境,建立健全陆海统筹的生态系统保护修复和污染防治区域联动机制。

第五,海南要坚持以人民为中心的发展思想,不断满足人民日益增长的美好生活需要,让改革发展成果更多更公平惠及人民。改革开放在认识和实践上的每一次突破和深化,改革开放中每一个新生事物的产生和发展,改革开放每一个领域和环节经验的创造和积累,无不来自亿万人民的智慧和实践。没有人民支持和参与,任何改革都不可能取得成功。只有充分尊重人民意愿,形成广泛共识,人民才会积极支持改革、踊跃投身改革。要坚持人民主体地位,发挥群众首创精神,紧紧依靠人民推动改革开放。要坚持从人民群众普遍关注、反映强烈、反复出现的问题背后查找体制机制弊端,找准深化改革的重点和突破口。要始终把人民利益摆在至高无上的地位，加快推进民生领域体制机制改革，尽力而为、量力而行，着力提高保障和改善民生水平，不断完善公共服务体系，不断促进社会公平正义，推动公共资源向基层延伸、向农村覆盖、向困难群体倾斜，着力解决人民群众关心的现实利益问题。

事业因人才而兴，人才因事业而聚。“人材者，求之则愈出，置之则愈匮。”海南全面深化改革开放是国家的重大战略，必须举全国之力、聚四方之才。海南建省办经济特区初期就有“十万人才过海峡”的壮举。吸引人才、留住人才、用好人才，最好的环境是良好体制机制。要支持海南大学创建世界一流学科，鼓励国内知名高校和研究机构在海南设立分支机构，鼓励海南引进境外优质教育资源，举办高水平中外合作办学机构和项目，支持海南开展国际人才管理改革试点，允许外籍和港澳台地区技术技能人员按规定在海南就业、永久居留。允许在中国高等院校获得硕士及以上学位的优秀外国留学生在海南就业创业，扩大海南高校留学生规模。支持海南探索建立吸引外国高技术人才的管理制度。海南要坚持五湖四海广揽人才，在深化人才发展体制机制改革上有突破，实行更加积极、更加开放、更加有效的人才政策，创新人才培养支持机制，构建更加开放的引才机制，全面提升人才服务水平，让各类人才在海南各尽其用、各展其才。

第六，海南要坚持和加强党的全面领导，确保全面深化改革开放正确方向。坚持党的领导，全面从严治党，是改革开放取得成功的关键和根本。经济特区处于改革开放前沿，对全面加强党的领导和党的建设有着更高要求。广大党员、干部要坚定维护党中央权威和集中统一领导，自觉在思想上政治上行动上同党中央保持高度一致，自觉站在党和国家大局上想问题、办事情,在践行“四个意识”和“四个自信”上勇当先锋,在讲政治、顾大局、守规矩上做好表率。要用新时代中国特色社会主义思想武装头脑,帮助广大党员、干部坚定理想信念、更新知识观念、掌握过硬本领,更好适应新形势新任务的需要。要加强基层组织建设,把每一个基层党组织都打造成坚强的战斗堡垒。要以改革创新精神抓好党建,持之以恒正风肃纪,深入推进反腐败斗争,教育引导广大党员、干部自觉抵制不良风气对党内生活的侵蚀,营造风清气正的良好政治生态。

中央和国家有关部门要从全局高度出发,会同海南省做好顶层设计,坚持先谋后动,积极研究制定支持举措,共同推动各项政策落地见效。

女士们、先生们、同志们!

历史从不眷顾因循守旧、满足现状者,机遇属于勇于创新、永不自满者。一切伟大成就都是接续奋斗的结果,一切伟大事业都需要在继往开来中推进。历代经济特区建设者以他们的智慧、勇气、汗水书写了辉煌篇章。今天,海南广大干部群众要不忘初心、牢记使命,以“功成不必在我”的精神境界和“功成必定有我”的历史担当,保持历史耐心,发扬钉钉子精神,一张蓝图绘到底,一任接着一任干,在实现“两个一百年”奋斗目标、实现中华民族伟大复兴中国梦的新征程上努力创造无愧于时代的新业绩!

中共中央、国务院关于支持海南全面深化改革开放的指导意见

（2018 年 4 月 11 日　中发〔2018〕12 号）

海南建省和兴办经济特区是党中央着眼于我国改革开放和社会主义现代化建设全局作出的重大战略决策。2018 年是贯彻党的十九大精神的开局之年，是改革开放 40 周年，也是海南建省和兴办经济特区 30 周年。在新的历史条件下，为全面贯彻党的十九大精神和习近平总书记重要批示精神，更进一步凸显我国改革开放 40 年的重大意义，更进一步彰显党的十八大以来习近平总书记带领全国各族人民全面深化改革开放的重大意义，推动海南成为新时代全面深化改革开放的新标杆，形成更高层次改革开放新格局，探索实现更高质量、更有效率、更加公平、更可持续的发展，现提出以下意见。

一、重大意义

海南省因改革开放而生，也因改革开放而兴。1988 年，党中央批准海南建省办经济特区。30 年来，海南省切实履行党中央、国务院赋予的历史使命，大胆创新、奋勇拼搏，推动经济社会发展取得重大成就，把一个边陲海岛发展成为我国改革开放的重

要窗口,实现了翻天覆地的变化,为全国提供了宝贵经验。实践证明,党中央关于海南建省和兴办经济特区的决策是完全正确的。

在中国特色社会主义进入新时代的大背景下,赋予海南经济特区改革开放新的使命,是习近平总书记亲自谋划、亲自部署、亲自推动的重大国家战略,必将对构建我国改革开放新格局产生重大而深远影响。支持海南全面深化改革开放有利于探索可复制可推广的经验,压茬拓展改革广度和深度,完善和发展中国特色社会主义制度;有利于我国主动参与和推动经济全球化进程,发展更高层次的开放型经济,加快推动形成全面开放新格局;有利于推动海南加快实现社会主义现代化,打造成新时代中国特色社会主义新亮点,彰显中国特色社会主义制度优越性,增强中华民族的凝聚力和向心力。

二、总体要求

(一)指导思想。全面贯彻党的十九大和十九届二中、三中全会精神,以习近平新时代中国特色社会主义思想为指导,坚持党的全面领导,坚持稳中求进工作总基调,坚持新发展理念,统筹推进"五位一体"总体布局和协调推进"四个全面"战略布局,以供给侧结构性改革为主线,赋予海南经济特区改革开放新使命,建设自由贸易试验区和中国特色自由贸易港,解放思想、大胆创新,着力在建设现代化经济体系、实现高水平对外开放、提升旅游消费水平、服务国家重大战略、加强社会治理、打造一流生态环境、完善人才发展制度等方面进行探索,在贯彻落实党的十九大的重大决策部署上走在前列,打造实践中国特色社会主义的生动范例,开创新时代中国特色社会主义新局面,为把我国建设成为富强民主文明和谐美丽的社会主义现代化强国作出更大贡献。

（二）战略定位

——全面深化改革开放试验区。大力弘扬敢闯敢试、敢为人先、埋头苦干的特区精神，在经济体制改革和社会治理创新等方面先行先试。适应经济全球化新形势，实行更加积极主动的开放战略，探索建立开放型经济新体制，把海南打造成为我国面向太平洋和印度洋的重要对外开放门户。

——国家生态文明试验区。牢固树立和践行绿水青山就是金山银山的理念，坚定不移走生产发展、生活富裕、生态良好的文明发展道路，推动形成人与自然和谐发展的现代化建设新格局，为推进全国生态文明建设探索新经验。

——国际旅游消费中心。大力推进旅游消费领域对外开放，积极培育旅游消费新热点，下大气力提升服务质量和国际化水平，打造业态丰富、品牌集聚、环境舒适、特色鲜明的国际旅游消费胜地。

——国家重大战略服务保障区。深度融入海洋强国、“一带一路”建设、军民融合发展等重大战略，全面加强支撑保障能力建设，切实履行好党中央赋予的重要使命，提升海南在国家战略格局中的地位和作用。

（三）基本原则

——坚持和加强党对改革开放的领导。把党的领导贯穿于海南全面深化改革开放的全过程，增强“四个意识”，坚定“四个自信”，自觉维护以习近平同志为核心的党中央权威和集中统一领导，培育践行社会主义核心价值观，确保改革开放的社会主义方向。

——坚持整体推进和稳步实施。强化顶层设计，增强改革的系统性、协调性，使各项改革举措相互配合、相得益彰，提高改革整体效益。科学把握改革举措实施步骤,加强风险评估和跟踪预警,注重纠错调整,积极防范潜在风险。

——坚持统筹陆地和海洋保护发展。加强海洋生态文明建设,加大海洋保护力度,加强海洋权益维护,科学有序开发利用海洋资源,培育壮大特色海洋经济,形成陆海资源、产业、空间互动协调发展新格局。

——坚持发挥人才的关键性作用。坚持人才是第一资源,在人才培养、引进、使用上大胆创新,聚天下英才而用之,努力让各类人才引得进、留得住、用得好,使海南成为人才荟萃之岛、技术创新之岛。

(四)发展目标

到2020年,与全国同步实现全面建成小康社会目标,确保现行标准下农村贫困人口实现脱贫,贫困县全部摘帽;自由贸易试验区建设取得重要进展,国际开放度显著提高;公共服务体系更加健全,人民群众获得感明显增强;生态文明制度基本建立,生态环境质量持续保持全国一流水平。

到2025年,经济增长质量和效益显著提高;自由贸易港制度初步建立,营商环境达到国内一流水平;民主法制更加健全,治理体系和治理能力现代化水平明显提高;公共服务水平和质量达到国内先进水平,基本公共服务均等化基本实现;生态环境质量继续保持全国领先水平。

到2035年,在社会主义现代化建设上走在全国前列;自由贸易港的制度体系和运作模式更加成熟,营商环境跻身全球前列;人民生活更为宽裕,全体人民共同富裕迈出坚实步伐,优质公共服务和创新创业环境达到国际先进水平;生态环境质量和资源利用效率居于世界领先水平;现代社会治理格局基本形成,社会充满活力又和谐有序。

到本世纪中叶，率先实现社会主义现代化，形成高度市场化、国际化、法治化、现代化的制度体系，成为综合竞争力和文化影响力领先的地区，全体人民共同富裕基本实现，建成经济繁荣、社会文明、生态宜居、人民幸福的美好新海南。

三、建设现代化经济体系

坚持质量第一、效益优先，以供给侧结构性改革为主线，推动经济发展质量变革、效率变革、动力变革，提高全要素生产率，加快建立开放型生态型服务型产业体系，进一步完善社会主义市场经济体制，不断增强海南的经济创新力和竞争力。

（五）深化供给侧结构性改革。坚持把实体经济作为发展经济的着力点，紧紧围绕提高供给体系质量，支持海南传统产业优化升级，加快发展现代服务业，培育新动能。推动旅游业转型升级，加快构建以观光旅游为基础、休闲度假为重点、文体旅游和健康旅游为特色的旅游产业体系，推进全域旅游发展。瞄准国际先进水平，大力发展现代服务业，加快服务贸易创新发展。统筹实施网络强国战略、大数据战略、“互联网+”行动，大力推进新一代信息技术产业发展，推动互联网、物联网、大数据、卫星导航、人工智能和实体经济深度融合。鼓励发展虚拟现实技术，大力发展数字创意产业。高起点发展海洋经济，积极推进南海天然气水合物、海底矿物商业化开采，鼓励民营企业参与南海资源开发，加快培育海洋生物、海水淡化与综合利用、海洋可再生能源、海洋工程装备研发与应用等新兴产业，支持建设现代化海洋牧场。实施乡村振兴战略，做强做优热带特色高效农业，打造国家热带现代农业基地，支持创设海南特色农产品期货品种，加快推进农业农村现代化。

（六）实施创新驱动发展战略。面向深海探测、海洋资源开发利用、航天应用等战略性领域，支持海南布局建设一批重大科研基础设施与条件平台，建设航天领域重大科技创新基地和国家深海基地南方中心，打造空间科技创新战略高地。加强国家南繁科研育种基地（海南）建设，打造国家热带农业科学中心，支持海南建设全球动植物种质资源引进中转基地。设立海南国际离岸创新创业示范区。建立符合科研规律的科技创新管理制度和国际科技合作机制。鼓励探索知识产权证券化，完善知识产权信用担保机制。

（七）深入推进经济体制改革。深化国有企业改革，推进集团层面混合所有制改革，健全公司法人治理结构，完善现代企业制度。完善各类国有资产管理体制，探索政府直接授权国有资本投资、运营公司，加快国有企业横向联合、纵向整合和专业化重组，推动国有资本做强做优做大。完善产权保护制度，加强政务诚信和营商环境建设，清理废除妨碍统一市场和公平竞争的规定与做法，严厉打击不正当竞争行为，激发和保护企业家精神，支持民营企业发展，鼓励更多市场主体和社会主体投身创新创业。深化农垦改革，推进垦区集团化、农场企业化改革，有序推行土地资产化和资本化，鼓励社会资本通过设立农业产业投资基金、农垦产业发展股权投资基金等方式，参与农垦项目和国有农场改革。扎实推进房地一体的农村集体建设用地和宅基地使用权确权登记颁证，在海南全省统筹推进农村土地征收、集体经营性建设用地入市、宅基地制度改革试点，建立不同权属、不同用途建设用地合理比价调节机制和增值收益分配机制，统筹不同地区、拥有不同类型土地的农民收益。支持依法合规在海南设立国际能源、航运、大宗商品、产权、股权、碳排放权等交易场所。创新投融资方式，规范运用政府和社会资本合作（PPP）模式，引导社会资本参与基础设施和民生事业。支持海南以电力和天然气体制改革为重点,开展能源综合改革。理顺民用机场管理体制,先行先试通用航空分类管理改革。

(八)提高基础设施网络化智能化水平。按照适度超前、互联互通、安全高效、智能绿色的原则,大力实施一批重大基础设施工程,加快构建现代基础设施体系。建设"数字海南",推进城乡光纤网络和高速移动通信网络全覆盖,加快实施信息进村入户工程,着力提升南海海域通信保障能力。落实国家网络安全等级保护制度,提升网络安全保障水平。推进海口机场改扩建工程,开展三亚新机场、儋州机场、东方/五指山机场前期工作,加密海南直达全球主要客源地的国际航线。优化整合港口资源,重点支持海口、洋浦港做优做强。推进电网主网架结构建设和城乡电网智能化升级改造,开展智能电网、微电网等示范项目建设。构建覆盖城乡的供气管网。加强城市地下空间利用和综合管廊建设。完善海岛型水利设施网络。

四、推动形成全面开放新格局

坚持全方位对外开放,按照先行先试、风险可控、分步推进、突出特色的原则,第一步,在海南全境建设自由贸易试验区,赋予其现行自由贸易试验区试点政策;第二步,探索实行符合海南发展定位的自由贸易港政策。

(九)高标准高质量建设自由贸易试验区。以现有自由贸易试验区试点内容为主体,结合海南特点,建设中国(海南)自由贸易试验区,实施范围为海南岛全岛。以制度创新为核心,赋予更大改革自主权,支持海南大胆试、大胆闯、自主改,加快形成法治化、国际化、便利化的营商环境和公平统一高效的市场环境。更大力度转变政府职能,深化简政放权、放管结合、优化服务改革,全面提升政府治理能力。实行高水平的贸易和投资自由化便利化政策，对外资全面实行准入前国民待遇加负面清单管理制度，围绕种业、医疗、教育、体育、电信、互联网、文化、维修、金融、航运等重点领域，深化现代农业、高新技术产业、现代服务业对外开放，推动服务贸易加快发展，保护外商投资合法权益。推进航运逐步开放。发挥海南岛全岛试点的整体优势，加强改革系统集成，力争取得更多制度创新成果，彰显全面深化改革和扩大开放试验田作用。

（十）探索建设中国特色自由贸易港。根据国家发展需要，逐步探索、稳步推进海南自由贸易港建设，分步骤、分阶段建立自由贸易港政策体系。海南自由贸易港建设要体现中国特色，符合海南发展定位，学习借鉴国际自由贸易港建设经验，不以转口贸易和加工制造为重点，而以发展旅游业、现代服务业和高新技术产业为主导，更加强调通过人的全面发展，充分激发发展活力和创造力，打造更高层次、更高水平的开放型经济。及时总结59国外国人入境旅游免签政策实施效果，加大出入境安全措施建设，为进一步扩大免签创造条件。完善国际贸易“单一窗口”等信息化平台。积极吸引外商投资以及先进技术、管理经验，支持外商全面参与自由贸易港建设。在内外贸、投融资、财政税务、金融创新、出入境等方面探索更加灵活的政策体系、监管模式和管理体制，打造开放层次更高、营商环境更优、辐射作用更强的开放新高地。

（十一）加强风险防控体系建设。出台有关政策要深入论证、严格把关，成熟一项推出一项。打好防范化解重大风险攻坚战，有效履行属地金融监管职责，构建金融宏观审慎管理体系，建立金融监管协调机制，加强对重大风险的识别和系统性金融风险的防范，严厉打击洗钱、恐怖融资及逃税等金融犯罪活动，有效防控金融风险。优化海关监管方式，强化进出境安全准入管理,完善对国家禁止和限制入境货物、物品的监管,高效精准打击走私活动。建立检验检疫风险分类监管综合评定机制。强化企业投资经营事中事后监管,实行“双随机、一公开”监管全覆盖。

五、创新促进国际旅游消费中心建设的体制机制

深入推进国际旅游岛建设,不断优化发展环境,进一步开放旅游消费领域,积极培育旅游消费新业态、新热点,提升高端旅游消费水平,推动旅游消费提质升级,进一步释放旅游消费潜力,积极探索消费型经济发展的新路径。

(十二)拓展旅游消费发展空间。实施更加开放便利的离岛免税购物政策,实现离岛旅客全覆盖,提高免税购物限额。支持海南开通跨国邮轮旅游航线,支持三亚等邮轮港口开展公海游航线试点,加快三亚向邮轮母港方向发展。放宽游艇旅游管制。有序推进西沙旅游资源开发,稳步开放海岛游。全面落实完善博鳌乐城国际医疗旅游先行区政策,鼓励医疗新技术、新装备、新药品的研发应用,制定支持境外患者到先行区诊疗的便利化政策。推动文化和旅游融合发展,大力发展动漫游戏、网络文化、数字内容等新兴文化消费,促进传统文化消费升级。允许外资在海南试点设立在本省经营的演出经纪机构,允许外资在海南省内经批准的文化旅游产业集聚区设立演出场所经营单位,演出节目需符合国家法律和政策规定。允许旅游酒店经许可接收国家批准落地的境外电视频道。支持在海南建设国家体育训练南方基地和省级体育中心,鼓励发展沙滩运动、水上运动、赛马运动等项目,支持打造国家体育旅游示范区。探索发展竞猜型体育彩票和大型国际赛事即开彩票。探索从空间规划、土地供给、资源利用等方面支持旅游项目建设。

（十三）提升旅游消费服务质量。鼓励海南旅游企业优化重组，支持符合条件的企业上市融资，促进旅游产业规模化、品牌化、网络化经营，形成一批具有国际竞争力的旅游集团。推进经济型酒店连锁经营，鼓励发展各类生态、文化主题酒店和特色化、中小型家庭旅馆，积极引进国内外高端酒店集团和著名酒店管理品牌。高标准布局建设具有国际影响力的大型消费商圈，完善“互联网+”消费生态体系，鼓励建设“智能店铺”、“智慧商圈”，支持完善跨境消费服务功能。加强旅游公共服务设施的统筹规划和建设。健全旅游服务的标准体系、监管体系、诚信体系、投诉体系，建立企业信誉等级评价、重大信息公告、消费投诉信息和违规记录公示制度。严厉打击扰乱旅游市场秩序的违法违规行为，完善旅游纠纷调解机制，切实维护旅游者合法权益。支持海南整合旅游营销资源，强化整体宣传营销，促进海南旅游形象提升。

（十四）大力推进旅游消费国际化。支持海南积极引进国际优质资本和智力资源，采用国际先进理念进行旅游资源保护和开发。允许在海南注册的符合条件的中外合资旅行社从事除台湾地区以外的出境旅游业务。支持海南积极参与国际旅游合作与分工，与国际组织和企业在引资引智、市场开发、教育培训、体育赛事等方面开展务实合作。加快建立与国际通行规则相衔接的旅游管理体制，推动更多企业开展国际标准化组织（ISO）质量和环境管理体系认证，提升企业管理水平。系统提升旅游设施和旅游要素的国际化、标准化、信息化水平。指导海南进一步办好国际体育赛事，支持再引入一批国际一流赛事。支持海南举办国际商品博览会和国际电影节。

六、服务和融入国家重大战略

支持海南履行好党中央赋予的重要使命，持续加强支撑保障能力建设，更好服务海洋强国、"一带一路"建设、军民融合发展等国家重大战略实施。

(十五)加强南海维权和开发服务保障能力建设。加快完善海南的维权、航运、渔业等重点基础设施，显著提升我国对管辖海域的综合管控和开发能力。实施南海保障工程，建立完善的救援保障体系。保障法院行使对我国管辖海域的司法管辖权。支持三亚海上旅游合作开发基地、澄迈等油气勘探生产服务基地建设。加强重点渔港和避风港建设。

(十六)深化对外交往与合作。充分利用博鳌亚洲论坛等国际交流平台，推动海南与"一带一路"沿线国家和地区开展更加务实高效的合作，建设21世纪海上丝绸之路重要战略支点。鼓励境外机构落户海南。支持海南推进总部基地建设，鼓励跨国企业、国内大型企业集团在海南设立国际总部和区域总部。支持在海南设立21世纪海上丝绸之路文化、教育、农业、旅游交流平台，推动琼海农业对外开放合作试验区建设。加强海南与东南亚国家的沟通交流，重点开展旅游、环境保护、海洋渔业、人文交流、创新创业、防灾减灾等领域合作。

(十七)推进军民融合深度发展。落实经济建设项目贯彻国防要求的有关部署，加强军地在基础设施、科技、教育和医疗服务等领域的统筹发展，建立军地共商、科技共兴、设施共建、后勤共保的体制机制，将海南打造成为军民融合发展示范基地。依托海南文昌航天发射场，推动建设海南文昌国际航天城。完善南海岛礁民事服务设施与功能，建设生态岛礁，打造南海军民融合精品工程。深化空域精细化管理改革，提升军民航空域使用效率。完善军地土地置换政策,保障军事用地需求,促进存量土地盘活利用。建设国家战略能源储备基地。

(十八)加强区域合作交流互动。依托泛珠三角区域合作机制,鼓励海南与有关省区共同参与南海保护与开发,共建海洋经济示范区、海洋科技合作区。密切与香港、澳门在海事、海警、渔业、海上搜救等领域的合作,积极对接粤港澳大湾区建设。加强与台湾地区在教育、医疗、现代农业、海洋资源保护与开发等领域的合作。深化琼州海峡合作,推进港航、旅游协同发展。

七、加强和创新社会治理

始终坚持以人民为中心的发展思想,完善公共服务体系,加强社会治理制度建设,不断满足人民日益增长的美好生活需要,形成有效的社会治理、良好的社会秩序,使人民获得感、幸福感、安全感更加充实、更有保障、更可持续。

(十九)健全改善民生长效机制。坚决打赢精准脱贫攻坚战,建立稳定脱贫长效机制,促进脱贫提质增效。深化户籍制度改革,有序推进农业转移人口市民化,推动基本公共服务覆盖全部常住人口。大力实施基础教育提质工程,全面提升学前教育和中小学教育质量。完善劳动用工制度,健全最低工资标准调整和工资支付保障长效机制。开展激发重点群体增收活力改革试点,推进事业单位改革和人才评价机制改革,在国家政策框架内,加快完善与自由贸易试验区和自由贸易港建设相适应、体现工作绩效和分级分类管理的机关事业单位工资分配政策。创新社会救助模式,完善专项救助制度,在重点保障城乡低保对象、特困人员的基础上,将专项救助向低收入家庭延伸。全面实施全民参保计划。建立和完善房地产长效机制,防止房价大起大落。继续深化医药卫生体制改革。

(二十)打造共建共治共享的社会治理格局。加强预防和化解社会矛盾机制建设,正确处理人民内部矛盾。加强人口动态数据收集分析,建立人口监测预警报告制度。推动建立以社会保障卡为载体的“一卡通”服务管理模式。探索行业协会商会类、科技类、公益慈善类、城乡社区服务类社会组织依法直接登记制度,支持社会组织在规范市场秩序、开展行业监管、加强行业自律、调解贸易纠纷等方面发挥更大作用,推进行业协会商会脱钩改革。全面加强基层治理,统筹推进基层政权建设和基层群众自治,促进乡镇(街道)治理和城乡社区治理有效衔接,构建简约高效的基层管理体制。全面推进社会信用体系建设,加快构建守信激励和失信惩戒机制。围绕行政管理、司法管理、城市管理、环境保护等社会治理的热点难点问题,促进人工智能技术应用,提高社会治理智能化水平。

(二十一)深化行政体制改革。全面贯彻党的十九届三中全会精神,认真落实《中共中央关于深化党和国家机构改革的决定》、《深化党和国家机构改革方案》,坚决维护党中央权威和集中统一领导,率先完成地方党政机构改革。深化“放管服”改革,在进一步简政放权、放管结合、优化服务方面走在全国前列,推动自由贸易试验区和自由贸易港建设。按照宜放则放、不宜放则不放的原则,赋予海南省级政府更多自主权,将贴近基层和群众的管理服务事务交由下级政府承担。推进海南行政区划改革创新,优化行政区划设置和行政区划结构体系。支持海南按照实际需要统筹使用各类编制资源。深化“多规合一”改革,推动形成全省统一的空间规划体系。积极探索与行政体制改革相适应的司法体制改革。

八、加快生态文明体制改革

牢固树立社会主义生态文明观，像对待生命一样对待生态环境，实行最严格的生态环境保护制度，还自然以宁静、和谐、美丽，提供更多优质生态产品以满足人民日益增长的优美生态环境需要，谱写美丽中国海南篇章。

（二十二）完善生态文明制度体系。加快建立健全生态文明建设长效机制，压紧压实生态环境保护责任。率先建立生态环境和资源保护现代监管体制，设立国有自然资源资产管理和自然生态监管机构。落实环境保护“党政同责、一岗双责”，构建以绿色发展为导向的评价考核体系，严格执行党政领导干部自然资源资产离任审计、生态环境损害责任追究制度。编制自然资源资产负债表，实行省以下环保机构监测监察执法垂直管理制度。支持海南在建立完善自然资源资产产权制度和有偿使用制度方面率先进行探索。加快完善生态保护成效与财政转移支付资金分配相挂钩的生态保护补偿机制。全面实施河长制、湖长制、湾长制、林长制。探索建立水权制度。鼓励海南国家级、省级自然保护区依法合规探索开展森林经营先行先试。加强对海洋生态环境的司法保护。开展海洋生态系统碳汇试点。研究构建绿色标准体系，建立绿色产品政府采购制度，创建绿色发展示范区。实行碳排放总量和能耗增量控制。建立环境污染“黑名单”制度，健全环保信用评价、信息强制性披露、严惩重罚等制度。在环境高风险领域建立环境污染强制责任保险制度。

（二十三）构建国土空间开发保护制度。深入落实主体功能区战略，健全国土空间用途管制制度，完善主体功能区配套政策，制定实施海南省海洋主体功能区规划。完成生态保护红线、永久基本农田、城镇开发边界和海洋生物资源保护线、围填海控制线划定工作，严格自然生态空间用途管制。实行最严格的节约用地制度，实施建设用地总量和强度双控行动，推进城市更新改造，对低效、零散用地进行统筹整合、统一开发，确保海南建设用地总量在现有基础上不增加，人均城镇工矿用地和单位国内生产总值建设用地使用面积稳步下降。加强自然保护区监督管理。研究设立热带雨林等国家公园，构建以国家公园为主体的自然保护地体系，按照自然生态系统整体性、系统性及其内在规律实行整体保护、系统修复、综合治理。实施重要生态系统保护和修复重大工程，构建生态廊道和生物多样性保护网络，提升生态系统质量和稳定性。鼓励在重点生态区位推行商品林赎买制度，探索通过租赁、置换、地役权合同等方式规范流转集体土地和经济林，逐步恢复和扩大热带雨林等自然生态空间。实施国家储备林质量精准提升工程，建设乡土珍稀树种木材储备基地。对生态环境脆弱和敏感区域内居民逐步实施生态移民搬迁。严格保护海洋生态环境，更加重视以海定陆，加快建立重点海域入海污染物总量控制制度，制定实施海岸带保护与利用综合规划。

（二十四）推动形成绿色生产生活方式。坚持“绿色、循环、低碳”理念，建立产业准入负面清单制度，全面禁止高能耗、高污染、高排放产业和低端制造业发展，推动现有制造业向智能化、绿色化和服务型转变，加快构建绿色产业体系。实施能源消费总量和强度双控行动。支持海南建设生态循环农业示范省，加快创建农业绿色发展先行区。实行生产者责任延伸制度，推动生产企业切实落实废弃产品回收责任。减少煤炭等化石能源消耗，加快构建安全、绿色、集约、高效的清洁能源供应体系。建立闲置房屋盘活利用机制，鼓励发展度假民宿等新型租赁业态。探索共享经济发展新模式，在出行、教育、职业培训等领域开展试点示范。科学合理控制机动车保有量，加快推广新能源汽车和节能环保汽车,在海南岛逐步禁止销售燃油汽车。全面禁止在海南生产、销售和使用一次性不可降解塑料袋、塑料餐具,加快推进快递业绿色包装应用。

九、完善人才发展制度

实施人才强国战略,深化人才发展体制机制改革,实行更加积极、更加开放、更加有效的人才政策,加快形成人人渴望成才、人人努力成才、人人皆可成才、人人尽展其才的良好环境。

(二十五)创新人才培养支持机制。鼓励海南充分利用国内外优质教育培训资源,加强教育培训合作,培养高水平的国际化人才。支持海南大学创建世界一流学科,支持相关高校培育建设重点实验室。鼓励国内知名高校和研究机构在海南设立分支机构。完善职业教育和培训体系,深化产教融合、校企合作,鼓励社会力量通过独资、合资、合作等多种形式举办职业教育。鼓励海南引进境外优质教育资源,举办高水平中外合作办学机构和项目,探索建立本科以上层次中外合作办学项目部省联合审批机制。支持海南通过市场化方式设立专业人才培养专项基金。完善促进终身教育培训的体制机制。

(二十六)构建更加开放的引才机制。加大国家级人才计划对海南省人才队伍建设的支持力度。紧紧围绕强化公益属性的目标深化事业单位改革,除仅为机关提供支持保障的事业单位外,原则上取消行政级别,允许改革后的事业单位结合实际完善有利于激励人才的绩效工资内部分配办法。促进教师、医生、科研人员等合理流动。创新"候鸟型"人才引进和使用机制,设立"候鸟"人才工作站,允许内地国企、事业单位的专业技术和管理人才按规定在海南兼职兼薪、按劳取酬。支持海南开展国际人才管理改革试点,允许外籍和港澳台地区技术技能人员按规定在海南就业、永久居留。允许在中国高校获得硕士及以上学位的优秀外国留学生在海南就业和创业,扩大海南高校留学生规模。支持海南探索建立吸引外国高科技人才的管理制度。

(二十七)建设高素质专业化干部队伍。坚持党管干部原则,坚持正确选人用人导向,突出政治标准,注重培养专业能力、专业精神,增强干部队伍助推海南全面深化改革开放的能力。推进公务员聘任制和分类管理改革,拓宽社会优秀人才进入党政干部队伍渠道,允许在专业性较强的政府机构设置高端特聘职位,实施聘期管理和协议工资。加强海南与国内发达地区的公务员学习交流,开展公务员国际交流合作,稳妥有序开展公务人员境外培训。加强优秀后备干部储备,完善鼓励干部到基层一线、困难艰苦地区历练的机制。

(二十八)全面提升人才服务水平。加大优质公共服务供给,满足人才对高品质公共服务的需求。大力引进优质医疗资源,鼓励社会力量发展高水平医疗机构,推进国际国内医疗资源合作,积极引进优秀卫生专业技术人员。深度推进跨省异地就医住院医疗费用直接结算,鼓励发展商业补充保险。推进社会养老服务设施建设。加快数字图书馆、数字博物馆、网上剧院等建设,构建标准统一、互联互通的公共数字文化服务网络。出台专门政策解决引进人才的任职、住房、就医、社保、子女教育等问题。

十、保障措施

毫不动摇加强党对改革开放的领导,进一步强化政策支持,建立健全“中央统筹、部门支持、省抓落实”的工作机制,坚定自觉地把党中央、国务院的决策部署落到实处。

(二十九)加强党的领导。坚持党对一切工作的领导,充分发挥党总揽全局、协调各方的作用。海南省委要把党的政治建设摆在首位,用习近平新时代中国特色社会主义思想武装海南党员干部。着眼于健全加强党的全面领导的制度,优化党的组织机构,建立健全省委对全面深化改革开放工作的领导体制机制,更好发挥党的职能部门作用,提高党把方向、谋大局、定政策、促改革的能力和定力。加强基层党组织建设,着力提升组织力,增强政治功能,引导广大党员发挥先锋模范作用,把基层党组织建设成为推动海南全面深化改革开放的坚强战斗堡垒。完善体现新发展理念和正确政绩观要求的干部考核评价体系,建立激励机制和容错纠错机制,旗帜鲜明地为敢于担当、踏实做事、不谋私利的干部撑腰鼓劲。牢牢掌握意识形态工作领导权,把社会主义核心价值观融入社会发展各方面,坚定文化自信。持之以恒正风肃纪,强化纪检监察工作,营造风清气正良好环境。深化政治巡视。全面落实监察法。

(三十)强化政策保障。本意见提出的各项改革政策措施,凡涉及调整现行法律或行政法规的,经全国人大或国务院统一授权后实施。中央有关部门根据海南省建设自由贸易试验区、探索实行符合海南发展定位的自由贸易港政策需要,及时向海南省下放相关管理权限,给予充分的改革自主权。按照市场化方式,设立海南自由贸易港建设投资基金。深化司法体制综合配套改革,全面落实司法责任制,实行法院、检察院内设机构改革试点,建立法官、检察官员额退出机制。支持建立国际经济贸易仲裁机构和国际争端调解机构等多元纠纷解决机构。

(三十一)完善实施机制。海南省要发挥主体责任,主动作为、真抓实干,敢为人先、大胆探索,以“功成不必在我”的精神境界和“功成必定有我”的历史担当,一任接着一任干,一茬接着一茬干,将蓝图一绘到底。要制定预案,稳定市场预期,坚决防范炒房炒地投机行为。研究建立重大问题协调机制,统筹推进海南全面深化改革开放工作。中央有关部门要真放真改真支持,切实贯彻落实本意见提出的各项任务和政策措施,会同海南省抓紧制定实施方案。国家发展改革委要加强综合协调,强化督促检查,适时组织对本意见实施情况进行评估,及时发现问题并提出整改建议,重大事项向党中央、国务院报告。

海南自由贸易港建设总体方案

海南是我国最大的经济特区，具有实施全面深化改革和试验最高水平开放政策的独特优势。支持海南逐步探索、稳步推进中国特色自由贸易港建设，分步骤、分阶段建立自由贸易港政策和制度体系，是习近平总书记亲自谋划、亲自部署、亲自推动的改革开放重大举措，是党中央着眼国内国际两个大局，深入研究、统筹考虑、科学谋划作出的战略决策。当今世界正在经历新一轮大发展大变革大调整，保护主义、单边主义抬头，经济全球化遭遇更大的逆风和回头浪。在海南建设自由贸易港，是推进高水平开放，建立开放型经济新体制的根本要求；是深化市场化改革，打造法治化、国际化、便利化营商环境的迫切需要；是贯彻新发展理念，推动高质量发展，建设现代化经济体系的战略选择；是支持经济全球化，构建人类命运共同体的实际行动。为深入贯彻习近平总书记在庆祝海南建省办经济特区 30 周年大会上的重要讲话精神，落实《中共中央、国务院关于支持海南全面深化改革开放的指导意见》要求，加快建设高水平的中国特色自由贸易港，制定本方案。

一、总体要求

(一)指导思想。以习近平新时代中国特色社会主义思想为指导，全面贯彻党的十九大和十九届二中、三中、四中全会精神，坚持党的全面领导,坚持稳中求进工作总基调,坚持新发展理念,坚持高质量发展,统筹推进“五位一体”总体布局,协调推进“四个全面”战略布局,对标国际高水平经贸规则,解放思想、大胆创新,聚焦贸易投资自由化便利化,建立与高水平自由贸易港相适应的政策制度体系,建设具有国际竞争力和影响力的海关监管特殊区域,将海南自由贸易港打造成为引领我国新时代对外开放的鲜明旗帜和重要开放门户。

(二)基本原则

——借鉴国际经验。坚持高起点谋划、高标准建设,主动适应国际经贸规则重构新趋势,充分学习借鉴国际自由贸易港的先进经营方式、管理方法和制度安排,形成具有国际竞争力的开放政策和制度,加快建立开放型经济新体制,增强区域辐射带动作用,打造我国深度融入全球经济体系的前沿地带。

——体现中国特色。坚持党的集中统一领导,坚持中国特色社会主义道路,坚持以人民为中心,践行社会主义核心价值观,确保海南自由贸易港建设正确方向。充分发挥全国上下一盘棋和集中力量办大事的制度优势,调动各方面积极性和创造性,集聚全球优质生产要素,着力在推动制度创新、培育增长动能、构建全面开放新格局等方面取得新突破,为实现国家战略目标提供坚实支撑。加强与东南亚国家交流合作,促进与粤港澳大湾区联动发展。

——符合海南定位。紧紧围绕国家赋予海南建设全面深化改革开放试验区、国家生态文明试验区、国际旅游消费中心和国家重大战略服务保障区的战略定位,充分发挥海南自然资源丰富、地理区位独特以及背靠超大规模国内市场和腹地经济等优势,抢抓全球新一轮科技革命和产业变革重要机遇,聚焦发展旅游业、现代服务业和高新技术产业,加快培育具有海南特色的合作竞争新优势。

——突出改革创新。强化改革创新意识，赋予海南更大改革自主权，支持海南全方位大力度推进改革创新，积极探索建立适应自由贸易港建设的更加灵活高效的法律法规、监管模式和管理体制，下大力气破除阻碍生产要素流动的体制机制障碍。深入推进商品和要素流动型开放，加快推动规则等制度型开放，以高水平开放带动改革全面深化。加强改革系统集成，注重协调推进，使各方面创新举措相互配合、相得益彰，提高改革创新的整体效益。

——坚持底线思维。坚持稳扎稳打、步步为营，统筹安排好开放节奏和进度，成熟一项推出一项，不急于求成、急功近利。深入推进简政放权、放管结合、优化服务，全面推行准入便利、依法过程监管的制度体系，建立与国际接轨的监管标准和规范制度。加强重大风险识别和系统性风险防范，建立健全风险防控配套措施。完善重大疫情防控体制机制，健全公共卫生应急管理体系。开展常态化评估工作，及时纠偏纠错，确保海南自由贸易港建设方向正确、健康发展。

（三）发展目标

到 2025 年，初步建立以贸易自由便利和投资自由便利为重点的自由贸易港政策制度体系。营商环境总体达到国内一流水平，市场主体大幅增长，产业竞争力显著提升，风险防控有力有效，适应自由贸易港建设的法律法规逐步完善，经济发展质量和效益明显改善。

到 2035 年，自由贸易港制度体系和运作模式更加成熟，以自由、公平、法治、高水平过程监管为特征的贸易投资规则基本构建，实现贸易自由便利、投资自由便利、跨境资金流动自由便利、人员进出自由便利、运输来往自由便利和数据安全有序流动。营商环境更加优化,法律法规体系更加健全,风险防控体系更加严密,现代社会治理格局基本形成,成为我国开放型经济新高地。

到本世纪中叶,全面建成具有较强国际影响力的高水平自由贸易港。

(四)实施范围。海南自由贸易港的实施范围为海南岛全岛。

二、制度设计

以贸易投资自由化便利化为重点,以各类生产要素跨境自由有序安全便捷流动和现代产业体系为支撑,以特殊的税收制度安排、高效的社会治理体系和完备的法治体系为保障,在明确分工和机制措施、守住不发生系统性风险底线的前提下,构建海南自由贸易港政策制度体系。

(一)贸易自由便利。在实现有效监管的前提下,建设全岛封关运作的海关监管特殊区域。对货物贸易,实行以"零关税"为基本特征的自由化便利化制度安排。对服务贸易,实行以"既准入又准营"为基本特征的自由化便利化政策举措。

1."一线"放开。在海南自由贸易港与中华人民共和国关境外其他国家和地区之间设立"一线"。"一线"进(出)境环节强化安全准入(出)监管,加强口岸公共卫生安全、国门生物安全、食品安全、产品质量安全管控。在确保履行我国缔结或参加的国际条约所规定义务的前提下,制定海南自由贸易港禁止、限制进出口的货物、物品清单,清单外货物、物品自由进出,海关依法进行监管。制定海南自由贸易港进口征税商品目录,目录外货物进入自由贸易港免征进口关税。以联运提单付运的转运货物不征税、不检验。从海南自由贸易港离境的货物、物品按出口管理。实行便捷高效的海关监管,建设高标准国际贸易“单一窗口”。

2.“二线”管住。在海南自由贸易港与中华人民共和国关境内的其他地区(以下简称内地)之间设立“二线”。货物从海南自由贸易港进入内地,原则上按进口规定办理相关手续,照章征收关税和进口环节税。对鼓励类产业企业生产的不含进口料件或者含进口料件在海南自由贸易港加工增值超过30%(含)的货物,经“二线”进入内地免征进口关税,照章征收进口环节增值税、消费税。行邮物品由海南自由贸易港进入内地,按规定进行监管,照章征税。对海南自由贸易港前往内地的运输工具,简化进口管理。货物、物品及运输工具由内地进入海南自由贸易港,按国内流通规定管理。内地货物经海南自由贸易港中转再运往内地无需办理报关手续,应在自由贸易港内海关监管作业场所(场地)装卸,与其他海关监管货物分开存放,并设立明显标识。场所经营企业应根据海关监管需要,向海关传输货物进出场所等信息。

3.岛内自由。海关对海南自由贸易港内企业及机构实施低干预、高效能的精准监管,实现自由贸易港内企业自由生产经营。由境外启运,经海南自由贸易港换装、分拣集拼,再运往其他国家或地区的中转货物,简化办理海关手续。货物在海南自由贸易港内不设存储期限,可自由选择存放地点。实施“零关税”的货物,海关免于实施常规监管。

4.推进服务贸易自由便利。实施跨境服务贸易负面清单制度,破除跨境交付、境外消费、自然人移动等服务贸易模式下存在的各种壁垒,给予境外服务提供者国民待遇。实施与跨境服务贸易配套的资金支付与转移制度。在告知、资格要求、技术标准、透明度、监管一致性等方面,进一步规范影响服务贸易自由便利的国内规制。

(二)投资自由便利。大幅放宽海南自由贸易港市场准入,强化产权保护,保障公平竞争,打造公开、透明、可预期的投资环境,进一步激发各类市场主体活力。

5. 实施市场准入承诺即入制。严格落实"非禁即入",在"管得住"的前提下,对具有强制性标准的领域,原则上取消许可和审批,建立健全备案制度,市场主体承诺符合相关要求并提交相关材料进行备案,即可开展投资经营活动。备案受理机构从收到备案时起,即开始承担审查责任。对外商投资实施准入前国民待遇加负面清单管理制度,大幅减少禁止和限制条款。

6. 创新完善投资自由制度。实行以过程监管为重点的投资便利制度。建立以电子证照为主的设立便利,以"有事必应"、"无事不扰"为主的经营便利,以公告承诺和优化程序为主的注销便利,以尽职履责为主的破产便利等政策制度。

7. 建立健全公平竞争制度。强化竞争政策的基础性地位,确保各类所有制市场主体在要素获取、标准制定、准入许可、经营运营、优惠政策等方面享受平等待遇。政府采购对内外资企业一视同仁。加强和优化反垄断执法,打破行政性垄断,防止市场垄断,维护公平竞争市场秩序。

8. 完善产权保护制度。依法保护私人和法人财产的取得、使用、处置和继承的权利,以及依法征收私人和法人财产时被征收财产所有人得到补偿的权利。落实公司法等法律法规,加强对中小投资者的保护。加大知识产权侵权惩罚力度,建立健全知识产权领域市场主体信用分类监管、失信惩戒等机制。加强区块链技术在知识产权交易、存证等方面应用,探索适合自由贸易港发展的新模式。

(三)跨境资金流动自由便利。坚持金融服务实体经济,重点围绕贸易投资自由化便利化,分阶段开放资本项目,有序推进海南自由贸易港与境外资金自由便利流动。

9. 构建多功能自由贸易账户体系。以国内现有本外币账户和自由贸易账户为基础,构建海南金融对外开放基础平台。通过金融账户隔离,建立资金“电子围网”,为海南自由贸易港与境外实现跨境资金自由便利流动提供基础条件。

10. 便利跨境贸易投资资金流动。进一步推动跨境货物贸易、服务贸易和新型国际贸易结算便利化,实现银行真实性审核从事前审查转为事后核查。在跨境直接投资交易环节,按照准入前国民待遇加负面清单模式简化管理,提高兑换环节登记和兑换的便利性,探索适应市场需求新形态的跨境投资管理。在跨境融资领域,探索建立新的外债管理体制,试点合并交易环节外债管理框架,完善企业发行外债备案登记制管理,全面实施全口径跨境融资宏观审慎管理,稳步扩大跨境资产转让范围,提升外债资金汇兑便利化水平。在跨境证券投融资领域,重点服务实体经济投融资需求,扶持海南具有特色和比较优势的产业发展,并在境外上市、发债等方面给予优先支持,简化汇兑管理。

11. 扩大金融业对内对外开放。率先在海南自由贸易港落实金融业扩大开放政策。支持建设国际能源、航运、产权、股权等交易场所。加快发展结算中心。

12. 加快金融改革创新。支持住房租赁金融业务创新和规范发展,支持发展房地产投资信托基金(REITs)。稳步拓宽多种形式的产业融资渠道,放宽外资企业资本金使用范围。创新科技金融政策、产品和工具。

(四)人员进出自由便利。根据海南自由贸易港发展需要,针对高端产业人才,实行更加开放的人才和停居留政策,打造人才集聚高地。在有效防控涉外安全风险隐患的前提下,实行更加便利的出入境管理政策。

13. 对外籍高层次人才投资创业、讲学交流、经贸活动方面提供出入境便利。完善国际人才评价机制，以薪酬水平为主要指标评估人力资源类别，建立市场导向的人才机制。对外籍人员赴海南自由贸易港的工作许可实行负面清单管理，放宽外籍专业技术技能人员停居留政策。允许符合条件的境外人员担任海南自由贸易港内法定机构、事业单位、国有企业的法定代表人。实行宽松的商务人员临时出入境政策。

14. 建立健全人才服务管理制度。实现工作许可、签证与居留信息共享和联审联检。推进建立人才服务中心，提供工作就业、教育生活服务，保障其合法权益。

15. 实施更加便利的出入境管理政策。逐步实施更大范围适用免签入境政策，逐步延长免签停留时间。优化出入境边防检查管理，为商务人员、邮轮游艇提供出入境通关便利。

（五）运输来往自由便利。实施高度自由便利开放的运输政策，推动建设西部陆海新通道国际航运枢纽和航空枢纽，加快构建现代综合交通运输体系。

16. 建立更加自由开放的航运制度。建设“中国洋浦港”船籍港。支持海南自由贸易港开展船舶登记。研究建立海南自由贸易港航运经营管理体制及海员管理制度。进一步放宽空域管制与航路航权限制，优化航运路线，鼓励增加运力投放，增开航线航班。

17. 提升运输便利化和服务保障水平。推进船舶联合登临检查。构建高效、便捷、优质的船旗国特殊监管政策。为船舶和飞机融资提供更加优质高效的金融服务，取消船舶和飞机境外融资限制，探索以保险方式取代保证金。加强内地与海南自由贸易港间运输、通关便利化相关设施设备建设，合理配备人员，提升运输来往自由便利水平。

（六）数据安全有序流动。在确保数据流动安全可控的前提下，扩大数据领域开放，创新安全制度设计，实现数据充分汇聚，培育发展数字经济。

18. 有序扩大通信资源和业务开放。开放增值电信业务，逐步取消外资股比等限制。允许实体注册、服务设施在海南自由贸易港内的企业，面向自由贸易港全域及国际开展在线数据处理与交易处理等业务，并在安全可控的前提下逐步面向全国开展业务。安全有序开放基础电信业务。开展国际互联网数据交互试点，建设国际海底光缆及登陆点，设立国际通信出入口局。

（七）现代产业体系。大力发展旅游业、现代服务业和高新技术产业，不断夯实实体经济基础，增强产业竞争力。

19. 旅游业。坚持生态优先、绿色发展，围绕国际旅游消费中心建设，推动旅游与文化体育、健康医疗、养老养生等深度融合，提升博鳌乐城国际医疗旅游先行区发展水平，支持建设文化旅游产业园，发展特色旅游产业集群，培育旅游新业态新模式，创建全域旅游示范省。加快三亚向国际邮轮母港发展，支持建设邮轮旅游试验区，吸引国际邮轮注册。设立游艇产业改革发展创新试验区。支持创建国家级旅游度假区和5A级景区。

20. 现代服务业。集聚全球创新要素，深化对内对外开放，吸引跨国公司设立区域总部。创新港口管理体制机制，推动港口资源整合，拓展航运服务产业链，推动保税仓储、国际物流配送、转口贸易、大宗商品贸易、进口商品展销、流通加工、集装箱拆拼箱等业务发展，提高全球供应链服务管理能力，打造国际航运枢纽，推动港口、产业、城市融合发展。建设海南国际设计岛、理工农医类国际教育创新岛、区域性国际会展中心，扩大专业服务业对外开放。完善海洋服务基础设施，积极发展海洋物流、海洋旅游、海洋信息服务、海洋工程咨询、涉海金融、涉海商务等，构建具有国际竞争力的海洋服务体系。建设国家对外文化贸易基地。

21. 高新技术产业。聚焦平台载体，提升产业能级，以物联网、人工智能、区块链、数字贸易等为重点发展信息产业。依托文昌国际航天城、三亚深海科技城，布局建设重大科技基础设施和平台，培育深海深空产业。围绕生态环保、生物医药、新能源汽车、智能汽车等壮大先进制造业。发挥国家南繁科研育种基地优势，建设全球热带农业中心和全球动植物种质资源引进中转基地。建设智慧海南。

（八）税收制度。按照零关税、低税率、简税制、强法治、分阶段的原则，逐步建立与高水平自由贸易港相适应的税收制度。

22. 零关税。全岛封关运作前，对部分进口商品，免征进口关税、进口环节增值税和消费税。全岛封关运作、简并税制后，对进口征税商品目录以外、允许海南自由贸易港进口的商品，免征进口关税。

23. 低税率。对在海南自由贸易港实质经营的企业，实行企业所得税优惠税率。对符合条件的个人，实行个人所得税优惠税率。

24. 简税制。结合我国税制改革方向，探索推进简化税制。改革税种制度，降低间接税比例，实现税种结构简单科学、税制要素充分优化、税负水平明显降低、收入归属清晰、财政收支大体均衡。

25. 强法治。税收管理部门按实质经济活动所在地和价值创造地原则对纳税行为进行评估和预警，制定简明易行的实质经营地、所在地居住判定标准，强化对偷漏税风险的识别，防范税基侵蚀和利润转移，避免成为“避税天堂”。积极参与国际税收征管合作,加强涉税情报信息共享。加强税务领域信用分类服务和管理,依法依规对违法失信企业和个人采取相应措施。

26. 分阶段。按照海南自由贸易港建设的不同阶段,分步骤实施零关税、低税率、简税制的安排,最终形成具有国际竞争力的税收制度。

(九)社会治理。着力推进政府机构改革和政府职能转变,鼓励区块链等技术集成应用于治理体系和治理能力现代化,构建系统完备、科学规范、运行有效的自由贸易港治理体系。

27. 深化政府机构改革。进一步推动海南大部门制改革,整合分散在各部门相近或相似的功能职责,推动职能相近部门合并。控制行政综合类公务员比例,行政人员编制向监管部门倾斜,推行市场化的专业人员聘任制。

28. 推动政府职能转变。强化监管立法和执法,加强社会信用体系应用,深化“双随机、一公开”的市场监管体制,坚持对新兴业态实行包容审慎监管。充分发挥“互联网+”、大数据、区块链等现代信息技术作用,通过政务服务等平台建设规范政府服务标准、实现政务流程再造和政务服务“一网通办”,加强数据有序共享,提升政府服务和治理水平。政府作出的承诺须认真履行,对于不能履行承诺或执行不到位而造成损失的,应及时予以赔偿或补偿。

29. 打造共建共治共享的社会治理格局。深化户籍制度改革,进一步放宽户口迁移政策,实行以公民身份号码为唯一标识、全岛统一的居住证制度。赋予行业组织更大自主权,发挥其在市场秩序维护、标准制定实施、行业纠纷调处中的重要作用。赋予社区更大的基层治理权限,加快社区服务与治理创新。

30. 创新生态文明体制机制。深入推进国家生态文明试验区(海南)建设,全面建立资源高效利用制度,健全自然资源产权制度和有偿使用制度。扎实推进国土空间规划体系建设,实行差别化的自然生态空间用途管制。健全自然保护地内自然资源资产特许经营权等制度,探索生态产品价值实现机制。建立热带雨林等国家公园,构建以国家公园为主体的自然保护地体系。探索建立政府主导、企业和社会参与、市场化运作、可持续的生态保护补偿机制。加快构建自然资源统一调查评价监测和确权登记制度。健全生态环境监测和评价制度。

(十)法治制度。建立以海南自由贸易港法为基础,以地方性法规和商事纠纷解决机制为重要组成的自由贸易港法治体系,营造国际一流的自由贸易港法治环境。

31. 制定实施海南自由贸易港法。以法律形式明确自由贸易港各项制度安排,为自由贸易港建设提供原则性、基础性的法治保障。

32. 制定经济特区法规。在遵循宪法规定和法律、行政法规基本原则前提下,支持海南充分行使经济特区立法权,立足自由贸易港建设实际,制定经济特区法规。

33. 建立多元化商事纠纷解决机制。完善国际商事纠纷案件集中审判机制,提供国际商事仲裁、国际商事调解等多种非诉讼纠纷解决方式。

(十一)风险防控体系。制定实施有效措施,有针对性防范化解贸易、投资、金融、数据流动、生态和公共卫生等领域重大风险。

34. 贸易风险防控。高标准建设开放口岸和"二线口岸"基础设施、监管设施,加大信息化系统建设和科技装备投入力度,实施智能精准监管,依托全岛"人流、物流、资金流"信息管理系统、社会管理监管系统、口岸监管系统"三道防线",形成海南社会管理信息化平台,对非设关地实施全天候动态监控。加强特定区域监管,在未设立口岸查验机构的区域设立综合执法点,对载运工具、上下货物、物品实时监控和处理。海南自由贸易港与内地之间进出的货物、物品、人员、运输工具等均需从口岸进出。完善口岸监管设备设施的配置。海关负责口岸及其他海关监管区的监管和查缉走私工作。海南省政府负责全省反走私综合治理工作,对下级政府反走私综合治理工作进行考评。建立与广东省、广西壮族自治区等地的反走私联防联控机制。

35. 投资风险防控。完善与投资规则相适应的过程监管制度,严格落实备案受理机构的审查责任和备案主体的备案责任。明确加强过程监管的规则和标准,压实监管责任,依法对投资经营活动的全生命周期实施有效监管,对新技术、新产业、新业态、新模式实行包容审慎监管,对高风险行业和领域实行重点监管。建立健全法律责任制度,针对备案主体提供虚假备案信息、违法经营等行为,制定严厉的惩戒措施。实施好外商投资安全审查,在创造稳定、透明和可预期的投资环境同时,有效防范国家安全风险。

36. 金融风险防控。优化金融基础设施和金融法治环境,加强金融消费者权益保护,依托资金流信息监测管理系统,建立健全资金流动监测和风险防控体系。建立自由贸易港跨境资本流动宏观审慎管理体系,加强对重大风险的识别和系统性金融风险的防范。加强反洗钱、反恐怖融资和反逃税审查,研究建立洗钱风险评估机制,定期评估洗钱和恐怖融资风险。构建适应海南自由贸易港建设的金融监管协调机制。

37. 网络安全和数据安全风险防控。深入贯彻实施网络安全等级保护制度,重点保障关键信息基础设施和数据安全,健全网络安全保障体系,提升海南自由贸易港建设相关的网络安全保障能力和水平。建立健全数据出境安全管理制度体系。健全数据流动风险管控措施。

38. 公共卫生风险防控。加强公共卫生防控救治体系建设，建立传染病和突发公共卫生事件监测预警、应急响应平台和决策指挥系统，提高早期预防、风险研判和及时处置能力。加强疾病预防控制体系建设，高标准建设省级疾病预防控制中心，建立国家热带病研究中心海南分中心，加快推进各级疾病预防控制机构基础设施建设，优化实验室检验检测资源配置。加强公共卫生人才队伍建设，提升监测预警、检验检测、现场流行病学调查、应急处置和医疗救治能力。建设生物安全防护三级实验室和传染病防治研究所，强化全面检测、快速筛查能力，优化重要卫生应急物资储备和产能保障体系。健全优化重大疫情救治体系，建设传染病医疗服务网络，依托综合医院或专科医院建立省级和市级传染病医疗中心，改善传染病医疗中心和传染病医院基础设施和医疗条件。重点加强基层传染病医疗服务能力建设，提升县级综合医院传染病诊疗能力。构建网格化紧密型医疗集团，促进资源下沉、医防融合。完善基层医疗卫生机构标准化建设，强化常见病多发病诊治、公共卫生服务和健康管理能力。加强国际卫生检疫合作和国际疫情信息搜集与分析，提升口岸卫生检疫技术设施保障，建设一流的国际旅行卫生保健中心，严格落实出入境人员健康申报制度，加强对来自重点国家或地区的交通工具、人员和货物、物品的卫生检疫，强化联防联控，筑牢口岸检疫防线。加强对全球传染病疫情的监测，推进境外传染病疫情风险早期预警，严防重大传染病跨境传播。建立海关等多部门协作的境外疫病疫情和有害生物联防联控机制。提升进出口商品质量安全风险预警和快速反应监管能力，完善重点敏感进出口商品监管。

39. 生态风险防控。实行严格的进出境环境安全准入管理制度，禁止洋垃圾输入。推进医疗废物等危险废物处置设施建设，提升突发生态环境事件应急准备与响应能力。建立健全环保信用评价制度。

三、分步骤分阶段安排

（一）2025 年前重点任务。围绕贸易投资自由化便利化，在有效监管基础上，有序推进开放进程，推动各类要素便捷高效流动，形成早期收获，适时启动全岛封关运作。

1. 加强海关特殊监管区域建设。在洋浦保税港区等具备条件的海关特殊监管区域率先实行“一线”放开、“二线”管住的进出口管理制度。根据海南自由贸易港建设需要，增设海关特殊监管区域。

2. 实行部分进口商品零关税政策。除法律法规和相关规定明确不予免税、国家规定禁止进口的商品外，对企业进口自用的生产设备，实行“零关税”负面清单管理；对岛内进口用于交通运输、旅游业的船舶、航空器等营运用交通工具及游艇，实行“零关税”正面清单管理；对岛内进口用于生产自用或以“两头在外”模式进行生产加工活动（或服务贸易过程中）所消耗的原辅料，实行“零关税”正面清单管理；对岛内居民消费的进境商品，实行正面清单管理，允许岛内免税购买。对实行“零关税”清单管理的货物及物品，免征进口关税、进口环节增值税和消费税。清单内容由有关部门根据海南实际需要和监管条件进行动态调整。放宽离岛免税购物额度至每年每人 10 万元，扩大免税商品种类。

3. 减少跨境服务贸易限制。在重点领域率先规范影响服务贸易自由便利的国内规制。制定出台海南自由贸易港跨境服务贸易负面清单，给予境外服务提供者国民待遇。建设海南国际知识产权交易所，在知识产权转让、运用和税收政策等方面开展制度创新，规范探索知识产权证券化。

4. 实行“极简审批”投资制度。制定出台海南自由贸易港放宽市场准入特别清单、外商投资准入负面清单。对先行开放的特定服务业领域所设立的外商投资企业，明确经营业务覆盖的地域范围。建立健全国家安全审查、产业准入环境标准和社会信用体系等制度，全面推行“极简审批”制度。深化“证照分离”改革。建立健全以信用监管为基础、与负面清单管理方式相适应的过程监管体系。

5. 试点改革跨境证券投融资政策。支持在海南自由贸易港内注册的境内企业根据境内外融资计划在境外发行股票，优先支持企业通过境外发行债券融资，将企业发行外债备案登记制管理下放至海南省发展改革部门。探索开展跨境资产管理业务试点，提高跨境证券投融资汇兑便利。试点海南自由贸易港内企业境外上市外汇登记直接到银行办理。

6. 加快金融业对内对外开放。培育、提升海南金融机构服务对外开放能力，支持金融业对外开放政策在海南自由贸易港率先实施。支持符合条件的境外证券基金期货经营机构在海南自由贸易港设立独资或合资金融机构。支持金融机构立足海南旅游业、现代服务业、高新技术产业等重点产业发展需要，创新金融产品，提升服务质效。依托海南自由贸易港建设，推动发展相关的场外衍生品业务。支持海南在优化升级现有交易场所的前提下，推进产权交易场所建设，研究允许非居民按照规定参与交易和进行资金结算。支持海南自由贸易港内已经设立的交易场所在会员、交易、税负、清算、交割、投资者权益保护、反洗钱等方面，建立与国际惯例接轨的规则和制度体系。在符合相关法律法规的前提下，支持在海南自由贸易港设立财产险、人身险、再保险公司以及相互保险组织和自保公司。

7. 增强金融服务实体经济能力。支持发行公司信用类债券、项目收益票据、住房租赁专项债券等。对有稳定现金流的优质旅游资产，推动开展证券化试点。支持金融机构在依法合规、有效防范风险的前提下，在服务贸易领域开展保单融资、仓单质押贷款、应收账款质押贷款、知识产权质押融资等业务。支持涉海高新技术企业利用股权、知识产权开展质押融资，规范、稳妥开发航运物流金融产品和供应链融资产品。依法有序推进人工智能、大数据、云计算等金融科技领域研究成果在海南自由贸易港率先落地。探索建立与国际商业保险付费体系相衔接的商业性医疗保险服务。支持保险业金融机构与境外机构合作开发跨境医疗保险产品。

8. 实施更加便利的免签入境措施。将外国人免签入境渠道由旅行社邀请接待扩展为外国人自行申报或通过单位邀请接待免签入境。放宽外国人申请免签入境事由限制，允许外国人以商贸、访问、探亲、就医、会展、体育竞技等事由申请免签入境海南。实施外国旅游团乘坐邮轮入境15天免签政策。

9. 实施更加开放的船舶运输政策。以“中国洋浦港”为船籍港，简化检验流程，逐步放开船舶法定检验，建立海南自由贸易港国际船舶登记中心，创新设立便捷、高效的船舶登记程序。取消船舶登记主体外资股比限制。在确保有效监管和风险可控的前提下，境内建造的船舶在“中国洋浦港”登记并从事国际运输的，视同出口并给予出口退税。对以洋浦港作为中转港从事内外贸同船运输的境内船舶，允许其加注本航次所需的保税油；对其加注本航次所需的本地生产燃料油，实行出口退税政策。对符合条件并经洋浦港中转离境的集装箱货物，试行启运港退税政策。加快推进琼州海峡港航一体化。

10. 实施更加开放的航空运输政策。在对等基础上，推动在双边航空运输协定中实现对双方承运人开放往返海南的第三、第四航权,并根据我国整体航空运输政策,扩大包括第五航权在内的海南自由贸易港建设所必需的航权安排。支持在海南试点开放第七航权。允许相关国家和地区航空公司承载经海南至第三国(地区)的客货业务。实施航空国际中转旅客及其行李通程联运。对位于海南的主基地航空公司开拓国际航线给予支持。允许海南进出岛航班加注保税航油。

11.便利数据流动。在国家数据跨境传输安全管理制度框架下,开展数据跨境传输安全管理试点,探索形成既能便利数据流动又能保障安全的机制。

12.深化产业对外开放。支持发展总部经济。举办中国国际消费品博览会,国家级展会境外展品在展期内进口和销售享受免税政策,免税政策由有关部门具体制定。支持海南大力引进国外优质医疗资源。总结区域医疗中心建设试点经验,研究支持海南建设区域医疗中心。允许境外理工农医类高水平大学、职业院校在海南自由贸易港独立办学,设立国际学校。推动国内重点高校引进国外知名院校在海南自由贸易港举办具有独立法人资格的中外合作办学机构。建设海南国家区块链技术和产业创新发展基地。

13.优化税收政策安排。从本方案发布之日起,对注册在海南自由贸易港并实质性运营的鼓励类产业企业,减按15%征收企业所得税。对在海南自由贸易港设立的旅游业、现代服务业、高新技术产业企业,其2025年前新增境外直接投资取得的所得,免征企业所得税。对企业符合条件的资本性支出,允许在支出发生当期一次性税前扣除或加速折旧和摊销。对在海南自由贸易港工作的高端人才和紧缺人才,其个人所得税实际税负超过15%的部分,予以免征。对享受上述优惠政策的高端人才和紧缺人才实行清单管理,由海南省商财政部、税务总局制定具体管理办法。

14. 加大中央财政支持力度。中央财政安排综合财力补助,对地方财政减收予以适当弥补。鼓励海南在国务院批准的限额内发行地方政府债券支持自由贸易港项目建设。在有效防范风险的前提下,稳步增加海南地方政府专项债券发行额度,用于支持重大基础设施建设。鼓励在海南自由贸易港向全球符合条件的境外投资者发行地方政府债券。由海南统筹中央资金和自有财力,设立海南自由贸易港建设投资基金,按政府引导、市场化方式运作。

15. 给予充分法律授权。本方案提出的各项改革政策措施,凡涉及调整现行法律或行政法规的,经全国人大及其常委会或国务院统一授权后实施。研究简化调整现行法律或行政法规的工作程序,推动尽快落地。授权海南制定出台自由贸易港商事注销条例、破产条例、公平竞争条例、征收征用条例。加快推动制定出台海南自由贸易港法。

16. 强化用地用海保障。授权海南在不突破海南省国土空间规划明确的生态保护红线、永久基本农田面积、耕地和林地保有量、建设用地总规模等重要指标并确保质量不降低的前提下,按照国家规定的条件,对全省耕地、永久基本农田、林地、建设用地布局调整进行审批并纳入海南省和市县国土空间规划。积极推进城乡及垦区一体化协调发展和小城镇建设用地新模式,推进农垦土地资产化。建立集约节约用地制度、评价标准以及存量建设用地盘活处置政策体系。总结推广文昌农村土地制度改革三项试点经验,支持海南在全省深入推进农村土地制度改革。依法保障国家重大项目用海需求。

17. 做好封关运作准备工作。制定出台海南自由贸易港进口征税商品目录、限制进口货物物品清单、禁止进口货物物品清单、限制出口货物物品清单、禁止出口货物物品清单、运输工具管理办法,以及与内地海关通关单证格式规范、与内地海关通关操作规程、出口通关操作规程等,增加对外开放口岸,建设全岛封关运作的配套设施。

18. 适时启动全岛封关运作。2025 年前,适时全面开展全岛封关运作准备工作情况评估,查堵安全漏洞。待条件成熟后再实施全岛封关运作,不再保留洋浦保税港区、海口综合保税区等海关特殊监管区域。相关监管实施方案由有关部门另行制定。在全岛封关运作的同时,依法将现行增值税、消费税、车辆购置税、城市维护建设税及教育费附加等税费进行简并,启动在货物和服务零售环节征收销售税相关工作。

(二)2035 年前重点任务。进一步优化完善开放政策和相关制度安排,全面实现贸易自由便利、投资自由便利、跨境资金流动自由便利、人员进出自由便利、运输来往自由便利和数据安全有序流动,推进建设高水平自由贸易港。

1. 实现贸易自由便利。进一步创新海关监管制度,建立与总体国家安全观相适应的非关税贸易措施体系,建立自由进出、安全便利的货物贸易管理制度,实现境外货物在海南自由贸易港进出自由便利。建立健全跨境支付业务相关制度,营造良好的支付服务市场环境,提升跨境支付服务效率,依法合规推动跨境服务贸易自由化便利化。

2. 实现投资自由便利。除涉及国家安全、社会稳定、生态保护红线、重大公共利益等国家实行准入管理的领域外,全面放开投资准入。在具有强制性标准的领域,建立“标准制+承诺制”的投资制度,市场主体对符合相关要求作出承诺,即可开展投资经营活动。

3. 实现跨境资金流动自由便利。允许符合一定条件的非金融企业，根据实际融资需要自主借用外债，最终实现海南自由贸易港非金融企业外债项下完全可兑换。

4. 实现人员进出自由便利。进一步放宽人员自由进出限制。实行更加宽松的商务人员临时出入境政策、便利的工作签证政策，进一步完善居留制度。

5. 实现运输来往自由便利。实行特殊的船舶登记审查制度。进一步放宽空域管制与航路航权限制。鼓励国内外航空公司增加运力投放，增开航线航班。根据双边航空运输协定，在审核外国航空公司国际航线经营许可时，优先签发至海南的国际航线航班许可。

6. 实现数据安全有序流动。创新数据出境安全的制度设计，探索更加便利的个人信息安全出境评估办法。开展个人信息入境制度性对接，探索加入区域性国际数据跨境流动制度安排，提升数据传输便利性。积极参与跨境数据流动国际规则制定，建立数据确权、数据交易、数据安全和区块链金融的标准和规则。

7. 进一步推进财税制度改革。对注册在海南自由贸易港并实质性运营的企业（负面清单行业除外），减按 15%征收企业所得税。对一个纳税年度内在海南自由贸易港累计居住满 183 天的个人，其取得来源于海南自由贸易港范围内的综合所得和经营所得，按照 3%、10%、15%三档超额累进税率征收个人所得税。扩大海南地方税收管理权限。企业所得税、个人所得税作为中央与地方共享收入，销售税及其他国内税种收入作为地方收入。授权海南根据自由贸易港发展需要，自主减征、免征、缓征除具有生态补偿性质外的政府性基金，自主设立涉企行政事业性收费项目。对中央级行政事业性收费，按照中央统一规定执行。中央财政支持政策结合税制变化情况相应调整,并加大支持力度。进一步研究改进补贴政策框架,为我国参与补贴领域国际规则制定提供参考。

四、组织实施

(一)加强党的全面领导。坚持用习近平新时代中国特色社会主义思想武装党员干部头脑,认真贯彻落实党中央、国务院决策部署,增强"四个意识",坚定"四个自信",做到"两个维护"。建立健全党对海南自由贸易港建设工作的领导体制机制,充分发挥党总揽全局、协调各方的作用,加强党对海南自由贸易港建设各领域各方面各环节的领导。以党的政治建设为统领,以提升组织力为重点,全面提高党的建设质量,为海南自由贸易港建设提供坚强政治保障。加强基层党组织建设,引导广大党员发挥先锋模范作用,把基层党组织建设成为海南推动自由贸易港建设的坚强战斗堡垒。完善体现新发展理念和正确政绩观要求的干部考核评价体系,建立激励机制和容错纠错机制,旗帜鲜明地为敢于担当、踏实做事、不谋私利的干部撑腰鼓劲。把社会主义核心价值观融入经济社会发展各方面。持之以恒正风肃纪,强化纪检监察工作,营造风清气正良好环境。

(二)健全实施机制。在推进海南全面深化改革开放领导小组指导下,海南省要切实履行主体责任,加强组织领导,全力推进海南自由贸易港建设各项工作。中央和国家机关有关单位要按照本方案要求,主动指导推动海南自由贸易港建设,进一步细化相关政策措施,制定出台实施方案,确保政策落地见效。推进海南全面深化改革开放领导小组办公室牵头成立指导海南推进自由贸易港建设工作小组,由国家发展改革委、财政部、商务部、中国人民银行、海关总署等部门分别派出干部驻海南实地指导开展自由贸易港建设工作,有关情况及时上报领导小组。国务院发展研究中心组织对海南自由贸易港建设开展全过程评估,牵头设立专家咨询委员会,为海南自由贸易港建设建言献策。

（三）稳步推进政策落地。加大督促落实力度,将各项政策举措抓实抓细抓出成效。认真研究和妥善解决海南自由贸易港建设中遇到的新情况新问题,对一些重大政策措施做好试点工作,积极稳妥推进方案实施。

附录三　相关立法资料

关于《中华人民共和国海南自由贸易港法（草案）》的说明

——2020 年 12 月 22 日在第十三届全国人民代表大会常务委员会第二十四次会议上

全国人大常委会法制工作委员会主任　沈春耀

委员长、各位副委员长、秘书长、各位委员：

我受委员长会议委托，作关于《中华人民共和国海南自由贸易港法（草案）》的说明。

一、制定海南自由贸易港法的重大意义

支持海南逐步探索、稳步推进中国特色自由贸易港建设，分步骤、分阶段建立自由贸易港政策和制度体系，是习近平总书记亲自谋划、亲自部署、亲自推动的改革开放重大举措，是党中央着眼国内国际两个大局，深入研究、统筹考虑、科学谋划作出的战略决策。制定海南自由贸易港法，贯彻落实以习近平同志为核心的党中央的决策部署，以高质量立法引领推动高质量发展，为海南自由贸易港的建设和平稳有序运行提供法律保障，具有重要意义。

第一，制定海南自由贸易港法，是贯彻党中央决策部署、落实国家重大战略、以立法引领和保障改革的重要举措。党的十九大以来,党中央和习近平总书记对建设海南自由贸易港作出了一系列重要部署。2018年和2020年,中共中央、国务院先后印发了《关于支持海南全面深化改革开放的指导意见》和《海南自由贸易港建设总体方案》,专门对海南全面深化改革开放和海南自由贸易港建设进行规划设计。制定海南自由贸易港法,将党中央关于建设海南自由贸易港的决策部署转化为法律规范,为海南自由贸易港建设提供立法引领和法治保障,对于全面深化改革,全面依法治国,有效发挥法治固根本、稳预期、利长远的保障作用,十分重要。

第二,制定海南自由贸易港法,是进一步彰显我国对外开放、推动经济全球化决心的客观要求。当今国际环境复杂多变,经济全球化遭遇更大的逆风和回头浪。在新的历史条件下,我国扩大对外开放和推动经济全球化的步伐从未减弱。制定海南自由贸易港法,保障海南自由贸易港在法治轨道上有序运行,打造法治化、国际化、便利化的营商环境,推动海南成为新时代全面深化改革开放的新标杆,有利于充分展示我国建立对外开放新格局、坚定不移全面扩大开放、推动建设开放型世界经济的意志和决心。

第三,制定海南自由贸易港法,是从国家立法层面为海南自由贸易港实现制度创新、系统协调推进改革提供法律基础的实际需要。海南自由贸易港政策制度体系的核心是制度创新,需要积极探索建立适应自由贸易港建设的更加灵活高效的法律法规、监管模式和管理体制,逐步形成在国家法制统一前提下的海南自由贸易港法律法规体系。制定海南自由贸易港法,对自由贸易港的功能定位、运行方式、管理模式进行顶层设计,有利于加强制度设计的系统性与协调性,保障政策措施的稳定性与权威性，避免各级各类法律规范在适用中可能出现的冲突，使各项制度措施相互配合、相得益彰，提高制度的整体效益。

二、起草过程和主要考虑

按照党中央部署，制定海南自由贸易港法列入了十三届全国人大常委会立法工作计划。全国人大常委会高度重视这项立法工作，栗战书委员长专门听取海南专题汇报并对相关工作作出部署，决定成立以王晨副委员长担任组长的海南相关立法调研小组，有关专门委员会负责同志、常委会办公厅有关负责同志和部分常委委员参加调研小组。调研小组多次听取汇报、召开座谈会并几次赴海南调研，听取对立法工作的意见建议。全国人大常委会法制工作委员会扎实做好相关具体工作，委托专家开展专题研究，搜集整理国内外资料，多次与国务院有关部门和海南省共同研究。在此基础上，经反复研究修改，并征求中央和国家机关有关部门、海南省意见，形成了海南自由贸易港法草案。

起草工作着重把握以下几点：

一是，及时将习近平总书记关于海南自由贸易港建设的指示精神和党中央关于海南自由贸易港建设的决策部署法律化、制度化。习近平总书记关于海南自由贸易港建设的重要讲话和指示精神具有重大指导意义，党中央关于海南自由贸易港建设的决策部署是经统筹考虑、科学谋划后确定的，海南自由贸易港法要以此作为基本遵循，并依据《关于支持海南全面深化改革开放的指导意见》和《海南自由贸易港建设总体方案》设计各项法律制度和具体条文。

二是，坚持海南自由贸易港法的原则性、基础性定位。重点围绕贸易投资自由化便利化这一中心任务，着眼于基本框架和关键制度，制定一部在海南自由贸易港法律法规体系中起龙头作用、具有统领性质的法律。考虑到海南自由贸易港建设各方面工作还处于起步和探索阶段，法律条文可以概括一点、原则一些，构建起海南自由贸易港建设法治保障的“四梁八柱”，为海南自由贸易港建设提供必要的制度供给，同时为改革发展预留空间。

三是，体现中国特色和借鉴国际经验相结合。在具体的制度设计上，参考国际先进成熟自由贸易港的建设经验，注重与国际通行的高水平经贸规则相衔接，同时立足我国国情和海南实际，围绕国家赋予海南的战略定位，充分发挥海南优势，聚焦“推进中国特色自由贸易港建设”的目标，鼓励发展旅游业、现代服务业和高新技术产业，确保海南自由贸易港建设的正确方向。

四是，在保证国家法制统一的前提下赋予海南更大改革自主权。按照党中央要求“赋予海南更大改革自主权”“给予充分法律授权”的精神，授予海南更大的立法权限，由海南省人大及其常委会制定海南自由贸易港法规。这样，既确保党中央集中统一领导和国家法制统一，又有利于海南进行全面深化改革开放的探索。

三、海南自由贸易港法草案的主要内容

草案分为八章，包括总则、贸易自由便利、投资自由便利、财政税收制度、生态环境保护、产业发展与人才支撑、综合措施、附则，共五十四条，主要有六个方面的内容：

（一）关于管理权限和授权立法。一是管理权限，规定国家建立海南自由贸易港建设领导机制和与海南自由贸易港建设相适应的行政管理体制，国务院及其有关部门根据实际需要，依法授权或者委托海南省人民政府及其有关部门行使相关管理职权。二是授权立法，授权海南省人民代表大会及其常务委员会根据本法，结合实际需要，制定海南自由贸易港法规，涉及法律

保留事项或者依法应当由国务院制定行政法规事项的,应当分别报全国人民代表大会常务委员会或者国务院批准后生效。

(二)关于贸易投资自由化便利化。一是货物贸易,确立“一线放开、二线管住”的货物贸易监管模式,对其他国家和地区进出海南自由贸易港的货物、物品实行清单管理,清单外的货物、物品自由进出;由海南进入国内其他地区(以下简称内地)的货物,原则上按进口规定办理手续,行邮物品按规定进行监管,运输工具简化进口管理;货物、物品及运输工具由内地进入海南自由贸易港按国内流通管理。二是服务贸易,规定对于负面清单以外的跨境服务贸易,按照内外一致的原则管理,并实施相配套的资金支付和转移制度。三是投资准入和市场准入,规定对外商投资实行准入前国民待遇加负面清单管理制度,适用放宽市场准入特别清单,推进市场准入承诺即入制。

(三)关于税收制度。一是简税制,规定海南自由贸易港逐步简化税制。二是“一线”零关税,规定全岛封关运作、简并税制前,对部分商品免征关税、进口环节增值税和消费税,全岛封关运作、简并税制后,对进口征税商品目录以外的商品免征进口关税。三是货物、物品进出“二线”的税收管理,规定货物由海南自由贸易港进入内地,原则上按照进口货物征税;物品由海南自由贸易港进入内地以及货物、物品由内地进入海南自由贸易港的税收管理办法,由国务院有关部门会同海南省制定。四是低税率,规定对海南自由贸易港内符合条件的企业和个人实行所得税优惠。

(四)关于生态环境保护。一是海南自由贸易港实行最严格的生态环境保护制度,规定年度考核环境保护目标完成情况一票否决制和生态环境损害责任终身追究制。二是生态空间管控,规定海南自由贸易港推进国土空间规划体系建设,实行差别化的自然生态空间用途管制，构建以国家公园为主体的自然保护地体系，严格保护海洋生态环境。三是生态风险防控，规定海南自由贸易港实行严格的进出境环境安全准入管理制度，提升突发生态环境事件应急准备与响应能力。

（五）关于产业发展、人才支撑和综合措施。一是明确国家支持海南自由贸易港建设开放型生态型服务型产业体系，发展旅游业、现代服务业和高新技术产业等实体经济，促进数字经济发展，实行高度自由便利的运输政策等。二是规定海南自由贸易港建立市场导向的人才引进、认定和使用机制，在出境入境管理、停居留政策、外国人工作许可、参加职业资格考试、境外专业资格认定等方面实行更加开放的政策。三是授权海南省人民政府审批由国务院审批的农用地转为建设用地和土地征收事项，按规定对土地布局调整进行审批。四是规定充分利用闲置土地，以出让方式取得土地使用权进行开发的土地，超过出让合同约定的竣工日期一年未竣工的，应当在竣工前每年征收出让土地现值一定比例的土地闲置费，具体办法由海南省制定。五是规定坚持金融服务实体经济，分阶段开放资本项目，推动跨境贸易结算便利化，允许经批准的金融机构经营离岸金融业务。六是规定建立风险预警和防控体系，防范、化解贸易、投资、金融、网络与数据、人员流动和公共卫生等方面的重大风险。

（六）关于过渡性措施。草案立足于满足全岛封关运作、简并税制后的立法需求，对主要的制度措施进行规定。对海南自由贸易港全岛封关运作、简并税制前的过渡性措施，国务院及其有关部门和海南省可以根据本法规定的原则，按照职责分工，制定具体办法。

海南自由贸易港法草案和以上说明是否妥当，请审议。

全国人民代表大会宪法和法律委员会关于《中华人民共和国海南自由贸易港法（草案）》修改情况的汇报

全国人民代表大会常务委员会：

常委会第二十四次会议对海南自由贸易港法草案进行了初次审议。会后，法制工作委员会将草案印发部分地方、中央有关部门和基层立法联系点、研究机构等征求意见，在中国人大网全文公布草案征求社会公众意见。宪法和法律委员会、法制工作委员会联合召开座谈会，听取海南省、中央有关部门、部分驻琼企业、全国人大代表、专家学者的意见，并多次就草案的有关问题与中央有关部门和海南省交换意见，共同研究。宪法和法律委员会于4月2日召开会议，根据常委会组成人员的审议意见和各方面意见，对草案进行了逐条审议。国家发展改革委、司法部、商务部、海关总署、海南省人大常委会有关负责同志列席了会议。4月20日，宪法和法律委员会召开会议，再次进行了审议。现将海南自由贸易港法草案主要问题修改情况汇报如下：

一、有的常委会组成人员和有关方面建议做好法律之间的衔接，明确本法和其他相关法律的关系。宪法和法律委员会经研究，建议在草案第二条中增加一款：海南自由贸易港建设和管理活动适用本法，本法没有规定的，适用其他有关法律法规的规定。

二、草案第六条中规定，在贸易、投资以及相关的金融、海关、海事、税务等方面创新监管模式。有的部门建议扩大创新监管模式的领域，有的建议缩小，有的建议本法可只作原则要求，不必进行详细列举。宪法和法律委员会经研究，建议删去这一条中关于具体领域列举的规定。

三、有的地方、部门建议，增加强化口岸建设和监管的规定。宪法和法律委员会经研究，建议作以下修改：一是将草案有关内容予以完善并单独作为一条：海南自由贸易港应当高标准建设口岸基础设施，加强口岸公共卫生安全、国门生物安全、食品安全、商品质量安全管控；二是在草案有关条款中增加规定：境外与海南自由贸易港之间、海南自由贸易港与内地之间，人员、货物、物品、运输工具等均需从口岸进出。

四、有的地方、部门提出，对"一线"货物、物品进出口管理，应当明确以自由进出为原则、负面清单管理为例外，以体现自由贸易的特点。宪法和法律委员会经研究，建议将草案有关条款修改为：境外与海南自由贸易港之间，货物和物品可以自由进出，海关依法进行监管。但是，列入海南自由贸易港禁止、限制进出口货物、物品清单的除外。

五、有的部门、单位提出，贸易救济措施应依据对外贸易法和我国参加的国际公约，由国家统一决定采取，草案第十六条强调贸易救济措施在海南自由贸易港的特殊适用，不合适。宪法和法律委员会经研究，建议将有关条款修改为：海南自由贸易港维护公平的对外贸易秩序，依法保护对外贸易经营者的合法权益。

六、一些常委会组成人员和部门提出，海南自由贸易港应依据其生态文明试验区的定位，实行最严格的生态环境保护制度，建议根据党中央关于生态环境保护的最新要求，完善草案相关规定。宪法和法律委员会经研究，建议在有关条款中增加“严守生态保护红线”、“禁止境外固体废物输入”、“建立生态产品价值实现机制”等规定。

此外，还对草案作了一些文字修改。

草案二次审议稿已按上述意见作了修改，宪法和法律委员会建议提请本次常委会会议继续审议。

草案二次审议稿和以上汇报是否妥当，请审议。

全国人民代表大会宪法和法律委员会

2021 年 4 月 26 日

全国人民代表大会宪法和法律委员会关于《中华人民共和国海南自由贸易港法（草案）》审议结果的报告

全国人民代表大会常务委员会：

常委会第二十八次会议对海南自由贸易港法草案进行了二次审议。会后，法制工作委员会在中国人大网全文公布草案二次审议稿征求社会公众意见；到海南、上海调研，听取意见；多次就草案的有关问题与中央有关部门和海南省人大常委会交换意见，共同研究。宪法和法律委员会于5月19日召开会议，根据常委会组成人员的审议意见和各方面意见，对草案进行了逐条审议。国家发展改革委、司法部、商务部、海关总署、海南省人大常委会有关负责同志列席了会议。5月27日，宪法和法律委员会召开会议，再次进行了审议。宪法和法律委员会认为，草案经过两次审议修改，已经比较成熟。同时，提出以下主要修改意见：

一、有的常委会组成人员建议在法律中明确海南自由贸易港的内涵、定位等。宪法和法律委员会经研究，建议将草案二次审议稿相关条文修改为：国家在海南岛全岛设立海南自由贸易港，分步骤、分阶段建立自由贸易港政策和制度体系，实现贸易、投资、跨境资金流动、人员进出、运输来往自由便利和数据安全有序流动。

二、有的部门提出，简并税制是海南自由贸易港封关运作的关键环节之一，对于海南自由贸易港建设关系重大，建议进一步细化相关规定。宪法和法律委员会经研究，建议在草案二次审议稿相关条文中增加一款：全岛封关运作时，将增值税、消费税、车辆购置税、城市维护建设税及教育费附加等税费进行简并，在货物和服务零售环节征收销售税；全岛封关运作后，进一步简化税制。

三、有些常委委员、海南省人大常委会和有的部门提出，海南自由贸易港封关运作、简并税制后，内地货物进入海南自由贸易港，应当退还增值税、消费税，否则，将导致内地货物与进口货物的税负不平衡，不利于内地货物在海南市场的公平竞争。宪法和法律委员会经研究，建议在草案二次审议稿相关条文中增加规定：货物由内地进入海南自由贸易港，按照有关规定退还已征收的增值税、消费税。

四、有的常委委员提出，海南自由贸易港应当进一步强调生态安全，坚持可持续发展，建议完善草案相关规定。宪法和法律委员会经研究，建议在草案相关条文中增加以下内容："制定生态环境准入清单""防范外来物种入侵""实现可持续发展"。

此外，还对草案二次审议稿作了一些文字修改。

5 月 24 日，法制工作委员会召开会议，邀请国家发展改革委、司法部、财政部、商务部、海关总署等中央有关部门、海南省人大常委会的有关负责同志和全国人大代表、专家学者、相关企业等，就草案主要内容的可行性、法律出台时机、法律实施的社会效果和可能出现的问题等进行评估。普遍认为，草案贯彻落实党中央决策部署，从国家立法层面为海南自由贸易港的建设发展提供重要的法律保障，立法思路和主要制度符合党中央关于海南自由贸易港建设的要求,定位清晰,框架合理,内容全面,符合实际,将对海南自由贸易港建设发展起到重要的推动和保障作用,建议尽快通过实施。与会人员还对草案提出了一些具体修改意见,有的意见已经采纳。

草案三次审议稿已按上述意见作了修改,宪法和法律委员会建议提请本次常委会会议审议通过。

草案三次审议稿和以上报告是否妥当,请审议。

全国人民代表大会宪法和法律委员会

2021 年 6 月 7 日

全国人民代表大会宪法和法律委员会关于《中华人民共和国海南自由贸易港法（草案三次审议稿）》修改意见的报告

全国人民代表大会常务委员会：

本次常委会会议于6月8日上午对海南自由贸易港法草案三次审议稿进行了分组审议。普遍认为，草案已经比较成熟，建议进一步修改后，提请本次常委会会议表决通过。同时，有些常委会组成人员和列席人员还提出了一些修改意见和建议。宪法和法律委员会于6月8日晚召开会议，逐条研究了常委会组成人员的审议意见，对草案进行了审议。国家发展改革委、司法部、商务部、海关总署、海南省人大常委会的有关负责同志列席了会议。宪法和法律委员会认为，草案是可行的，同时，提出以下修改意见：

一、有的常委委员提出，简化税制对于建设海南自由贸易港至关重要，应当按照海南自由贸易港建设总体方案的分工要求，明确简化税制具体方案的制定主体，以保障简化税制按期实施。宪法和法律委员会经研究，建议在草案三次审议稿相关条文中增加一款：国务院财政部门会同国务院有关部门和海南省及时提出简化税制的具体方案。

二、有的专委会委员建议对现行海南离岛免税购物政策作出规定。考虑到对于全岛封关运作、简并税制后，包括离岛免税购物政策在内的物品在海南自由贸易港和内地之间进出的税收管理办法，国务院有关部门仍在研究，宪法和法律委员会经研究，建议将草案三次审议稿相关条文修改为：全岛封关运作、简并税制前，对离岛旅客购买免税物品并提货离岛的，按照有关规定免征进口关税、进口环节增值税和消费税。全岛封关运作、简并税制后，物品在海南自由贸易港和内地之间进出的税收管理办法，由国务院有关部门会同海南省制定。

三、有的常委会组成人员建议对海南自由贸易港检验检疫能力建设提出要求。宪法和法律委员会经研究，建议在草案三次审议稿相关条文中增加“加强检验检疫能力建设”的规定。

四、有的常委委员建议增加海南自由贸易港进行司法体制改革探索的规定。宪法和法律委员会经研究，建议在草案三次审议稿相关条文中增加“国家支持探索与海南自由贸易港相适应的司法体制改革”的规定。

五、有的常委委员提出，海南自由贸易港法尽早实施，对于保障海南自由贸易港建设在法治轨道上顺利进行意义重大，建议本法自公布之日起施行。宪法和法律委员会经与有关方面研究，建议采纳上述意见，规定本法自公布之日起施行。

此外，根据常委会组成人员的审议意见，还对草案三次审议稿作了一些文字修改。

草案修改稿已按上述意见作了修改，宪法和法律委员会建议本次常委会会议审议通过。

草案修改稿和以上报告是否妥当，请审议。

全国人民代表大会宪法和法律委员会

2021 年 6 月 10 日

附录四　相关参阅资料

十三届全国人大常委会第二十四次会议审议《中华人民共和国海南自由贸易港法(草案)》的意见

十三届全国人大常委会第二十四次会议对海南自由贸易港法草案进行了初次审议。现将主要意见简报如下：

一、总的意见

普遍认为,制定海南自由贸易港法,贯彻落实以习近平同志为核心的党中央的决策部署,以高质量立法引领推动高质量发展,为海南自由贸易港的建设和平稳有序运行提供法律保障,意义十分重大;草案以习近平同志关于海南自由贸易港建设的重要讲话和指示精神以及党中央的决策部署作为基本遵循,借鉴国际经验,结合海南实际,体现了高水平的开放形态,结构合理,内容完备,较为成熟。一些意见建议加快立法进程,尽快审议通过。

二、关于总则

1. 草案第二条规定,国家在海南岛全岛设立海南自由贸易港。有的常委会组成人员建议对本法的适用范围和海南自由贸易港的概念进行界定,修改为:“国家在海南岛全岛进行的海南自由贸易港建设适用本法。”“本法所称的海南自由贸易港，是海南岛全岛封关运作、货物资金人员进出自由便利，绝大多数商品免征关税，国家依法监管的特殊区域，是国家最高水平的对外开放形态。”

2. 草案第七条规定，国家支持海南自由贸易港建设发展，支持海南省依照中央要求和法律规定行使改革自主权。国务院及其有关部门根据海南自由贸易港建设实际需要，依法授权或者委托海南省人民政府及其有关部门行使相关管理职权。有的常委会组成人员建议对封关前后的授权进行区分，封关运作前，按照现有规定授权；封关运作后，除涉及国家安全、社会稳定、意识形态、生态保护红线、重大公共利益和金融行业等领域外，国务院及其有关部门的管理职权均授权或委托海南省人民政府及其有关部门行使。有的委员建议加大对海南的授权力度，赋予海南更大的改革自主权。有的委员提出，授权是必要的，但是有些明确属于中央的事权不宜授权予地方。

3. 草案第十条第一款规定，海南省人民代表大会及其常务委员会可以根据本法，结合海南自由贸易港建设的具体情况和实际需要，遵循宪法规定和法律、行政法规的基本原则，就贸易、投资及相关管理活动制定法规（以下简称海南自由贸易港法规），在海南自由贸易港范围内实施。有的委员建议适当放宽范围，将授权立法事项规定为贸易、投资、财政、税收、金融、海关、出入境及相关管理活动。

4. 有的常委会组成人员建议增加规定，对我国尚未签订但具有引领经贸规则效果的条约、协定等，经党中央授权批准，可以在海南自由贸易港先行先试。有的常委会组成人员建议在总则中明确海南自由贸易港排除“黄、赌、毒”等禁止性产业。有的委员建议增加规定，在未有明确法律法规限制的领域，支持海南进行改革开放先行先试,建立容错纠错机制。

三、关于贸易投资自由化便利化

1. 草案第十二条、第十七条、第十九条、第二十条规定,海南自由贸易港禁止、限制进出口货物、物品清单、跨境服务贸易负面清单、外商投资准入负面清单、放宽市场准入特别清单,由国务院有关部门会同海南省制定。有些常委会组成人员提出,为体现灵活高效的原则,避免有关部门授权不及时不充分不到位,建议由海南省牵头制定上述清单,并报国务院批准后发布,或者由海南省制定上述清单和有关管理规定。有些委员建议强调在海南自由贸易港实施跨境服务贸易极简负面清单。

2. 草案第十三条第一款规定,货物由海南自由贸易港进入中华人民共和国关境内其他地区(以下简称内地),原则上按进口规定办理相关手续。有些委员提出,为了便利货物由海南自由贸易港进入内地,建议将"原则上按进口规定办理相关手续"修改为"参照进口规定,依法办理相关手续"。

3. 草案第十五条规定,除依法需要检验检疫或者实行许可证件管理的货物外,货物进入海南自由贸易港,海关依照有关规定径予放行,为市场主体提供通关便利服务。有些委员建议参考上海洋山特殊综合保税区和海南洋浦保税港区目前已经实行的便利化措施,将"海关依照有关规定径予放行"明确为"免予申报,海关径予放行"。

4. 草案第二十条第二款规定,海南自由贸易港实行以过程监管为重点的投资便利措施,逐步实施市场准入承诺即入制。具体办法由海南省会同国务院有关部门制定。有的专委会委员建议删去"逐步",并增加"严格落实非禁即入"。

5. 草案第二十二条规定,国家依法保护自然人、法人和非法人组织在海南自由贸易港内的投资、收益和其他合法权益，加强对中小投资者的保护。有的常委会组成人员建议增加“国家依法保护私人和法人财产的取得、使用、处置和继承的权利”“鼓励海南制定和完善注销条例、破产条例、征收征用条例等，健全产权保护制度体系”。

6. 草案第二十三条规定，海南自由贸易港内自然人、法人和非法人组织的知识产权依法受到保护，建立健全知识产权领域信用分类监管、失信惩戒等机制，对知识产权侵权行为，严格依法追究法律责任。有的常委会组成人员建议增加提升知识产权管理服务水平，推动知识产权制度创新，建立与国际接轨的知识产权应用、保护、管理规则等规定。

7. 草案第二十四条第二款规定，海南自由贸易港的各类市场主体，在准入许可、经营运营、标准制定、政府采购、优惠政策等方面依法享受公平待遇，平等参与市场竞争。有的委员建议在各类市场主体享受公平待遇的内容中增加“要素获取”。

四、关于税收制度

1. 草案第二十六条规定，海南自由贸易港可以根据发展需要，自主减征、免征、缓征除具有生态补偿性质外的政府性基金，自主设立涉企行政事业性收费项目。有些常委会组成人员提出，允许海南自主设立涉企行政事业性收费项目的本意是简政放权，减轻企业负担，为避免市场主体产生相反的理解，建议增加“推进地方涉企行政事业性收费零收费”，或者将“自主设立涉企行政事业性收费项目”修改为“严格限制行政性收费”，或者删去这一表述。

2. 草案第三十条第一款规定，对注册在海南自由贸易港符合条件的企业，实行企业所得税优惠；对海南自由贸易港内符合条件的个人,实行个人所得税优惠。有的常委会组成人员建议明确所得税税率不超过15%的规定。有的委员建议强调对实质性运营企业给予税收优惠。有的委员建议明确税收优惠具体办法的制定主体。

3. 草案第三十条第二款规定,对在海南自由贸易港设立的旅游业、现代服务业、高新技术产业企业,其在全岛封关运作、简并税制前新增境外直接投资取得的所得,免征企业所得税。有的委员提出,这一规定是全岛封关运作、简并税制前企业税收优惠的内容之一,仅规定这一项,其他税收优惠如何处理,建议再斟酌;有些委员提出,这项规定属于过渡性措施,建议删去。

4. 有的专委会委员建议增加"实行以零关税为基本特征的自由化、便利化制度安排",以突出自由贸易港的基本特征。

五、关于生态环境保护

1. 草案第三十三条第一款规定,海南自由贸易港推进绿色城镇化、美丽乡村建设。有的委员提出,无障碍环境建设是保障残疾人、老年人和其他有无障碍需求的社会群体平等参与社会生活的必要条件,为体现海南自由贸易港高标准建设的特质,建议在"绿色城镇化"后增加"无障碍环境建设"。

2. 草案第三十四条规定,海南自由贸易港实行严格的进出境环境安全准入管理制度,禁止有害物质输入。有的常委会组成人员建议在"禁止有害物质输入"后增加"禁止洋垃圾输入"。

3. 草案第三十五条规定,海南自由贸易港推进建立政府主导、企业和社会参与、市场化运作、可持续的生态保护补偿机制。有的委员建议在"生态保护补偿机制"后增加"生态产品价值实现机制"。

4. 草案第三十六条第二款规定,环境保护目标未完成的地区,一年内暂停审批该地区新增重点污染物排放总量等建设项目的环境影响评价文件。有的委员提出,海南自由贸易港建设需要长期的路线图和结构性调整,应当更多利用市场手段来推进绿色低碳发展,而不是简单地设置总量控制目标,建议对这一规定进行修改。

六、关于产业发展与人才支撑、综合措施

1. 草案第四十条第二款规定,境外理工农医类高水平大学、职业院校可以在海南自由贸易港办学,设立国际学校。有的委员提出,国外高水平大学多为综合型的,草案的表述可能被理解为专门学校才能来办学,建议修改为"鼓励世界高水平大学、职业院校来海南自由贸易港开办理工农医类国际学校"。有的委员建议明确高水平大学的标准。

2. 草案第四十二条对海南自由贸易港建立安全有序便利的数据流动管理制度,依法保护公民、组织与数据有关的权益,扩大数据领域开放,促进数字经济发展作了规定。有的常委会组成人员提出,数据领域开放、数字经济发展等属于贸易自由化便利化的范畴,建议将有关内容移至第二章贸易自由便利中。有的委员建议在本条中增加"国家支持海南自由贸易港探索跨境数据流动监管模式创新"的表述。有的委员建议将"公民、组织"修改为"自然人、法人、非法人组织";有的委员建议将"公民"修改为"个人"。

3. 草案第四十四条至第四十七条规定了人才支撑措施。有的常委会组成人员建议增加建立引才引智制度的规定,制定高层次人才评定标准,完善国际人才评价机制,鼓励外籍高层次人才及其配偶、父母、未成年人子女以及符合条件的外籍专业技术技能人才申请永久居留,打造高端人才集聚高地。有的委员建议规定允许海南在重点园区探索实施人事制度和薪酬制度改革,探索与自贸港建设相适应的市场化、国际化薪酬管理制度,为吸引人才,留住人才创造条件。

4. 草案第五十四条第二款规定,海关负责口岸和其他海关监管区的常规监管、查缉走私和后续稽核查工作。有的委员建议在“查缉走私”后增加“其他违法行为”。

七、其他意见

1. 有的常委会组成人员提出,宪法中有“坚持改革开放”“国家实行社会主义市场经济”等表述,建议增加“根据宪法”作为立法依据。

2. 有的委员建议将草案第四条中的“形成法治化、国际化、便利化的营商环境和公平统一高效的市场环境”修改为“深化市场化改革,形成法治化的营商环境和公平、统一、高效的市场环境”。

3. 有的委员建议将第六条第三款中的“切实履行责任”修改为“切实履行主体责任”。

4. 有的委员提出,草案第十三条第二款、第十四条第二款关于中转货物的规定属于具体操作事项,可不在本法中规定。

5. 有的委员提出,为避免本法与其他法律法规相矛盾,建议及时启动其他法律法规的修改。有些委员建议国务院有关部门及时完善配套法规、尽快制定相关的清单和具体管理办法,便于法律的贯彻落实。

6. 有些委员建议在草案中增加社会建设和社会治理的内容,规定加强和完善政府机构改革、政府职能转变,打造共建、共治、共享社会治理格局等方面的制度措施。

7. 有的委员建议在草案中增加海南自由贸易港进行低碳、

零碳转型发展的原则性规定。

8. 有的委员建议在草案中明确海南自由贸易港的进出境检验检疫制度。

9. 有的常委会组成人员建议增加国家对海南自由贸易港建设进行定期评估的规定。

10. 有的委员建议明确国家赋予其他地区的改革开放政策同等适用于海南。

十三届全国人大常委会第二十八次会议审议《中华人民共和国海南自由贸易港法（草案二次审议稿）》的意见

十三届全国人大常委会第二十八次会议对海南自由贸易港法草案二次审议稿（以下简称二次审议稿）进行了审议。普遍认为，二次审议稿根据常委会审议意见和有关方面意见进行了完善，内容更加清晰，重点更加突出，符合党中央、国务院关于海南自由贸易港建设的要求，较为成熟。同时，提出以下主要修改意见：

一、关于总则

1. 二次审议稿第二条第一款规定，国家在海南岛全岛设立海南自由贸易港。有的委员提出，海南岛全岛的范围不清楚，建议进一步明确本法的调整范围。

2. 二次审议稿第三条对海南自由贸易港建设应当坚持的原则和发展目标定位等进行了规定。有的常委会组成人员建议在第二款中增加"坚持中国共产党领导、走中国特色社会主义道路"的内容。有的专委会委员建议在第一款中增加"全岛同城化"的内容。

3. 二次审议稿第十条对海南省人民代表大会及其常务委员

会制定海南自由贸易港法规的权限和程序等进行了规定。有的委员提出,在现有立法体制下,海南省人大及其常委会可以制定地方性法规和经济特区法规,二次审议稿中的海南自由贸易港法规,是否就是上述两种法规形式,建议进一步明确。有的委员提出,为了明确区分行政法规和地方性法规的不同位阶,建议将“海南自由贸易港法规”修改为“海南自由贸易港地方性法规”。有的委员提出,本条关于立法权的规定是海南自由贸易港深化改革开放最关键的环节,建议将本条前移作为第五条。

二、关于贸易投资自由化便利化

1. 二次审议稿第十五条第一款规定,海南自由贸易港实施低干预、高效能的海关监管,海南自由贸易港内市场主体可以依法自由开展货物贸易以及相关活动。有的委员提出,“低干预、高效能的海关监管”只适用于依法、守法经营的市场主体,建议调整将这一款中两句话的顺序,修改为“海南自由贸易港内市场主体可以依法自由开展货物贸易以及相关活动,海关实施低干预、高效能的监管”。有的委员建议删去最后一句中的“可以”。

2. 二次审议稿第十六条中规定,除依法需要检验检疫或者实行许可证件管理的货物外,货物进入海南自由贸易港,海关依照有关规定径予放行,为市场主体提供通关便利服务。有的委员提出,除涉及检验检疫和许可证管理的货物外,涉及政治安全、知识产权保护、黄赌毒、洋垃圾等货物也需要严格监管,不能径予放行,建议在“除依法需要检验检疫或者实行许可证件管理”后增加“涉安全准入管理”。

3. 有的常委会组成人员建议在二次审议稿第二十四条中,对提升知识产权服务水平,构建知识产权市场机制,便利知识产权纠纷处理等作出规定。

4. 有的委员建议在第三章中增加一条："投资主体应当遵守法律法规，依法保护劳动者的正当权益。"

三、关于税收制度

1. 二次审议稿第二十九条第一款中规定，全岛封关运作、简并税制后，海南自由贸易港对进口征税商品实行目录管理，目录之外的商品进入海南自由贸易港，免征进口关税。一些委员建议在规定免征进口关税的基础上，增加免征进口环节税的规定。

第二款规定，全岛封关运作、简并税制前，对部分进口商品，免征进口关税、进口环节增值税和消费税。有的委员提出，本法应当聚焦于封关运作、简并税制后的制度设计，对于封关运作、简并税制前的过渡措施没有必要专门规定，建议删去本款。

2. 二次审议稿第三十条规定，货物由海南自由贸易港进入内地，原则上按照进口征税。但是，对鼓励类产业企业生产的不含进口料件或者含进口料件在海南自由贸易港加工增值达到一定比例的货物，免征关税，具体办法由国务院有关部门会同海南省制定。物品由海南自由贸易港进入内地以及货物、物品由内地进入海南自由贸易港的税收管理办法，由国务院有关部门会同海南省制定。一些常委委员建议明确货物由内地进入海南自由贸易港，应当实行退税，有的委员建议规定货物、物品由内地进入海南自由贸易港视同出口。有的委员建议规定原产地规则，避免对原产于海南的农产品进入内地征收关税。有的委员提出，加工增值免税的规定不明确，建议进一步修改完善；有的委员建议在加工增值免征关税的规定后增加"免征进口环节增值税、消费税"。也有的委员建议在"物品由海南自由贸易港进入内地"前增加"货物"。

四、关于生态环境保护

1. 二次审议稿第三十四条中规定,海南自由贸易港严守生态保护红线。有的委员建议将“严守生态保护红线”改为“遵守生态保护红线管理规定”。有的委员建议在本条中增加无障碍环境建设的内容。

2. 二次审议稿第三十六条中规定,海南自由贸易港推进建立政府主导、企业和社会参与、市场化运作、可持续的生态保护补偿机制,建立生态产品价值实现机制,鼓励利用市场机制推进生态环境保护。有的委员提出,生态保护补偿机制的规定过于原则、笼统,建议补充细化,增强可操作性和指导性。有的委员建议在“生态环境保护”后增加“与可持续发展”。

3. 二次审议稿第三十七条第二款规定,环境保护目标未完成的地区,一年内暂停审批该地区新增重点污染物排放总量等建设项目的环境影响评价文件;对负有责任的地方人民政府及负有环境保护职责的部门的主要责任人,一年内不得提拔使用或者转任重要职务。有的常委会组成人员提出,“一年内不得提拔使用或者转任重要职务”属于干部选拔任用政策,写入法律是否合适,建议再斟酌;有的常委会组成人员建议删去这一表述。

有的委员建议在“环境保护目标未完成的地区”前增加“任期内的”。有的委员建议在“一年内暂停审批该地区新增重点污染物排放总量等建设项目的环境影响评价文件”前增加“县级以上人民政府”。

4. 有的委员建议在草案第五章中增加规定:“海南自由贸易港加强外来物种入侵的防范和应对,加强对外来入侵物种的调查、监测、预警、控制、评估、清除以及生态修复等工作,保护生物资源和生态环境。”

5. 有的委员建议增加规定，明确污染物排放总量控制，对制定更严格的地方污染物排放标准和枯水期河底生态流量提出明确要求。有的委员建议增加规定，对海南自由贸易港生态环境保护的改革与试点示范进行明确的授权。

五、关于产业发展与人才支撑、综合措施

1. 二次审议稿第四十一条第二款规定，境外高水平大学、职业院校可以在海南自由贸易港设立理工农医类学校。有的常委会组成人员建议对"理工农医"的表述再斟酌。有的委员建议将这一款修改为"境外高水平大学、职业院校可以在海南自由贸易港设立理工农医类国际学校，实行独立办学"。

有的委员建议充实教育领域改革开放的内容，将该款单列一条，修改为："国家支持海南自由贸易港深化教育体制改革，扩大教育对外交流与合作，发展国际教育服务，建设开放型的高质量教育体系，培养国际化人才。境外高水平大学、职业院校可以在海南自由贸易港以中外合作或者独立举办方式，设立实施理工农医类专业教育的学校或者其他教育机构。"

有的委员提出，教育开放不仅是对外开放，还应当包括对内开放，吸引内地优质院校到海南办学。建议将"教育开放创新"单列一章，集中规定教育开放创新的相关条款，为海南自贸港建设提供坚实的教育立法保障。

2. 二次审议稿第四十三条对数据流动和数字经济等进行了规定。有的常委会组成人员建议将数据流动的内容移至第二章"贸易自由便利"一章中进行规定，同时在本条中对数字经济的内容进行充实，适当体现产业政策和产业发展导向。有的委员建议与数据安全法草案关于数据流动的内容相衔接。

3. 二次审议稿第四十五条中规定，建立市场导向的人才引进、认定和使用机制。有的常委会组成人员提出，人才引进、认定和使用机制不应只是市场导向，建议在“市场导向”前增加“科技前沿”的表述。

4. 二次审议稿第四十九条第三款规定，海南自由贸易港积极推进城乡及垦区一体化协调发展和小城镇建设用地新模式，推进农垦土地资产化。有的委员提出，“小城镇建设用地新模式”“农垦土地资产化”的表述具体含义不明，建议进一步研究。

5. 二次审议稿第五十五条第二款中规定，境外与海南自由贸易港之间、海南自由贸易港与内地之间，人员、货物、物品、运输工具等均需从口岸进出。有的委员建议在这一规定前增加“封关运作后”的限定条件。

第四款对风险防控制度进行了规定。有的委员建议增加“建立跨部门数据开放共享制度”的规定。

6. 有的委员建议进一步完善洋浦港建设支持政策，进一步完善海南自由贸易港人才支持政策，特别是加大对紧缺急需、高层次人才引进工作的支持。

六、其他意见

1. 二次审议稿第五条中规定，海南自由贸易港实行最严格的生态环境保护制度。有的委员建议删去“最”字。

2. 二次审议稿第六条第三款规定，海南省应当切实履行责任，加强组织领导，全力推进海南自由贸易港建设各项工作。有的委员提出，这一款的表述不够规范、精练，建议研究修改。

3. 有的委员建议调整总则条文顺序，对调第六条管理体制和第七条国务院授权事项的顺序，将第五条关于环境保护的内容调整为第八条，其后依次规定第九条社会治理和第十条国际合作。

4.有的委员建议明确二次审议稿中授权海南省制定有关具体办法的规定中，具体的授权对象是海南省人大及其常委会还是海南省政府。

5.有的委员建议在草案中明确海南自由贸易港定位，规定海南自由贸易港是我国最高水平的开放形态，是货物、资金、人员进出自由便利，绝大多数商品免征关税的特定区域。

6.有的专委会委员建议在草案中突出规定海南自由贸易港区别于其他区域的政策制度，体现海南自由贸易港作为深化改革、扩大开放的“桥头堡”作用的本质特征。

7.有的委员提出，海关监管对于海南自由贸易港建设十分关键，建议在草案中进一步明确海南自由贸易港海关职权、海关监管事项等内容，为推进贸易自由化便利化提供更加完备的法治保障。

8.有的委员建议在草案中增加法治建设的内容，赋予海南更大的地方立法权，同时允许海南探索与自由贸易港相适应的包括法律服务体制机制在内的司法体制机制。

9.有的常委会组成人员提出，海南自由贸易港应当在建立区域性、专业性期货市场、区域性知识产权交易市场、深化金融开放改革等市场化改革方面要进行一些探索和先行先试，本法中可以选取适当内容进行原则规定。同时建议赋予海南更大改革开放自主权，如赋予海南市场准入负面清单、外商投资准入负面清单、跨境服务贸易负面清单的制定调整权限，赋予海南一定的政府机构设置与机构调整自主权；及时下放管理权限，将旅游业、金融业、电信业等领域国家层面的审批权交由海南省行使。

地方和中央有关部门对《中华人民共和国海南自由贸易港法(草案)》的意见

十三届全国人大常委会第二十四次会议对海南自由贸易港法草案(以下简称草案)进行了初次审议。会后,法制工作委员会将草案印发海南省、北京市、天津市、上海市、广东省、厦门市人大常委会和基层立法联系点、中央有关部门、部分研究机构等征求意见。现将主要意见简报如下:

一、关于总则

1. 有的建议在草案第一条中增加"依据宪法"。

2. 有的建议在草案第二条中增加对海南自由贸易港的定义。

3. 有的建议在草案第四条"形成法治化、国际化、便利化的营商环境"前增加"把制度集成创新摆在突出位置"。有的建议将"法治化、国际化、便利化"修改为"市场化、法治化、国际化"。有的建议在"完备的法律体系"后增加"完善的信用体系"。

4. 有的建议在草案第六条创新监管模式的领域中删去"金融",有的建议增加"教育、医疗、出入境和居留"。有的建议在指导推动海南自由贸易港建设相关工作的部门中增加发展改革、税务、移民管理、交通运输。有的建议将"行政管理体制"修改为

“政策协调机制”。

5. 有的建议将草案第七条规定的国家根据实际需要对海南进行授权作为封关前的授权方式;封关后,除涉及国防、外交、国家安全和金融行业等敏感领域外,其他领域的管理职权,国务院及其有关部门均授权或委托海南省人民政府及其有关部门行使。

6. 草案第九条对国家支持海南自由贸易港开展国际交流合作作了规定。有的提出,海南自由贸易港不能作为国际法主体“积极参与全球经济治理体系改革”;有的建议修改为“积极参与全球经济治理体系改革实践探索”,有的建议修改为“在制度型开放、对标国际高水平经贸规则方面先行先试”,有的建议修改为“积极应对全球经济治理体系改革”,有的建议修改为“参与构建国际经济贸易新规则”。

7. 草案第十条对海南省人民代表大会及其常务委员会就贸易、投资及相关管理活动制定海南自由贸易港法规作了规定。有的建议明确“相关管理活动”的范围,有的建议删去“相关管理活动”,有的建议在贸易投资后增加“生态保护”,有的建议删去“就贸易、投资及相关管理活动”,规定授权立法的范围为“海南自由贸易港建设相关事项”,有的建议将授权立法范围明确为立法法第八条第六项至第十项。有的建议在“对法律或者行政法规作变通规定的”前增加“根据授权”。

二、关于贸易自由便利

1. 草案第十二条第一款规定,国家对中华人民共和国关境外其他国家和地区进出海南自由贸易港的货物和物品,实行清单管理。有的建议将实行清单管理的货物和物品明确为“禁止、限制进出口的货物和物品”。

第二款规定，中华人民共和国海关应当加强口岸公共卫生安全、国门生物安全、食品安全、产品质量安全管控。有的建议将“中华人民共和国海关”修改为“海南自由贸易港”。有的建议增加“海南省负责非口岸的岸线监管”。

2. 草案第十三条对货物、物品、运输工具在海南自由贸易港与内地之间进出如何监管作了规定。有的建议将该条中的“行邮物品”修改为“物品”。有的建议规定“物品进入内地按照进口规定办理相关手续，对离岛免税商品按有关规定进行监管”。有的提出，货物、行邮物品和运输工具由海南自由贸易港进入内地，需要细化相应监管制度和进口手续办理程序，建议在第一款中增加规定，“具体办法由海关部门会同国务院有关部门和海南省制定”。

有的提出，货物由内地进入海南自由贸易港可能存在退税环节，建议将第二款中的“按国内流通规定管理”修改为“可以参照国内流通规定实行便捷管理”。有的建议删去第二款中关于中转货物装卸、存放的规定。有的建议在本条中明确人员进出的管理方式。

3. 草案第十四条第一款规定，海南自由贸易港实施低干预、高效能的海关监管，海南自由贸易港内企业可以依法自由开展货物贸易以及相关活动。有的建议调换两句话的顺序。有的建议将“企业”修改为“市场主体”。有的建议删去第二款中关于中转货物简化海关手续的规定。有的建议在本条中增加“免征进口关税的货物，海关免于实施常规监管”。

4. 草案第十五条规定，除依法需要检验检疫或者实行许可证件管理的货物外，货物进入海南自由贸易港，海关依照有关规定径予放行，为市场主体提供通关便利服务。有的建议将本条中的货物修改为“境外货物”，并将本条移至第十二条作为第四款。有的建议将"除依法需要检验检疫或者实行许可证管理的货物"修改为"除依本法第十二条实行清单管理的货物"。有的建议将"依照有关规定径予放行"修改为"简化货物通关手续"。

5. 草案第十六条规定,贸易救济措施在海南自由贸易港适用的具体办法,由国务院商务主管部门会同国务院有关部门和海南省制定。有的建议修改为"贸易救济措施在海南自由贸易港的适用办法由国务院决定"。有的建议删去贸易救济措施的规定。

6. 草案第十七条第一款规定,海南自由贸易港实施跨境服务贸易负面清单管理制度。对清单之外的跨境服务贸易,按照内外一致的原则管理,并实施相配套的资金支付和转移制度。有的建议在"负面清单"前增加"极简"。有的建议将"内外一致"修改为"境内外服务及服务提供者待遇一致",有的建议修改为"国民待遇"。有的建议增加"规范影响服务贸易自由便利的国内管理措施"。有的建议在"实施相配套的资金支付和转移制度"前增加"在现行监管制度框架下"。有的建议删去"并实施相配套的资金支付和转移制度"。

7. 有的建议在"贸易自由便利"一章中增加检验检疫的制度安排;增加规定"海南省人民政府应当高标准建设口岸,组织加强对海南自由贸易港进出内地运输工具的规范管理。全岛封关运作后,海南自由贸易港与内地之间进出的货物、物品、人员和运输工具等均需从口岸进出"。

三、关于投资自由便利

1. 有的建议增加在草案第十八条第一款中的"完善投资促进和投资保护制度"前增加"按照外商投资法等法律法规"。

有的建议将草案第十八条第二款中的"海南自由贸易港全

面放开投资准入”修改为“海南自由贸易港全面放开市场准入”。有的建议在放开投资准入除外的领域中增加“涉及金融安全”，有的建议删去“社会稳定”。

2. 草案第二十条规定，海南自由贸易港放宽市场准入特别清单由国务院有关部门会同海南省制定，逐步实施市场准入承诺即入制。有的提出，放宽市场准入是放宽准入限制、优化准入环境、提供准入支持等“一揽子”政策措施，建议将“特别清单”修改为“特别措施”。有的建议将金融业排除在实施市场准入承诺即入制的范围之外。有的建议规定清单由海南省会同国务院有关部门制定。

3. 草案第二十四条第二款规定，各类市场主体在准入许可、经营运营、标准制定、政府采购、优惠政策等方面依法享受公平待遇。有的建议删去“政府采购”，有的建议增加“要素获取”。

四、关于财政税收制度

1. 草案第二十五条规定，在海南自由贸易港开发建设阶段，中央财政给予适当财政支持。有的建议删去“在海南自由贸易港开发建设阶段”。有的建议将该条中的“设立政府引导、市场化方式运作的海南自由贸易港建设投资基金”修改为“由海南统筹中央资金和自有财力，设立海南自由贸易港建设投资基金，按照政府引导、市场化方式运作”。

2. 草案第二十六条规定，海南自由贸易港可以自主设立涉企行政事业性收费项目。对中央级行政事业性收费，按照中央统一规定执行。有的建议增加对设立行政事业性收费的限制条件。有的建议将“按照中央统一规定执行”修改为“参照中央级行政事业性收费项目和标准执行”。有的建议将“中央”修改为“国家”。

3. 有的建议删去草案第二十八条中封关前进口商品征税的规定。有的建议删去进口征税商品目录制定主体中的“海南省”。有的建议规定全岛封关运作、简并税制后，进口商品征税按照备案或者批准的税收制度执行，并规定“简并税制由国务院有关部门和海南省制定，报国务院备案或者批准”。

4. 草案第二十九条第一款规定，货物由海南自由贸易港进入内地，按照进口货物征税；但是，对鼓励类产业企业生产的不含进口料件或者含进口料件在海南自由贸易港加工增值超过一定比例的货物，免征关税。有的建议在“按照进口货物征税”前增加“原则上”。有的建议将“按照进口货物征税”明确为“按照进口货物照章征收关税、进口环节增值税和消费税”，在“免征关税”后增加“照章征收进口环节增值税和消费税”。有的建议规定全岛封关运作后，除已征收关税的货物外，货物由海南自由贸易港进入内地，按照进口货物征税。有的提出，加工增值免税的规定在实践中容易被利用规避进口管理措施，需要附加一定的限制条件，建议增加“具体办法由国务院有关部门会同海南省制定”。

有的建议增加“鼓励类产业目录由国务院发展改革部门和海南省制定”。有的建议将“超过”修改为“达到”，有的建议在“一定比例”后增加“以上”。有的建议将“一定比例”明确为“30%”。

第二款规定，物品由海南自由贸易港进入内地以及货物、物品由内地进入海南自由贸易港的税收管理办法，由国务院有关部门会同海南省制定。有的建议将物品由海南自由贸易港进入内地的管理办法移至第一款，规定：“除进境物品适用进口税收相关规定外，物品由海南自由贸易港进入内地的税收管理办法，由国务院财政部门会同国务院有关部门和海南省制定。”同时，将本款修改为:“全岛封关运作后,货物、物品由内地进入海南自由贸易港,适用出口货物、物品的税收政策。”

5. 有的建议将草案第三十条第一款规定的优惠税率明确为15%。有的提出,草案第二款中关于企业新增境外投资所得免征企业所得税的规定属于阶段性措施,建议删去。

五、关于生态环境保护

1. 草案第三十二条规定,海南自由贸易港健全生态环境影响评价和监测制度,防止污染,保护生态环境;健全自然资源产权制度和有偿使用制度,促进资源节约高效利用。有的建议在本条中增加“建立健全生态环境分区管控制度,严格落实生态保护红线、环境质量底线、资源利用上限和生态环境准入清单管控要求,健全应对气候变化相关制度措施,推动绿色低碳发展”。有的建议在“保护生态环境”后增加“健全野生动植物资源调查,强化珍稀濒危物种及其生境保护与恢复”,并在“自然资源”后增加“资产”。

2. 有的建议将草案第三十三条“推进国土空间规划体系建设”修改为“落实生态保护、基本农田、城镇开发等空间管控边界”。有的建议在“实行差别化的自然生态空间用途管制”后增加“严守生态保护红线”。有的建议将第二款中生态系统保护修复的内容移至第一款,在“实行差别化的自然生态空间用途管制”后规定“实施重要生态系统保护和修复重大工程”。有的建议增加一款:“海南自由贸易港实行船舶大气污染物排放控制区制度。”

3. 草案第三十四条规定,海南自由贸易港实行严格的进出境环境安全准入管理制度,禁止有害物质输入;提高医疗废物等危险废物处理处置能力,加强生态风险防控。有的建议将“提高医疗废物等危险废物处理处置能力”修改为“提高固体废物，特别是医疗废物等危险废物处理处置能力”。有的建议将“加强生态风险防控”修改为“加强进出境动植物审批、检疫和野生动物疫源疫病监测等工作，有效防控各类生态和公共卫生安全风险”；有的建议将“加强生态风险防控”移至草案第五条中规定。有的建议增加禁止固体废物输入的规定。有的建议在“防控”后增加“能力”，将“进出境”修改为“出境入境”。

4. 有的建议在草案第三十五条中增加“建立生态产品价值实现机制”“推进生态产品价值实现”的规定。

5. 草案第三十六条规定，海南自由贸易港实行环境保护目标责任制和考核评价制度。有的建议增加对节能目标考核的内容，相应在暂停审批的文件中增加“高耗能项目节能审查报告”。有的建议将“环境保护”修改为“生态文明建设”，有的建议修改为“生态环境保护”。

6. 有的建议增加“实施生活垃圾分类制度，健全生活垃圾分类和处理设施建设”。有的建议增加“海南自由贸易港对外来物种入侵实施最严格的防范和应对措施，加强对外来入侵物种的调查、监测、预警、控制、评估、清除以及生态修复工作，严守生物安全底线，保护生态环境安全”。有的建议增加水资源保护利用的有关内容。有的建议增加企业环保信用评价、企业自愿性环境协议、动植物检验检疫制度和生态文明大数据的内容。

六、关于产业发展与人才支撑

1. 有的建议将第六章章名“产业发展与人才支撑”修改为“产业发展与人员流动便利”。

2. 有的建议将草案第三十八条中的“实体经济”修改为“重点产业”。

3. 草案第四十条第二款规定,境外理工农医类高水平大学、职业院校可以在海南自由贸易港办学,设立国际学校。有的建议删去这一款。有的建议商海南省、教育部,对允许境外院校在海南自由贸易港办学问题是在海南自由贸易港法中作出规定还是通过调整适用相关法律、行政法规解决进行统筹研究处理。有的建议修改为:“允许境外高水平大学、职业学校、非学制类职业培训机构在海南自由贸易港独立举办相应层次的理工农医类学校(分校、校区)或者培训机构”。有的建议修改为“允许境外高水平大学、职业院校在海南自由贸易港举办理工农医学校,设立国际学校”。有的建议将“办学”修改为“独立或合作办学”,删去“设立国际学校”。有的建议将“办学”修改为“独立办学”。有的建议增加“具体办法由国务院教育主管部门会同国务院有关部门和海南省制定”。

4. 草案第四十二条对数据流动和数字经济发展等作了规定。有的提出,数字流动属于要素流动,数字贸易属于新型贸易形态,建议将本条移至第二章贸易自由便利中。有的建议将“国家支持海南自由贸易港探索加入区域性国际数据跨境流动制度安排”修改为“国家支持海南自由贸易港对标国际规则,探索实施高水平的数据跨境流动制度”。有的建议将“加入”修改为“先行先试”。

5. 草案第四十五条对出境入境管理制度作了规定。有的建议修改为:“国家根据海南自由贸易港建设发展需要,实施更加便利的外国人签证、停留居留管理政策,确保海南自由贸易港人员进出境快捷方便。”“根据有关法律规定免办签证进入海南自由贸易港的外国人前往中国其他地区,应当依法办理签证及停留手续。”

6. 草案第四十六条对外国人停居留制度作了规定。有的建议修改为“前往海南自由贸易港从事科研、商务、访问、旅游、诊疗等活动的外国人，可以在抵达口岸后，向移民管理机构申请办理入境签证。”“外国人因投资、创业、工作、学习等事由需要在海南自由贸易港停留居留的，可以在境内向移民管理机构申请换发长期签证或者办理长期居留证件。”“海南自由贸易港对外国人工作许可实行负面清单管理，进一步完善居留制度。”有的建议增加“允许符合条件的境外人员担任海南自由贸易港内法定机构、事业单位、国有企业的法定代表人”。

7. 草案第四十七条规定，海南自由贸易港放宽境外人员参加职业资格考试的限制，对符合条件的境外专业资格认定，实行单向认可清单制度。有的建议增加“除法律另有规定外”“经行业主管部门同意”的限制条件。有的建议排除医疗行业。有的建议明确，在海南参加职业资格考试后，能否在国内其他地方执业。

七、关于综合措施

1. 有的建议在草案第四十八条第一款国务院授权海南省人民政府审批由国务院审批的“农用地转为建设用地和土地征收事项”后增加“并根据需要定期开展检查”，有的建议在此之前增加“除永久基本农田以外的”。

有的建议删去第二款对征收土地闲置费的规定。

有的建议将第三款“海南自由贸易港积极推进城乡及垦区一体化协调发展和小城镇建设用地新模式，推进农垦土地资产化”修改为“海南自由贸易港积极推进城乡一体化、全岛同城化协调发展”。

有的建议在第四款“依法保障海南自由贸易港国家重大项目用海需求”中的“依法”后增加“依规”。有的建议修改为：“海南自由贸易港应当统筹规划、集约利用各类海洋资源，依法保障国家重大项目和航运用海需求。”有的建议将第四款修改为：“海南自由贸易港依法保障国家重大项目用海需求。”

2. 有的建议在草案第四十九条关于金融开放和创新的规定中增加“建立与海南自由贸易港实体经济运行相适应的金融运行和监督管理模式、金融业基础服务体系等”。

3. 有的建议将草案第五十条中的“分阶段开放资本项目，逐步推进非金融企业外债项下完全可兑换”修改为“稳妥有序推进资本项目开放，逐步提升非金融企业外债项下可兑换水平”。

4. 有的建议将草案第四十九条、第五十条、第五十一条关于金融的规定移至第六章，有的建议将上述条文整合为“金融服务”一章。

5. 草案第五十二条规定，海南自由贸易港加强社会信用体系应用，对信用良好的企业和个人实施便利措施，对失信企业和个人实施约束和惩戒。有的建议增加“社会信用体系建设”“依法及时归集、共享、披露和应用各类主体信用信息，建立企业信用状况综合评价体系，建立公共信用信息同金融信息共享整合机制，建立健全以信用为基础的新型监管机制”。有的建议删去“对信用良好的企业和个人实施便利措施”。有的建议将“信用良好”修改为“守法诚信”。有的建议增加“树立高标准商务诚信示范”。有的建议在“企业”后增加“机构”。有的建议将“企业和个人”修改为“市场主体”。

6. 草案第五十四条第二款中规定，海南省人民政府负责全省反走私综合治理工作，建立与其他地区的反走私联防联控机制。有的建议增加海南省人民政府“组织加强对海南自由贸易港非设关地的管控”，并在本条第四款中增加“海南自由贸易港建立跨部门数据开放共享制度”。

八、其他意见

1. 有的建议增加纠纷解决一章，有的建议增加设立金融与破产法院的内容。

2. 有的建议增加深化行政执法体制改革和司法体制改革的内容。

3. 有的建议在草案中明确本法与其他法律的关系。

4. 有的提出，草案中多次出现“全岛封关运作、简并税制”的表述，实践中，全岛封关运作和简并税制之间可能存在时间差，建议对这一表述再斟酌。

宪法法律委、法工委座谈会对《中华人民共和国海南自由贸易港法(草案)》的意见

1月26日,宪法法律委、法工委联合召开座谈会,听取中央有关部门、海南省人大常委会及部分全国人大代表、企业、专家学者对海南自由贸易港法草案的意见。现将主要意见简报如下:

一、关于管理权限和立法权限

1. 有的教授建议明确赋予海南自由贸易港在投资、贸易、税务、金融等方面的经济管理权限以及行政体制、立法体制、司法体制的改革自主权。有的全国人大代表建议将各类清单、具体办法的制定主体由相关部委改为海南省,报国务院批准后实施;同时,为加强对相关工作的监管,建议增加国家对海南自由贸易港建设定期评估的规定。有的部门建议明确封关前后相区别的授权方式。

2. 有的教授建议增加规定:在海南自由贸易港区域内,现有法律法规、部门规章如与本法相抵触,应当优先适用本法规定或者依据本法规定暂停实施。

3. 草案第六条第二款规定,国家建立与海南自由贸易港建

设相适应的行政管理体制。有的部门建议将“行政管理体制”改为“政策协调机制”。有些部门建议在指导推动海南自由贸易港建设的主体中增加发展改革、交通运输、税务、移民管理、生态环境、自然资源、教育等主管部门。有的部门建议删去“金融”。

4. 草案第十条第一款对海南省人民代表大会及其常务委员会可以就贸易、投资及相关管理活动制定法规作了规定。有的部门建议明确“相关管理活动”的具体范围或者删去该表述；有的律师事务所建议删去“贸易、投资及相关管理活动”。

草案第十条第二款规定，海南自由贸易港法规应当报送全国人民代表大会常务委员会和国务院备案；对法律或者行政法规作变通规定的，应当说明变通的情况。有的部门建议增加“经全国人大及其常委会或者国务院统一授权后实施”；有的部门建议在“对法律或者行政法规作变通规定的”前增加“根据授权”；有的律师事务所建议增加更为详细的程序性规定。

二、关于贸易自由便利

1. 有的部门建议将草案第十一条规定的“在有效监管的基础上，建立自由进出、安全便利的货物贸易管理制度”中的“有效监管”改为“依法监管”。有的委员建议增加“完善海关查验监管和卫生防疫检验等规则，消除非关税壁垒”。

2. 有的部门建议将草案第十二条第一款规定的“关境外其他国家和地区进出海南自由贸易港的货物和物品，实行清单管理”中的“清单”改为“负面清单”；并明确由海南省负责非口岸的岸线监管。

有的教授建议删去第二款“中华人民共和国海关应当加强口岸公共卫生安全、国门生物安全、食品安全、产品质量安全管控”的规定。

3. 草案第十三条第一款规定了货物、行邮物品、运输工具由海南自由贸易港进入我国关境内其他地区的管理方式。有的部门和有的律师事务所建议将“行邮物品”改为“物品”。有的部门建议将货物、行邮物品和运输工具细分为“从境外经由海南自由贸易港进入内地”和“原产地为海南进入内地”。有的部门建议增加“具体办法由海关会同国务院有关部门和海南省制定”。

有的部门建议删去第三款中的“应在海南自由贸易港内海关监管作业场所(场地)装卸,与其他海关监管货物分开存放,并设立明显标识”。

4. 草案第十四条第一款规定,海南自由贸易港实施低干预、高效能的海关监管,海南自由贸易港内企业可以依法自由开展货物贸易以及相关活动。有的部门建议改为“企业在海南自由贸易港内依法开展货物贸易及相关活动,海关实施低干预、高效能的监管”。有的部门建议将“企业”改为“市场主体”。有的部门建议增加“免征进口关税的货物,海关免于实施常规监管”。

有的部门建议删去第二款中的“对由境外启运,经海南自由贸易港换装、分拣集拼,再运往境外的中转货物,简化办理海关手续”。

5. 草案第十五条规定,除依法需要检验检疫或者实行许可证件管理的货物外,货物进入海南自由贸易港,海关依照有关规定径予放行,为市场主体提供通关便利服务。有的部门建议在“货物进入海南自由贸易港”前增加“境外”。

有的部门建议将海关依照有关规定“径予放行”改为“简化货物通关手续”;有的律师事务所建议改为“给予通关便利措施”。有的教授提出,不宜采用“径予放行”等模糊且有歧义的表述。

6. 有的部门建议将草案第十六条中的“贸易救济措施在海

南自由贸易港适用的具体办法，由国务院商务主管部门会同国务院有关部门和海南省制定”改为“贸易救济措施在海南自由贸易港的适用办法由国务院决定”。

7. 草案第十七条第一款规定，海南自由贸易港实施跨境服务贸易负面清单管理制度。对清单之外的跨境服务贸易，按照内外一致的原则管理，并实施相配套的资金支付和转移制度。有的部门建议将“负面清单”改为“极简负面清单”。有的部门建议在“实施相配套的资金支付和转移制度”前增加“现行监管制度框架下”。有的教授建议增加破除服务贸易壁垒的规定。有的部门建议将第二句改为“对清单之外的领域，按照境内外服务及服务提供者待遇一致原则实施管理。国家实施与跨境服务贸易配套的资金支付和转移制度，规范影响服务贸易自由便利的国内管理措施”。

8. 有的部门建议明确全岛封关运作后，海南自由贸易港与内地往来的货物、物品、人员、运输工具等均需从口岸进出，海南应当高标准建设相关口岸，加强对进出内地运输工具的管理；并对“一线”“二线”的检验检疫制度作出安排。

三、关于投资自由便利

1. 有的部门建议在草案第十八条第一款中的“海南自由贸易港实行高水平投资自由化便利化政策”前增加“按照外商投资法等法律法规”。

草案第十八条第二款规定，海南自由贸易港全面放开投资准入，但是涉及国家安全、社会稳定、生态保护红线、重大公共利益等国家实行准入管理的领域除外。有的部门建议将“投资准入”改为“市场准入”。有的部门建议在除外规定中增加“金融安全”。有的教授建议实行“标准制+承诺制”的投资制度。

2. 草案第二十条第一款规定,海南自由贸易港放宽市场准入特别清单由国务院有关部门会同海南省制定。有的部门建议将“特别清单”改为“特别措施”;有的部门建议将清单制定主体改为“由海南省会同国务院有关部门制定”。有的部门建议将金融业排除在第二款规定的市场准入承诺即入制之外。

3. 有的教授建议在草案第二十三条增加规定:海南自由贸易港应建立与国际接轨的知识产权保护体系,强化知识产权执法。

4. 草案第二十四条第二款规定,海南自由贸易港的各类市场主体,在准入许可、经营运营、标准制定、政府采购、优惠政策等方面依法享受公平待遇,平等参与市场竞争。有的部门建议删去“政府采购”;有的部门建议增加“要素获取”。有的教授建议明确各类企业在招投标、融资获得、监管、退出等环节的同等待遇,同时就“国有企业和行政垄断”“补贴透明度”“监管透明度”等事项作出原则性规定。

四、关于财政税收制度

1. 草案第二十五条规定,在海南自由贸易港开发建设阶段,中央财政根据实际,结合税制变化情况,对海南自由贸易港给予适当财政支持。有的部门建议删去“在海南自由贸易港开发建设阶段”。有的部门建议将“设立政府引导、市场化方式运作的海南自由贸易港建设投资基金”改为“由海南统筹中央资金和自有财力,设立海南自由贸易港建设投资基金,按照政府引导、市场化方式运作”。

2. 草案第二十六条规定,海南自由贸易港可以根据发展需要,自主减征、免征、缓征除具有生态补偿性质外的政府性基金,自主设立涉企行政事业性收费项目。对中央级行政事业性收费,按照中央统一规定执行。有的部门建议将“具有生态补偿性质的”改为“各类”;将涉企行政事业性收费的规定改为“严格设立或取消涉企行政事业性收费项目,参照执行中央级行政事业性收费项目和标准”。

3. 草案第二十八条规定,全岛封关运作、简并税制前,对部分进口商品,免征进口关税、进口环节增值税和消费税。全岛封关运作、简并税制后,海南自由贸易港对进口征税商品实行目录管理,目录之外的商品进入海南自由贸易港,免征进口关税。进口征税商品目录由国务院财政部门会同国务院有关部门和海南省制定。有的部门提出,征税目录的制定是中央事权,建议删去“和海南省”。

国务院发展研究中心提出,封关运作前的管理办法属于短期事宜,建议删去封关运作前对部分进口商品的税收规定。

4. 草案第二十九条第一款规定,货物由海南自由贸易港进入内地,按照进口货物征税;但是,对鼓励类产业企业生产的不含进口料件或者含进口料件在海南自由贸易港加工增值超过一定比例的货物,免征关税。有的部门建议在句首增加“全岛封关运作后,除已征收关税的货物外”。有的部门建议在“按照进口货物征税”前增加“原则上”。有的部门建议将“超过一定比例”改为“达到一定比例以上”。有的部门建议在“免征关税”后增加“照章征收进口环节增值税和消费税”。

有的部门建议在第一款增加“鼓励类产业目录由国务院发展改革部门和海南省制定;除进境物品适用进口税收相关规定外,物品由海南自由贸易港进入内地的税收管理办法,由国务院财政部门会同国务院有关部门和海南省制定”。有的部门建议增加“具体办法由国务院有关部门会同海南省制定”。

草案第二十九条第二款规定,货物、物品由内地进入海南自由贸易港的税收管理办法,由国务院有关部门会同海南省制定。有的部门建议改为:全岛封关运作后,货物、物品由内地进入海南自由贸易港,适用出口货物、物品的税收政策。有的部门建议将“税收管理办法”改为“税收制度与管理办法”。

5. 草案第三十条第二款规定,鼓励类产业企业在全岛封关运作、简并税制前新增境外直接投资所得,免征企业所得税。有的部门建议删去本款;有的部门建议删去本款或者改为“对注册在海南自由贸易港符合条件的企业,对其境外所得免征企业所得税”;有的教授建议删去“全岛封关运作、简并税制前”。有的律师事务所建议增加规定:具体实施办法由国务院有关部门会同海南省制定。

6. 草案第三十一条对海南自由贸易港建立优化高效统一的税收征管体系作了规定。有的部门建议将“税收征管”修改为“税收征管服务”,并增加规定:防范税基侵蚀和利润转移,强化税收风险防控。

五、关于生态环境保护

1. 草案第三十二条对海南自由贸易港健全生态环境影响评价和监测制度作了规定。有的部门建议将“监测制度”改为“监测管理制度”。有的部门建议增加规定:海南自由贸易港建立健全生态环境分区管控制度,严格落实生态保护红线、环境质量底线、资源利用上线和生态环境准入清单管控要求;健全应对气候变化相关制度措施,推动绿色低碳发展。有的律师事务所建议增加“构建自然资源统一调查评价监测和确权登记制度”。

2. 有的部门建议在草案第三十三条增加“严守生态保护红线”;有的部门建议增加“海南自由贸易港实行船舶大气污染物排放控制区制度”;有的律师事务所建议增加“逐步建立空天地

一体化、智能化的自然保护地监测和预警体系”。

3. 草案第三十四条对加强生态风险防控作了规定。有的部门建议将“提高医疗废物等危险废物处理处置能力”改为“提高固体废物,特别是医疗废物等危险废物处理处置能力”。有的部门建议增加“实施生活垃圾分类制度,健全生活垃圾分类和处理设施建设”;有的律师事务所建议增加“禁止固体废物及有害物质输入”。

4. 有的部门建议在草案第三十五条增加“生态产品价值实现机制”的内容。

5. 草案第三十六条规定,海南自由贸易港实行环境保护目标责任制和考核评价制度。有的部门建议增加节能目标责任制的规定,并明确相应处罚。有的部门建议增加对有助于推动海南自由贸易港生态环境保护的企业或者产业给予税收优惠等政策支持的内容。

6. 有的部门建议增加一条规定:海南自由贸易港对外来物种入侵实施最严格的防范和应对措施,加强对外来入侵物种的调查、监测、预警、控制、评估、清除以及生态修复工作,严守生物安全底线,保护生态环境安全。

六、关于产业发展与人才支撑

1. 草案第四十条第二款规定,境外理工农医类高水平大学、职业院校可以在海南自由贸易港独立办学,设立国际学校。有的部门建议进一步商海南省、教育部,对境外院校办学问题是在本法中作出规定还是通过调整适用相关法律、行政法规解决作统筹研究、考虑。有的部门建议改为:允许境外高水平大学、职业学校、非学制类职业培训机构在海南自由贸易港独立举办相应层次的理工农医类学校(分校、校区)或者培训机构,具体办法由国务院教育主管部门会同海南省人民政府制定。有的部门建议改为：允许境外高水平大学、职业院校在海南自由贸易港举办理工农医类学校，设立国际学校。有的部门建议删去该款内容。

有的教授、部门建议将“办学”改为“独立或合作办学”，并删去“设立国际学校”；有的公司建议将“境外理工农医类高水平大学、职业院校”改为“境外高水平大学及高水平理工农医类职业院校”。

2. 草案第四十二条规定，海南自由贸易港建立安全有序便利的数据流动管理制度。有的教授建议增加非歧视待遇规则、参与国际数字治理合作的相关规定；有的公司建议增加建立政府与企业数据共享交流渠道的规定。有的全国人大代表、部门建议将本条移至第二章。

3. 有的部门建议将草案第四十四条规定中的“人才引进、认定和使用机制”改为“人才认定、引进和使用机制”。

4. 草案第四十五条规定，海南自由贸易港建立高效便利的出境入境管理制度。有的部门建议增加规定：根据有关法律规定免办签证进入海南自由贸易港的外国人前往中国其他地区，应当依法办理签证及停留手续。

5. 草案第四十六条规定，海南自由贸易港实行更加开放的人才和停居留政策。有的部门建议细化相关规定；有的部门建议增加一款规定：允许符合条件的境外人员担任海南自由贸易港内法定机构、事业单位、国有企业的法定代表人。

6. 草案第四十七条规定，海南自由贸易港放宽境外人员参加职业资格考试的限制，对符合条件的境外专业资格认定，实行单向认可清单制度。有的部门建议在“境外人员”前增加“与我国保持有效监管合作关系的国家或地区的”。有的部门建议在“实行单向认可清单制度”前增加“除法律另有规定外，经行业主管部门同意”。有的部门建议增加“具体办法由海南省会同国务院有关部门制定”。

7. 有的公司建议增加对引进人才家属的就业、住房、子女教育、医疗等方面的保障措施。

8. 有的部门建议将第六章章名“产业发展与人才支撑”改为“产业发展与人员流动便利”。

七、关于综合措施

1. 有的部门建议删去草案第四十八条第二款中征收土地闲置费的规定。有的部门建议将第三款规定的“海南自由贸易港积极推进城乡及垦区一体化协调发展和小城镇建设用地新模式,推进农垦土地资产化”改为“海南自由贸易港积极推进城乡一体化、全岛同城化协调发展”。有的教授提出,本条涉及土地管理制度改革的内容过细,建议删去第二、三、四款。

有的部门建议将第四款规定的“依法保障海南自由贸易港国家重大项目用海需求”改为“海南自由贸易港应当统筹规划、集约利用各类海洋资源,依法保障国家重大项目和航运用海需求”。有的部门建议将“依法保障”改为“依法依规保障”。

2. 有的部门建议在草案第四十九条增加规定:建立与海南自由贸易港实体经济运行相适应的金融运行和监督管理模式、金融业基础服务体系等。

3. 有的部门建议将草案第五十条中的“分阶段开放资本项目,逐步推进非金融企业外债项下完全可兑换”改为“稳妥推进资本项目开放,逐步提升非金融企业外债项下可兑换水平”。

4. 草案第五十二条规定,海南自由贸易港加强社会信用体系应用,对信用良好的企业和个人实施便利措施,对失信企业和个人实施约束和惩戒。有的部门建议改为“海南自由贸易港充分利用征信服务，对失信企业和个人实施约束和惩戒”。有的部门建议在“加强社会信用体系应用”后增加“树立高标准商务诚信示范”。有的部门建议增加规定：建立健全信用信息平台，依法及时归集、共享、披露和应用各类主体信用信息，建立企业信用状况综合评价体系，建立公共信用信息、金融信息共享整合机制，建立健全以信用为基础的新型监管机制。

5. 有的部门建议将草案第五十三条“鼓励通过国际商事仲裁、国际商事调解等多种非诉讼方式解决国际商事纠纷”中的“国际商事仲裁、国际商事调解”改为“仲裁、调解”。

6. 有的部门建议将草案第五十四条第二款规定的“海南省人民政府负责全省反走私综合治理工作，建立与其他地区的反走私联防联控机制”改为“海南省人民政府负责全省反走私综合治理工作，组织加强对海南自由贸易港非设关地的管控，建立与其他地区的反走私联防联控机制”。

7. 有的部门建议在草案第五十四条第四款增加反洗钱、反恐怖融资、反逃税等要求，明确在风险可控条件下，稳妥审慎推进海南自由贸易港金融开放。有的部门建议增加规定：海南自由贸易港建立跨部门数据开放共享制度。

八、其他意见

1. 草案第四条规定，以特殊的税收制度安排、高效的社会治理体系和完备的法治体系为保障，形成法治化、国际化、便利化的营商环境和公平统一高效的市场环境。有的教授建议将“特殊的税收制度”改为“特殊的经济制度”。司法部建议将“法治化、国际化、便利化”改为“市场化、法治化、国际化”。有的部门建议在“完备的法律体系”后增加“完善的信用体系”。有的部门建议增加“把制度集成创新摆在突出位置”。

2. 有的部门建议将草案第九条中的“积极参与全球经济治理体系改革”改为“国家支持海南自由贸易港对标国际规则，探索实施高水平的数据跨境流动制度”。有的部门建议在“改革”后增加“实践探索”。有的教授建议增加“支持海南自由贸易港在投资、贸易、知识产权保护等领域对接国际高水平经贸规则，以实现引领我国高水平制度型开放与打造重要开放门户”等原则性安排。

3. 有的部门建议增加在海南自由贸易港设立金融与破产法院的规定。

4. 有的全国人大代表建议增加自由贸易港的定义。有的公司建议增加一章“资本进出便利”；有的教授建议增加“人员进出自由便利”和“金融制度”两章。

《中华人民共和国海南自由贸易港法(草案)》向社会公众征求意见的情况

2020 年 12 月 31 日至 2021 年 1 月 29 日,海南自由贸易港法草案在中国人大网公布,向社会公开征求意见。其间,共收到 335 位社会公众提出的 689 条意见,其中,有 90 位所在地区为海南省,占比 33.09%。此外,还收到来信 11 封。现将主要意见简报如下:

一、总的意见

1. 有的建议处理好草案与《海南自由贸易港建设总体方案》的关系,对自由贸易港建设进行充分授权,无须在草案第十三条、第十四条、第十五条、第二十九条等条款中对货物、物品以及运输工具在内地与海南自由贸易港往来的管理方式、海关监管、通关政策、关税征收等作具体规定。有的建议在充分授权的同时,做好约束性规定。

2. 有的提出,草案第五十五条已经对制定过渡性措施作了规定,建议删去草案中具体的过渡性政策,如草案第二十八条规定的全岛封关运作、简并税制前,对部分进口商品,免征进口关税、进口环节增值税和消费税;第三十条规定的鼓励类产业企业在全岛封关运作、简并税制前新增境外直接投资所得免征企业所得税。

3. 有的建议增加一条,规定:在海南自由贸易港区域内,现有法律、法规如与本法相抵触,应当优先适用本法。

二、关于总则

1. 草案第二条规定,国家在海南岛全岛设立海南自由贸易港。有的提出,海南岛全岛的范围不明确;有的提出,海甸岛、新埠岛等主要附属岛屿是海口市的重要组成,建议纳入本法的适用范围;有的建议将“海南岛全岛”改为“海南省”。

2. 有的建议将草案第三条中的“构建高水平经济贸易规则”改为“构建高水平政策制度体系”。有的建议增加“践行国内循环为主,国内国际双循环相互促进的新发展格局理念”。

3. 有的建议在草案第四条“公平统一高效的市场环境”中的“公平”之后增加“开放”。有的建议在“特殊的税收制度安排”之后增加“公平的金融服务和消费者保护”。

4. 草案第五条规定,海南自由贸易港实行最严格的生态环境保护制度。有的建议将“最严格”改为“高标准”;有的建议删去“最”字。

5. 草案第六条规定了海南自由贸易港的领导机制和管理体制。有的建议增加设立海南自由贸易港管理委员会的内容,并在相关条款中明确其职责。有的提出,“投资主管”“商务主管”的表述不规范。有的建议将“海事”改为“交通运输”。

6. 草案第七条规定,支持海南省依照中央要求和法律规定行使改革自主权。有的建议将“中央”改为“国家”。

7. 有的建议将草案第八条中的“海南自由贸易港应当加强社会治理体系建设”改为“国家支持海南自由贸易港的社会治理体系建设”。

8. 草案第十条对制定海南自由贸易港法规作了规定。有的建议在“贸易、投资”之后增加“金融、税收”。有的建议进一步明确可以制定法规的范围。

三、关于贸易投资自由便利

1. 有的建议将草案第十二条第三款、第十七条第二款禁止、限制进出口货物、物品清单和跨境服务贸易负面清单的制定主体中的“海南省”改为“海南省人民政府或者其有关部门”。

2. 草案第十三条规定，货物、物品以及运输工具由内地进入海南自由贸易港，按国内流通规定管理。有的提出，货物由内地进入海南自由贸易港涉及退税问题，与一般的国内流通管理方式不同，建议删去“按国内流通规定管理”的表述；有的建议改为“按出口管理”。

3. 有的建议将草案第十五条中的“除依法需要检验检疫或者实行许可证管理的货物外”改为“除依本法第十二条实行清单管理的货物外”。

4. 有的建议将草案第十七条中的“按照内外一致的原则管理”改为“按照国民待遇的原则管理”。

5. 有的建议参照外商投资法的规定，在草案第十八条营造“公开、透明、可预期”的投资环境中增加“稳定”。有的建议增加一款，规定：金融、保险业务必须遵守国家法律法规规定的相关准入制度、审核制度、监督及审查制度。

6. 草案第二十条第二款对市场准入承诺即入制作了规定。有的建议将“具体办法由海南省会同国务院有关部门制定”改为“具体办法由国务院有关部门会同海南省制定”。

7. 有的建议在草案第二十三条增加一款，规定：根据全球动植物种质资源引进中转基地建设需要，支持在海南实施更高水平的植物新品种权保护制度，探索建立构建植物新品种快速审查、调解和维权机制。有的建议增加建设海南国际知识产权交易所的规定。

四、关于财政税收制度

1. 有的提出，草案第二十六条授权海南自由贸易港“自主设立涉企行政事业性收费项目”是否有利于推进简政放权，建议再作研究。

2. 草案第二十七条对海南自由贸易港税制体系作了规定。有的建议明确设立新税种的主体、程序和范围。

3. 草案第二十九条第一款规定，货物由海南自由贸易港进入内地，按照进口货物征税。有的提出，该规定可能会对海南省的一些产业造成不利影响，建议删去上述内容；有的提出，我国对参加区域全面经济伙伴关系协定的国家的农产品已经实施零关税，建议对海南自产的农产品、渔产品等进入内地免征关税。有的建议将“一定比例”明确为“30%”。

4. 有的建议增加国家制定企业在海南自由贸易港实质性运营标准和个人实质性工作标准的规定。有的建议增加鼓励航运业和航运辅助体系建设，对航运企业及其员工和进口、使用的运输工具给予税收等优惠政策的规定。有的建议增加设立社会资本监管机构的规定。

五、关于生态环境、产业发展与人才支撑

1. 有的建议明确草案第三十六条中的“环境目标”是指哪一级主体确定的目标，并明确“一年内”的起止时间。

2. 有的建议在第五章增加保护海南特有历史风貌、民族特色和地方特色的规定。

3. 草案第四十条第二款规定，境外理工农医类高水平大学、职业院校可以在海南自由贸易港办学，设立国际学校。有的建议将“设立国际学校”改为“设立具有独立法人资格的高等教育学校”;有的建议改为“设立高水平的国际性高校或职业院校”。有的建议增加规定:具体办法由国务院教育主管部门会同海南省制定。

4. 有的建议将草案第四十六条“对外国人工作许可实行负面清单管理”中的“外国人”改为“境外人员”。

5. 有的建议将草案第四十八条第一款授权海南省人民政府审批由国务院审批的“农用地”转为建设用地和土地征收事项,限缩为“除永久基本农田以外的农用地”,并删除第四款关于重大项目用海需求的规定。

6. 有的建议在草案第四十九条增加保护金融投资者、消费者合法权益的内容。

7. 有的建议将草案第五十二条中的“企业和个人”改为“市场主体”。

六、关于综合措施

1. 有的建议将草案第四十八条第三款中的“推进农垦土地资产化”改为“推进乡村资源和农垦土地资产化”。

2. 草案第五十三条对多元化纠纷解决机制作了规定。有的建议增加规定:支持、引导境外国际商事仲裁机构在海南自由贸易港设立分支机构开展仲裁业务。有的建议删去“国际商事纠纷”中的“国际”。

3. 有的建议在草案第五十四条增加海关和税务部门共同做好货物流通监管服务,防止避税的规定。有的建议将海关负责“口岸和其他海关监管区的常规监管、查缉走私和后续稽核查工作”改为“口岸和其他海关监管区的常规监管,并负责查缉走私和后续稽核查工作”。

《中华人民共和国海南自由贸易港法（草案二次审议稿）》向社会公众征求意见的情况

2021 年 4 月 29 日至 2021 年 5 月 28 日，海南自由贸易港法草案二次审议稿（以下简称二审稿）在中国人大网公布，向社会公开征求意见。其间，共收到 40 位社会公众提出的 132 条意见，还收到来信 14 封。现将主要意见简报如下：

一、关于总则

1. 有的建议在二审稿第一条中增加规定，“为全国探索自由贸易体制机制改革经验”，“对接、试验国际最新、最高自由贸易规则标准”。

2. 二审稿第二条第二款规定，海南自由贸易港建设和管理活动适用本法。有的建议增加规定，公共服务活动适用本法。

3. 二审稿第三条第一款规定，海南省应当贯彻创新、协调、绿色、开放、共享的新发展理念，坚持高质量发展，坚持总体国家安全观，坚持以人民为中心，建设经济繁荣、社会文明、生态宜居、人民幸福的海南自由贸易港。有的建议增加规定：构建新发展格局、建成具有较强国际影响力的高水平自由贸易港、推动建立与高水平自由贸易港相适应的法治体系。

4. 二审稿第五条规定，海南自由贸易港实行最严格的生态环境保护制度，坚持生态优先、绿色发展，创新生态文明体制机制，建设国家生态文明试验区。有的提出，根据中共中央办公厅、国务院办公厅印发的《国家生态文明试验区（海南）实施方案》，国家生态文明试验区（海南）包括但不限于“海南岛全岛”，直接规定“建设国家生态文明试验区”似有不妥，建议再作研究。

5. 二审稿第六条第一款规定，国家建立海南自由贸易港建设领导机制，统筹协调海南自由贸易港建设重大政策和重大事项。国务院发展改革、财政、商务、金融监管、海关等部门按照职责分工，指导推动海南自由贸易港建设相关工作。有的建议增加加强党的全面领导的相关内容。

6. 二审稿第七条规定，国家支持海南自由贸易港建设发展，支持海南省依照中央要求和法律规定行使改革自主权。国务院及其有关部门根据海南自由贸易港建设实际需要，依法授权或者委托海南省人民政府及其有关部门行使相关管理职权。有的意见提出，管理权限不宜下放太多，建议明确国务院相关部门的监管职权。

二、关于贸易自由便利

1. 二审稿第十三条规定，境外与海南自由贸易港之间，货物和物品可以自由进出，海关依法进行监管。但是，列入海南自由贸易港禁止、限制进出口货物、物品清单的除外。前款规定的清单，由国务院商务主管部门会同国务院有关部门和海南省制定。有的建议增加制定境外与海南自由贸易港之间货物和物品进出监管办法的规定。有的建议明确“境外”的具体范围。

2. 二审稿第十六条规定，海南自由贸易港实行通关便利化政策，简化货物流转流程和手续。有的提出，海关通关便利政策可能会造成走私贩毒等犯罪行为蔓延,建议再作研究。

3. 二审稿第十八条规定,海南自由贸易港维护公平的对外贸易秩序,依法保护对外贸易经营者的合法权益。有的意见提出,其他法律已有相关规定,能够提供足够法律保护,同时,这一规定不是海南自由贸易港的独特之处,建议删去。

三、关于投资自由便利

1. 有的建议赋予海南省制定和调整投资准入清单的权限;有的建议删去二审稿第十九条中的"极简审批"。

2. 二审稿第二十四条对知识产权保护作了规定。有的建议明确海南自由贸易港为保护知识产权的责任主体。有的建议增加一款规定:对标世界通行的知识产权保护形态,构建自由贸易港知识产权保护的开放型国际化机制。

四、关于财政税收制度

1. 二审稿第二十八条对简化税制作了规定。有的建议明确推行简化税制的主体。

2. 二审稿第三十条第一款规定,货物由海南自由贸易港进入内地,原则上按照进口征税。但是,对鼓励类产业企业生产的不含进口料件或者含进口料件在海南自由贸易港加工增值达到一定比例的货物,免征关税,具体办法由国务院有关部门会同海南省制定。有的提出,具体免税政策可以由国务院有关部门会同海南省制定,法律不宜规定过细,建议删去对鼓励类产业企业生产的特定货物免征关税的规定。

五、关于生态环境保护

1. 有的建议将二审稿第三十五条中的"境外固体废物"修改

为“境外垃圾废物”。

2. 二审稿第三十七条第一款规定，海南自由贸易港实行环境保护目标责任制和考核评价制度。县级以上地方人民政府对本级人民政府负有环境监督管理职责的部门及其负责人和下级人民政府及其负责人的年度考核，实行环境保护目标完成情况一票否决制。有的建议明确“一票否决制”的具体内容。有的建议在“县级以上地方人民政府”前增加“港域内”。

3. 二审稿第三十七条第二款规定，环境保护目标未完成的地区，一年内暂停审批该地区新增重点污染物排放总量等建设项目的环境影响评价文件；对负有责任的地方人民政府及负有环境保护职责的部门的主要责任人，一年内不得提拔使用或者转任重要职务，并依法予以处分。有的意见提出，本款内容规定过细，与本法的基础性、原则性定位不符，建议删去。

六、关于产业发展与人才支撑

1. 二审稿第三十九条规定，国家支持海南自由贸易港建设开放型生态型服务型产业体系，积极发展旅游业、现代服务业和高新技术产业等重点产业。有的提出，为保证海南农产品的市场竞争力，保障农民权益，建议增加“热带农业”为重点产业。

2. 二审稿第四十一条第一款规定，海南自由贸易港深化现代服务业对内对外开放，打造国际航运枢纽，推动港口、产业、城市融合发展，完善海洋服务基础设施，构建具有国际竞争力的海洋服务体系。第二款规定，境外高水平大学、职业院校可以在海南自由贸易港设立理工农医类学校。有的意见提出，两款内容关联性不强，建议对条款位置再作研究。有的建议在第二款中增加“鼓励”境外高水平大学、职业院校在海南自由贸易港办学的规定。

3. 二审稿第四十五条规定，海南自由贸易港深化人才发展体制机制改革，创新人才培养支持机制，建立市场导向的人才引进、认定和使用机制。有的建议增加规定，“创新国际人才引进机制”“建设国内国际人才集聚高地”“对国内外开展各类短期人才培训”。有的建议删去“人才发展体制机制改革”中的“机制”。

4. 二审稿第四十七条规定，海南自由贸易港实行更加开放的人才和停居留政策，实行更加宽松的人员临时出境入境政策、便利的工作签证政策，对外国人工作许可实行负面清单管理，进一步完善居留制度。有的建议将“对外国人工作许可实行负面清单管理”修改为“实行外国人工作许可负面清单管理”。

七、关于综合措施

1. 二审稿第四十九条第二款规定，海南自由贸易港建设应当切实保护耕地，加强土地管理，建立集约节约用地制度、评价标准以及存量建设用地盘活处置制度。充分利用闲置土地，以出让方式取得土地使用权进行开发的土地，超过出让合同约定的竣工日期一年未竣工的，应当在竣工前每年征收出让土地现值一定比例的土地闲置费。具体办法由海南省制定。有的建议删去本款内容；有的建议对内容进行精简，仅作原则要求。

2. 有的建议将二审稿第四十九条第三款中的“农垦土地资产化”修改为“农垦土地市场化”。

3. 有的建议将二审稿第五十条中的“率先落实金融业开放政策”修改为“率先落实金融市场开放政策”。

4. 有的建议将二审稿第五十四条中的“多元化商事纠纷解决机制”修改为“商事纠纷多元化解机制”。

5. 二审稿第五十五条第二款规定，境外与海南自由贸易港之间、海南自由贸易港与内地之间，人员、货物、物品、运输工具等均需从口岸进出。有的提出，“二线”按国内流通管理，要求从口岸进出容易造成割裂，建议仅作原则要求，具体如何落实由主管部门和海南省制定办法、实际操作。

八、其他意见

1. 有的建议增加一条，作为第五十五条：海南自由贸易港建立健全容错纠错机制。鼓励创新，宽容失误，保护创新积极性，减少试错成本。

2. 有的建议增加人员流动自由和资金流动自由的相关规定。

3. 有些意见提出，应当避免海南自由贸易港成为走私、贩毒、洗钱等犯罪行为的天堂，建议增加监管规定；对涉及承诺即入制、全面放开投资准入、通关便利措施、金融业开放政策、破产等方面的内容再作研究。

《中华人民共和国海南自由贸易港法（草案）》通过前评估情况

5月24日上午，法工委召开海南自由贸易港法草案通过前评估会，邀请国家发展改革委、司法部、财政部、商务部、海关总署等中央有关部门、海南省人大常委会的有关负责同志和部分全国人大代表、专家学者、有关企业等，就草案中主要制度规范的可行性、法律出台时机、法律实施的社会效果和可能出现的问题等进行评估。现将评估情况简报如下：

一、主要制度规范的可行性

与会同志普遍认为，草案贯彻习近平总书记关于海南自由贸易港建设的指示精神和党中央关于海南自由贸易港建设的决策部署，坚持体现中国特色、借鉴国际经验、紧扣海南战略定位，将党中央关于海南自由贸易港的制度设计转化为国家法律，立法思路和主要制度符合党中央对海南自由贸易港建设的要求，定位清晰，符合实际，是可行的。

有的部门提出，草案聚焦贸易投资自由化便利化，以法律形式构建起海南自由贸易港制度的“四梁八柱”，框架合理、内容全面，为海南自由贸易港的建设发展提供了重要的法律保障。

一些与会人员提出，草案明确了法律的适用范围、与其他相关法律的关系、管理体制和管理权限、地方立法权等重要问题，对生产要素自由有序流动、现代产业体系、特殊的税收制度等作出了全面的规定，充分吸收了各部门、海南省和社会公众意见，修改后结构更加清晰，语言更加规范，所规定的制度规范具有可行性。

有的教授提出，草案赋予了海南特殊的立法权，明确自由贸易港法规可以对应当制定法律和行政法规的事项作出规定，分别报全国人大常委会和国务院批准后生效，这是我国立法领域的重大创新，体现了国家对海南自由贸易港建设的极大支持，既确保党中央的集中统一领导和国家法制统一，又有利于海南进行全面改革开放的探索。

有的教授提出，草案立足海南实际，同时兼顾了与国际规则的接轨，在税收制度、进出口制度等方面对标国际先进自由贸易港，在贸易投资方面能够与 WTO 规则相衔接。

二、关于出台时机

与会同志普遍认为，当今世界正在经历新一轮变革，保护主义和单边主义抬头，经济全球化遭遇更大的逆风和回头浪，建设海南自由贸易港是我国支持经济全球化、构建人类命运共同体的实际行动。草案规定的各项制度措施是海南自由贸易港建设所亟须的，也是市场主体所期待的。尽快出台实施，对于稳定市场预期，助力海南自由贸易港建设，展示我国对外开放、积极推动经济全球化的决心和信心，具有十分重要的意义。

有的部门提出，按照习近平总书记的重要指示和党中央的统一部署，海南自由贸易港建设已经起步，但是一些重要的制度措施还需要法律依据，海南自由贸易港法尽早出台，将为海南自由贸易港在法治轨道上顺利运行提供支持和保障。

有的部门和企业提出，海南自由贸易港法对于市场主体而言，具有稳预期、利长远的重要作用；对于政策制定者和执行者而言，具有基础性、指导性、方向性意义。各方面热切期待这部法律的出台，建议尽快通过实施。

有的企业提出，海南自由贸易港建设起步以来，市场主体数量不断增加，尤其是国有企业。但是也有相当数量的企业，特别是民营企业和外资企业，还在观望。海南自由贸易港法尽快出台实施，能够释放政策红利，让这些企业感受到贸易自由化便利化的程度，吸引更多的市场主体到海南注册经营，为海南自由贸易港建设赢得发展先机。

三、实施的社会效果

与会同志普遍认为，草案体现了坚持高质量发展、坚持总体国家安全观、坚持以人民为中心的建设理念，建立与高水平自由贸易港相适应的政策制度体系，将为打造开放层次更高、营商环境更优、辐射作用更强的改革开放新高地提供基础性、根本性的法治保障。

有的部门提出，草案以贸易自由化便利化为重点，不仅构建了自由贸易港在经济领域的政策和制度体系，同时高度重视海南的生态环境保护，确保海南自由贸易港在生态环境保护优先的前提下，实现优质高效绿色发展。

有的部门提出，草案贯彻了党中央关于分步骤、分阶段建设海南自由贸易港政策和制度体系的要求，体现了高水平的开放形态，将为海南自由贸易港建设发展提供方向指引和制度规范。

有的教授提出，草案对投资保护、知识产权保护等作出了专门的规定，体现了国家对私权的重视，不仅能够增强市场主体的信心，还将切实促进营造良好的市场环境。

有的部门提出，草案的制度规范有些已经具备了较为成熟的实践经验,如授权海南省人民政府审批由国务院审批的农用地转为建设用地和土地征收事项;有些是框架性的,如推进小城镇建设用地新模式和农垦土地资产化,落地实施还需要进一步的探索和实践,才能实现制度设计的初衷。

四、可能出现的问题

与会同志普遍认为,草案以习近平总书记关于海南自由贸易港建设的重要指示精神以及关于支持海南全面深化改革开放的指导意见、《海南自由贸易港建设总体方案》等重要文件为基本遵循,将党中央、国务院已经明确的关于海南自由贸易港的制度设计转化为法律规范,经广泛征求各方面意见,充分考虑了实际情况,妥当处理了本法与相关法律的衔接,是符合海南自由贸易港建设实际需要的,在法律执行中不会出现大的问题。

一些意见提出,本法是一部在海南自由贸易港法律法规体系中起龙头作用、具有统领性质的法律,为确保改革措施落地实施,各有关部门和海南省还应当根据本法的要求,尽快出台配套规范。

有的部门提出,建设海南自由贸易港是一次全新的尝试,相比于自由贸易试验区、海关特殊监管区,海南岛的面积大、人口多、经济往来频繁,监管有一定难度。各有关部门和海南省要高度重视风险防控,做好相关预案,平衡好发展与安全的关系。

有的部门提出,草案中的一些制度措施,如税收优惠、金融业务开放,在国内是首次公开提出,要避免媒体和市场主体误读、炒作。

五、具体修改意见

1. 有的建议将草案第六条中的“金融监管”改为“金融管

理”。有的建议在指导推动海南自由贸易港建设的部门中增加“税务部门”。

2. 有的建议将草案第十五条中的“径予放行”改为“简化货物通关手续”。

3. 有的建议考虑海南自由贸易港封关运作与简并税制的协调关系，有的建议考虑草案第二十八条第二款关于简并税制的具体要求是否有必要规定。

4. 有的建议在草案第二十九条中增加对自海南自由贸易港离境的出口应税商品征收出口关税的规定。

5. 有的建议在草案第三十条第一款关于加工增值免征关税的规定后增加“照章征收进口环节税”，建议将草案第三十条第二款中物品进出海南自由贸易港的“税收管理办法”修改为“税收制度与管理办法”。

有的建议在本条中明确货物由内地进入海南自由贸易港“比照出口”适用增值税、消费税退税政策；有的提出，入岛退税的操作方式不能按照出口办理，否则与总体方案规定的货物由内地进入海南自由贸易港按国内流通管理相矛盾；有的建议对入岛退税问题再研究，尤其是考虑如何具体操作。

6. 有的建议在草案第三十三条中增加“严格生态环境准入”；建议将草案第三十五条禁止境外固体废物输入中的“境外”改为“国境外”。

7. 有的建议在草案第四十八条规定的专业资格单向认可中排除注册会计师。

8. 有的建议删去草案中关于设立海南自由贸易港建设投资基金、逐步推进非金融企业外债项下完全可兑换和构建守信激励机制的内容。

海南自由贸易港建设制度政策概述

2020年6月，中共中央、国务院印发了《海南自由贸易港建设总体方案》，方案中提出了建设海南自由贸易港的总体要求、制度设计、分步骤分阶段安排等。我们对总体方案的内容进行了梳理，对海南自由贸易港建设的相关制度政策概述如下：

一、总的建设目标

国家决定在海南建设具有较强国际影响力的高水平自由贸易港。这一目标将分步骤分阶段进行，2025年前，突出贸易投资自由化便利化，在有效监管的基础上，有序推进开放进程，推动各类生产要素便捷高效流动，适时启动全岛封关运作；2035年以前，进一步优化完善开放政策和相关制度安排，实现贸易、投资、跨境资金流动、人员进出、运输来往自由便利和数据安全有序流动，基本形成完备的法律法规体系、现代产业体系和现代化社会治理体系。到21世纪中叶，全面建成具有加强国际影响力的高水平自由贸易港。

二、具体制度设计

海南自由贸易港制度政策的突出特征是贸易投资的自由化便利化和特殊的税收制度，同时以生产要素的自由安全有序流动和现代产业体系为支撑，以高效的社会治理体系、完备的法治保障体系和有效的风险防控体系为保障。

(一)贸易投资自由化便利化

对于货物贸易,2025 年之前,在洋浦保税港区等具备条件的海关特殊监管区域率先实行“一线”放开、“二线”管住的进出口管理制度,适时启动全岛封关运作。

全岛封关运作后,在自由贸易港与境外之间设立“一线”,禁止、限制进出口清单以外的货物、物品自由进出自由贸易港,进口征税商品目录以外的商品进入自由贸易港免征进口关税,从自由贸易港离境的货物、物品按出口管理;在自由贸易港与国内其他地区之间设立“二线”,货物、物品自自由贸易港进入内地按照进口管理,反向按照国内流通管理。

对于服务贸易,实施负面清单制度,给予境外服务提供者国民待遇,减少跨境服务贸易限制,破除贸易壁垒。建设海南知识产权交易所,规范探索知识产权证券化。

对于投资自由便利,大幅放宽市场准入,对具有强制性标准的领域,原则上取消许可和审批,建立健全备案制度,市场主体只要承诺符合相关要求并提交材料进行备案,即可开展投资经营活动。

(二)特殊的税收制度——零关税、低税率、简税制

1.“零关税”

全岛封关运作前,对部分商品实行“零关税”政策,免征进口关税、进口环节增值税和消费税。全岛封关运作、简并税制后,对进口征税商品目录以外的商品,免征进口关税。

表 1　“零关税”政策

<table>
<tr><td rowspan="2">封关
运作前</td><td>免税商品范围——“一负三正”清单管理：
(1)企业进口自用生产设备——“零关税”负面清单管理。
(2)岛内进口用于营运的交通工具和游艇——“零关税”正面清单管理。
(3)岛内进口用于生产自用或以“两头在外”模式进行生产加工活动(或服务贸易过程中)所消耗的原辅料——“零关税”正面清单管理。
(4)岛内居民消费的进境商品——“零关税”正面清单管理。</td><td>免征进口关税、进口环节增值税和消费税。
清单内容由有关部门根据海南实际需要和监管条件进行动态调整。</td></tr>
<tr><td colspan="2">离岛免税购物额度每年每人 10 万元。</td></tr>
<tr><td>封关运作后</td><td colspan="2">简并税制，对进口征税商品目录以外的商品，免征进口关税。</td></tr>
</table>

2. 低税率

对符合条件的企业和个人，实行所得税优惠税率。

表 2　“低税率”政策

<table>
<tr><td rowspan="2">2025 年前</td><td>企业</td><td>(1)对注册在海南并实质运营的鼓励类企业，减按 15%征收企业所得税。
(2)对旅游业、现代服务业、高新技术产业企业，新增境外直接投资所得，免征企业所得税。
(3)对企业符合条件的资本性支出，允许在支出发生当期一次性税前扣除或加速折旧和摊销。</td></tr>
<tr><td>个人</td><td>高端人才和紧缺人才，免征个人所得税实际税负超过 15%的部分。(人才范围实行清单管理，由海南省商财政部、税务总局制定具体管理办法)</td></tr>
</table>

续表

2035年前	企业	对注册在海南并实质运营的企业(负面清单行业除外),减按15%征收企业所得税。
	个人	对一个纳税年度内在海南累计居住满183天的个人,其取得源于海南的综合所得和经营所得,按照3%、10%、15%三档超额累进税率征收个人所得税。

3. 简税制

在封关运作的同时,降低间接税比例,将现行增值税、消费税、车辆购置税、城市维护建设税及教育费附加等税费简并成一个税种,即销售税,在货物和服务零售环节征收。

(三)各类生产要素跨境自由有序安全便捷流动和现代产业体系

生产要素流动包含跨境资金、人员、运输、数据安全有序流动。现代产业体系是指大力发展旅游业、现代服务业和高新技术产业。

表3　生产要素流动

资金	(1)分阶段开放资本项目,有序推进海南与境外资金自由便利流动。 (2)构建自由贸易账户体系、便利跨境贸易投资资金流动。 (3)扩大金融业对内对外开放。 (4)加快金融改革创新。
人员	(1)实行更加便利的出入境管理和停居留政策。 (2)实行工作许可负面清单管理。
运输	(1)进一步放宽空域管制与航路航权限制等,建立更加开放自由的航运制度。 (2)提升运输便利化和服务保障水平。

续表

数据	(1)有序扩大通信资源和业务开放。 (2)开放增值电信业务,数据处理与交易处理业务、基础电信业务等。 (3)开展国际互联网数据交互试点,建设国际海底光缆及登陆点,设立国际通信出入口局。

(四)高效的社会治理体系、完备的法治保障体系和有效的风险防控体系

深化政府机构改革和职能转变,推动职能相近部门合并,加强社会信用体系应用、强化过程监管等。

建立以海南自由贸易港法为基础,以地方性法规和商事纠纷解决机制为重要组成的自由贸易港法治体系。

制定实施有效措施,有针对性防范化解贸易、投资、金融、数据流动、生态和公共卫生等领域重大风险。

国际典型自由贸易港主要制度介绍

自由贸易港在诞生之初，是一国在领土内开辟出的紧邻港口的特殊区域，在这一区域内进行航运中转和货物流通，促进区域内生产要素流动的自由化便利化。随着时间的推移，自由贸易港的地理区位和功能定位都发生了较大的变化，由最初的紧邻港口转而向内地扩张，由最初的运输枢纽发展至集加工制造、货物贸易、服务提供、科技研发等于一体的综合性功能区，通过特殊的贸易、投资、税收和行政管理制度，促进产业发展和要素流动。因此，在当今的语境下，自由贸易港并不必然是港口，而是指代贸易自由化便利化的特殊区域。目前，国际上较为典型的自由贸易港有新加坡、中国香港、迪拜等。现将有关情况介绍如下：

一、新加坡

新加坡并非全域范围的自由贸易港，目前设有 9 个自由贸易区，如樟宜机场自由贸易区、裕廊港口自由贸易区、三巴旺码头等，分属三家不同的企业进行经营和管理，区内不允许居住或进行零售贸易，除自由贸易区外的其他区域实行宽松的贸易投资自由化便利化政策。

1. 规则体系

1966 年新加坡通过了《自由贸易区法》，确立了自由贸易区的基本制度，主要包括自由贸易区内允许的经营范围和种类、管理机构的职能、违法行为和处罚以及总理可就该法涉及的领域组织制定条例等内容。此后，又通过了《自由贸易区规章》《自由贸易区（管理机构的指定）通知》《自由贸易区（涵盖范围）通知》《自由贸易区（指定货物）通知》《自由贸易区（制造）规章》等多个法令，对《自由贸易区法》中的相应条款进行细化。在其他法律中，有的对涉及自贸区的有关内容进行了专门规定，如《关税法》《进出口规章法》，有的并未作出特殊说明，但是适用于自贸区，如《贸易争端解决法》《环境保护与管理法》《商品交易法》等。

2. 贸易自由化便利化

新加坡是重要的海运和航空运输枢纽，非常重视海港和空港的基础设施建设，为高效的货物流通提供便利条件。除了硬件设施以外，新加坡早在1989年就率先推出全球首个贸易管理电子平台TradeNet，将海关、税务等政府机构通过单一平台实现连接，为企业提供便捷的“一站式”通关服务。2016年，新加坡推出了连接各国海关系统的电子贸易平台，目前已与近20个国家或地区合作，力争实现“一次申报、全球通办”。在进出口管理方面，在《自由贸易区法》中对禁止进出口的货物进行规定，除此之外的货物均可自由进出口，没有配额限制，但是药品、化妆品和危险物品进出口等仍然需要出具许可证。

3. 投资自由化便利化

新加坡投资自由度较高，对外商投资限制较少，大部分行业对外资进入没有限制，外贸、租赁、电信等市场完全开放。但是，外资不得进入国防相关行业，进入金融行业等特殊领域需要向主管部门备案，新增外资银行不得进入本地零售业务市场，限制外资银行对本地银行的持股比例，外资在新闻业、广播业的出资比例分别不得超过30%和49%，除此之外，对外资无股权比例限制。在注册程序上，保险、证券、通信等行业和对环境有影响的行业需向政府相关部门申请许可,其他商业机构和公司只需向新加坡商业注册局提交公司名称、公司章程与细则、身份证明、公司注册地址及办公时间报告表 4 项文件,注册资本达 10 万新加坡元(认缴制),就可在 3 个工作日内完成公司注册工作,开展业务。如果是注册代表处或办事处,只需从新加坡国际企业发展局网站下载注册表格进行网上注册即可。

4. 税收制度

新加坡的自由贸易区被视为"境内关外",货物、物品由境外进入自由贸易区不需要征税,但是由自由贸易区进入关税区需要按照进口征收商品与服务税。在所得税方面,自 2010 年起,企业所得税税率为 17%,对符合条件的从事对外贸易的企业仅征收 10%的企业所得税,并且伴有一系列的减免税政策;个人所得税税率最高不超过 20%。

5. 产业结构

新加坡的自由贸易区成立之初,主要是利用优越的地理位置发展转口贸易,20 世纪六七十年代,为了对抗转口贸易下滑带来的危机,开启了发展制造业和面向出口的工业化路程。从 20 世纪 80 年代开始,新加坡重点发展高新技术产业,注重传统产业发展与革新,积极推动物流、金融、商贸等现代服务业发展。到 20 世纪 90 年代,新加坡逐渐形成了以制造业和服务业作为经济增长双引擎的发展战略,此外,还通过科技园区的建设,带动高新技术产业发展。

二、中国香港

中国香港是高度一体化的全域自由贸易港,在全域范围内实施相同的政策和制度,不单独设置海关特殊监管区域,海关主要在机场、各陆路边境管制站、码头和水域实施监管和执行缉私缉毒任务。

1. 规则体系

由于香港是全域自由贸易港，因此，没有专门针对特定区域的法律。香港适用普通法，但是，也有大量的成文法。与自由贸易紧密相关的有《税务条例》、《应课税品条例》及其附属法例、《进出口条例》及其附属法例、《公司条例》、《香港贸易发展局条例》等。

2. 贸易自由化便利化

香港对货物进出实行清单管理，除药品、武器、动植物等少数涉及健康、军事和生态的物品外，货物均可自由进出，没有主动的进口配额管制，仅对战略物品、食米、配方奶粉等实行许可证管理，除禁运物品和27种实施管制的化学品需要取得牌照或者许可证以外，其他货物进出香港仅需要根据《进出口（登记）规例》进行报关即可。在通关程序上，香港采取以自愿和协议为基础的海运简易通关计划和认可经济营运商计划，前者由货运代理预先向海关提交副提单数据，以简化通关手续，后者是企业自愿参与的认证制度，企业经认证符合既定的安全标准后，可以享有相关便利通关安排。

3. 投资自由化便利化

香港实行高度开放的投资政策，对外资无特别的限制，也不实施特别的优惠。在行业准入方面，没有统一立法规定各行业的进入条件，但是对博彩业严格管制，对电讯、交通、能源、酒制品销售、医药等在内的多个行业实行有条件进入，需向有关部门单独申请牌照。

4. 税收制度

香港实施“零关税”、低税率和简单税制，仅对饮用酒类、烟草、碳氢油类和甲醇四类商品征收进口关税，其他货物物品进入香港均无须缴纳关税。利得税（企业所得税）税率为16.5%，自

2008 年起实施减税措施，对于企业的首 200 万元应税所得减半征收，即企业的首 200 万元应税税率为 8.25%；薪俸税（个人所得税）实行从 2%到 17%的五档累进税率。香港不设增值税和营业税，主要直接税是企业所得税、个人所得税和物业税，纳税人仅对来源于香港的所得缴税。

5. 产业特色

与新加坡相似，香港自由贸易港制度发展之初也是以转口贸易为主，20 世纪 50 年代，为应对因国际政治经济变化带来的转口贸易下降，转而发展以制造业为基础的出口贸易和航运业。但是，到了 20 世纪 70 年代，随着劳动力和其他生产成本的提高，香港的制造业逐渐内迁，批发零售、旅游、保险、金融、房地产等服务业却在不断发展，保持了航运中心和国际金融中心的地位。近些年来，香港政府提出发展环保产业、检测认证、医疗服务、教育服务、文化和创意产业、创新与技术的方向，用来作为经济增长的长期领域。

三、迪拜

迪拜属于内陆型自由贸易港，其境内分散设立 28 个高度开放、产业细分的自由贸易区。大致可分为两种类型：一类是以物理围网管理，以货物贸易为主，以杰贝阿里自由贸易区和机场自由贸易区为代表；另一类是通过一系列规制实施软隔离，以服务贸易为主，以迪拜国际金融中心和多种商品交易中心为代表。

1. 规则体系

阿联酋作为联邦制国家，其立法可分为联邦一级的法律和各酋长国一级的法律，针对迪拜自由贸易区，阿联酋专门出台了《2004 年联邦第 8 号法律》，赋予了迪拜在金融自由区可以不适用联邦民商事法律，可以进行地方立法的权限。据此，迪拜通过了三项酋长国层级的立法，其中，迪拜《2004 年第 9 号法律》确认设立迪拜国际金融中心(DIFC),并明确规定DIFC在金融和行政管理方面的独立性,创设DIFC监管机构,其中包括迪拜国际金融中心管理局(DFCA)、迪拜金融服务局(DFSA)和争端解决机构(DRA),并且对其权利义务范围进行了划分。此外,DIFC根据法律授权,还可以进行内部立法,DIFC内仲裁规则、法院规则等事项均通过DIFC内部立法规定。值得注意的是,迪拜是传统的伊斯兰法国家,但是为了促进DIFC的发展,在DIFC内设有专门法院和仲裁庭,允许适用英美法,以与国际规则有效衔接。

2. 贸易自由化便利化

自由贸易区内推行一站式管理模式,海关、交通、安全等相关行政部门实行集中办公。自由贸易区内实行电子通关系统,允许贸易商随时在网上利用数码证书签署报关单,在货物未抵达迪拜前先行办妥清关手续。此外,迪拜还设立不同类别的清关单制度,如自由区临时准入单、自由区出口单、自由区转出(入)单、自由区内部转移单,对于不同货物进行有针对性的边境管理,以提高物流效率。

3. 投资自由化便利化

阿拉伯国家普遍实施“保人”制度,即外国投资人要在这些国家投资,必须和当地人合伙设立公司,当地合伙人也就是通常所说的“保人”,“保人”不需要出资,因身份而取得公司股份,这一制度在于保障当地人的经济待遇。但是在迪拜的自由贸易区内,取消了“保人”制度,对外资实行国民待遇,不设股比限制,通过立法明确区域内企业及其员工的资金免受任何形式的征收或限制。此外,在不同的自由贸易区,由自由贸易区自主制定正面清单和负面清单,正面清单主要针对创业产业自由区,通过清单明确区域需要重点培育的产业,实现产业聚集;负面清单主要在于排除违背法律、道德或宗教的产业。

4. 税收制度

迪拜不同的自由贸易区内实行不同的税收制度。迪拜《2004 年第 9 号法律》第 14 条规定,迪拜国际金融中心内的企业及其雇员享受 50 年的免税政策,50 年的零税率同样及于与国际金融中心外任何实体进行的任何货币形式的财产交易、利润、工资等收益,50 年期限后,酋长可以通过发布决议再次确立 50 年的免税期。迪拜《2014 年第 15 号法律》第 16 条和第 17 条规定,10 个创意集群组成的多元化自由贸易区内免征关税,经自由贸易区进入关税区按照第一次进口缴纳关税,转口或加工后出区免征关税,区内的企业和个人享受 50 年免交所得税的优惠政策。

5. 产业特色

迪拜的自由贸易区具有多样性,每个自由贸易区都是围绕一个或多个行业类别进行设计的,并且特定类别的自由贸易区只向这类公司提供许可证和营业执照,目的在于有计划地发展特定产业。在工业和物流方面有杰贝阿里自由贸易区、迪拜机场自由贸易区、多种商品交易中心、工业城等,在信息与通信技术方面有迪拜硅谷、网络城、外包城等,在科学教育方面有国际学术城、生物技术与研究园、能源与环境园等,此外还有媒体、健康、设计等方面的自由贸易区,如影视城、健康城、珠宝城、汽车城等。